モール化する都市と社会

巨大商業施設論

若林幹夫 編著

NTT出版

モール化する都市と社会——巨大商業施設論

目次

第2章 〈社会〉を夢みる巨大商業施設——戦後日本におけるショッピングセンターの系譜—— 063

田中大介

第5章 消費社会という「自然」──商業施設における〈巨大さ〉の構造転換── 239

田中大介

モール化する都市と社会——巨大商業施設論

序章 Entrance

ショッピングセンター・ショッピングモールのある社会へ

若林幹夫
WAKABAYASHI Mikio

1　ショッピングセンター、ショッピングモールのある風景

二〇一二年夏のある日、運転する車の窓からその風景を見たとき、大規模ショッピングセンター（以下、SC）やショッピングモール（以下、SM）のある風景にはもう慣れっこになっているはずなのに、思わず「オォ……」と心の中で声をあげてしまった。

場所は千葉県の印西市。千葉ニュータウンを中心軸のように東西に貫く北総鉄道北総線に沿って、国道四六四号線が走っている。国道一六号から四六四号に入ってしばらくは、道路は北総線の高架に沿って走っているが、やがて鉄道はニュータウンの中を運河のように流れる切り通し状の低い場所を走るようになり、その両側を四六四号が走るようになる。その道の、千葉ニュータウン中央駅から印西牧の原駅にかけての五キロほどの間に、この鉄道路線と国道をはさんで——とはいえ、鉄道と国道でその幅一〇〇メートルはあ

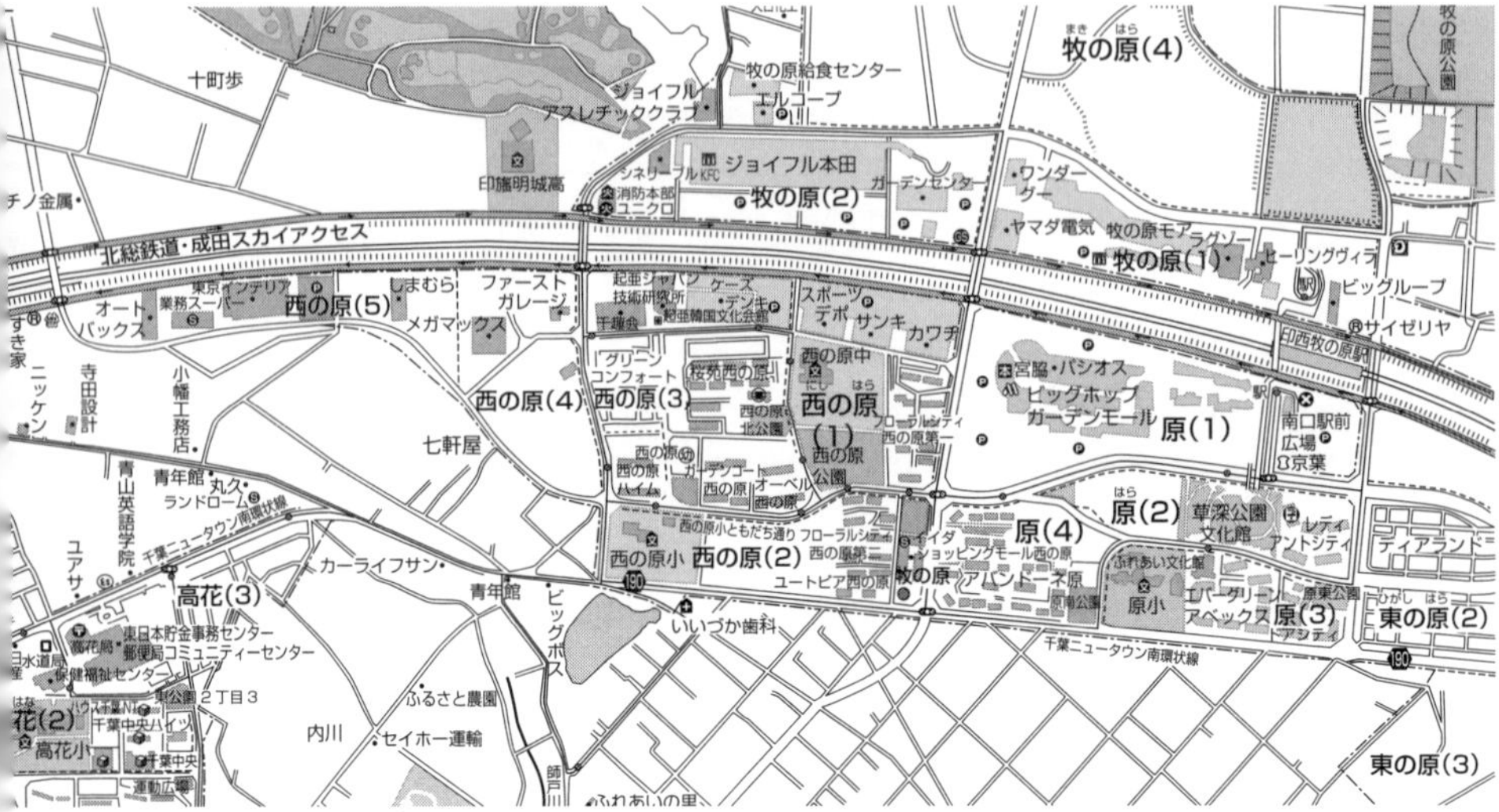

ろうかという距離がある――、巨大な商業施設がズラリと並んでいるのだ(図0－1)。

ここに示したように、千葉ニュータウン中央駅近くには家電量販店のコジマ、シネコンのワーナーマイカル、イオンモール千葉ニュータウン、千葉ニュータウン・ライフスタイルセンターが経営する商業施設アルカサールなどからなる一角(というには相当広い)がある。イオンモール千葉ニュータウンは、ららぽーとTOKYO－BAYについで千葉県で二番目に広い七万五二三六㎡の店舗面積を誇る巨大SCだ。この一角を過ぎて北総線の印西牧の原駅方向に走ると、北総線をはさんで反対側にオートバックス、東京インテリア、タイヤ館などの大規模ロードサイド専門店が並ぶのが見え、やがて左手に、敷地面積約一五万㎡、店舗面積四万六七二三㎡でシネコンやココス、ユニクロも併設した、巨大な倉庫のようなホームセンターのジョイフル本田、それに続いてヤマダ電機、さらに店舗面積三万四〇〇㎡でボウリング場など大規模遊興施設も併設したSCの牧の原モアが現れる。そして、北総線をはさんでその向か

図0-1　千葉市印西市、北総線、国道464号線沿いの大規模商業施設群

い側（といっても、先に述べたように一〇〇メートルほども離れているのだが）にはケーズデンキ、ゴルフ5、サンキ等の専門店のロードサイドショップが並び、さらに店舗面積三万六八八五㎡で観覧車も擁したBIG HOPガーデンモール印西が続く。大規模なニュータウン開発によって増加した住民層の生活全般に応えうる巨大な商業施設が、ニュータウンの真ん中を背骨のように走る鉄道・国道に沿ってズラリと並んでいるのである［★1］。

この場所を車で初めて走ったとき、私が思わず心の中で声をあげたのは、何もそうした風景を見るのが初めてだったからではない。実際今日では、千葉ニュータウンのようなニュータウン開発された地域はもちろんのこと、大都市周辺の主要幹線道やそのバイパス沿いを中心に、似たような巨大商業施設が集積した風景を見ることができる。大都市周辺だけではない。地方都市でもその郊外にはSCや大規模小売店が出店しているのは、ごく普通の風景である。そんな「巨大商業施設のある風景」を、千葉ニュータウンを横断する車の窓越しの風景が、あまりにも見事に——あえて言えば〝臆面もなく〟——示していたがために、私は思わず心の中で声をあげてしまったのだ。

この本で私たちが考えたいのは、そんな「巨大商業施設のある風景」、とりわけ「ＳＣ《ショッピングセンター》・ＳＭ《ショッピングモール》がある風景」を生み出し、いまやそのような風景を無視できない部分としてもち、そのような風景の中に内在している私たちの集合的な生のあり方と、それを貫く社会的な論理、そしてそれらがもたらす社会的な場のあり方についてである。

国道四六四号線沿いの千葉ニュータウンの風景がそうであるように、「巨大商業施設のある風景」では家電その他の大規模量販店も重要な構成要素となっているのだが、右に述べたように、本書ではその中でも、ひとつの施設の内部に複数業種の店舗を多数揃えたＳＣ・ＳＭを主要な対象とする。家電や家具やスポーツ用品などの大規模店舗、あるいは巨大なホームセンターについてもある程度は、ＳＣ・ＳＭについて論じる中で考えることができるだろう。それに実際、先の事例で見たような場所では、たとえば母親と子どもがイオンタウンで買い物をしている間に父親はジョイフル本田で買い物をし、併設されたマックでいっしょに食事をして、シネコンでまたまた二手に分かれて映画を観てから帰る、などというように、ＳＣとそれに隣接する複数の大規模商業施設を、私たちはいわば〝ハイパーショッピングセンター・コンプレックス〟とでも呼ぶべき商業複合施設群として利用しているのだ。ＳＣ・ＳＭのテナントにこうした大規模量販店が入ることもあれば、秋葉原駅前に巨大な箱のようにそそり立つヨドバシAkibaのように、他のテナントも擁してＳＣ化した大規模量販店もある。ここからもわかるように、現代では、狭義のＳＣ・ＳＭを越えて、〈ＳＣ的なもの〉とでも呼ぶべき巨大商業施設からなる場が都市や郊外に広がっている。

本書で私たちが照準し、分析し、考えたいのは、巨大商業施設としてのＳＣ・ＳＭであると同時に、そうした具体的な施設に内在し、かつそれらを超えて現代の都市や社会に広がる〈ＳＣ的なもの〉と、その

〈SC的なもの〉と共にある私たちの集合的な生の構造と過程である。

2 何がショッピングセンターと呼ばれるのか

財団法人日本ショッピングセンター協会[★2]は、「ショッピングセンター」を次のように定義している。

ショッピングセンターとは、一つの単位として計画、開発、所有、管理運営される商業・サービス施設の集合体で、駐車場を備えるものをいう。その立地、規模、構成に応じて、選択の多様性、利便性、快適性、娯楽性を提供するなど、生活者ニーズに応えるコミュニティ施設として都市機能の一翼を担うものである。

(財団法人日本ショッピングセンター協会・ショッピングセンター用語辞典編集委員会 2010：iii)

また、より具体的な「ショッピングセンター取扱基準」として同協会は、次のような要件を定めている。

ショッピングセンターは、ディベロッパーにより計画され、開発されるものであり、次の条件を備えることを必要とする。

①小売業の店舗面積は、一五〇〇㎡以上であること。
②キーテナントを除くテナントが一〇店舗以上含まれていること。
③キーテナントがある場合、その面積がショッピングセンター面積の八〇%程度を超えないこと。ただ

し、その他のテナントのうち小売業の店舗面積が一五〇〇㎡以上である場合には、この限りではない。
④テナント会（商店会）等があり、広告宣伝、共同催事等の共同活動を行っていること。

（財団法人日本ショッピングセンター協会・ショッピングセンター用語辞典編集委員会 2010：iii）

同協会のホームページによれば、ＳＣと見なしうる施設の総数は、二〇一一年末で全国三〇九〇施設、総店舗面積は四五六九万七四五五㎡、ＳＣ一つあたりの平均面積は一万四七八九㎡になる［★3］。これらを立地の年次別で見ると、表０－１［★4］のようになる。

表0-1◆年次別・立地別のSC分布

立地	中心地域	周辺地域	郊外地域	総計
～1969年	61	47	16	124
～　79年	152	112	165	429
～　89年	159	147	262	568
～　99年	143	233	633	1,009
～2009年	112	169	568	849
～2011年	16	44	51	111
総計	643	752	1,695	3,090

中心地域：当該市町村の商業機能が集積した中心市街地
周辺地域：中心地域に隣接した商業・行政・ビジネス等の都市機能が適度に存在する地域
郊外地域：都市郊外で住宅地・農地等が展開されている地域
出典：<http://www.jcsc.or.jp/data/sc_state.html>（2012年12月31日取得）

これを見ると一九九〇年代以降にＳＣが急増しているのは「なるほど、実感どおり」であるだろうけれど、一九八〇年代以前にも全国に五五〇施設以上のＳＣが立地していたことについては、「おやっ?」と思った読者も多いだろう。

こうした認識上の齟齬が生じるのは、統計が拠って立つ日本ショッピングセンター協会の「定義」「取扱規準」でＳＣとして取り扱われることになる商業施設と、私たちが日常的な言語感覚で「ショッピングセンター」と呼ぶ商業施設のあり方との間にズレがあるからだ。同協会が毎年発行している『ＳＣ白書』の巻末の「日本のＳＣ総覧」を見ると、東京都心の大手町ビルヂング（一九五八年開業）や秋葉原ラジオ

表0-2◆あれもこれも、じつはショッピングセンター

施設名	所在地	開業年	備考
大手町ビルヂング	東京都千代田区	1958年	
ホテルニューオータニ	東京都千代田区	1964年	
八重洲地下街	東京都中央区	1965年	
NISHI GINZA	東京都中央区	1956年	高速八重洲線高架下の商業施設
日本電波塔ビル（東京タワー）フットタウン	東京都港区	1958年	
紀伊國屋ビル	東京都新宿区	1964年	紀伊國屋書店の本店ビル
サブナード	東京都新宿区	1973年	新宿西口・靖国通りの地下街
中野ブロードウェイ	東京都中野区	1966年	中野区唯一のSC
イトーヨーカドー溝ノ口店	川崎市高津区	1986年	これ以外にも各地のイトーヨーカドーにはSCとみなされるものがある
ダイエー所沢店	埼玉県所沢市	1981年	イトーヨーカドー同様、ダイエーやマルエツもSCとみなされるものが全国にある
ドン・キホーテ柏駅前店	千葉県柏市	1967年	ここは以前はスーパーの長崎屋だった
名古屋地下街サンロード	名古屋市中村区	1957年	
京都タワー名店街	京都市下京区	1964年	
ホワイティ梅田	大阪市北区	1963年	梅田の地下街
ドーチカ名店街	大阪市北区	1966年	これも梅田の地下街
ディアモール大阪	大阪市北区	1995年	これも梅田地下街
天神地下街	福岡市中央区	1976年	福岡の地下街

会館（一九七二年開業）、新宿の紀伊國屋ビル（一九六四年開業）や新宿地下街のサブナード（一九七三年開業）、あるいは中野ブロードウェイ（一九六六年開業）も載っている。各地のイトーヨーカドーやドン・キホーテや駅ビルで、そこに含まれているものもある。名古屋の地下街サンロードも、大阪梅田の地下街であるホワイティ梅田やディアモール大阪やドーチカ名店街も、みなSCとしてカウントされる。変わったところでは、一九五八年開業の日本電波塔ビル＝東京タワーもある。この一覧で最も古い開業は、首都高速八重洲線の高架下のNISHI GINZAで、一九五六年六月の開業だ。要するに、私たちの多くが普通はSCと見なさないビルや地下街や施設も、じつは（業界的には）SCだったりするのである（表0－2）。

その一方で、かつても今も「ショッピングセンター」と呼ばれていることが少なくない

にもかかわらず、業界的にはＳＣと見なされないものもある。〝団地のショッピングセンター〟が、それである。

一九五〇年代後半から七〇年代にかけて、大都市郊外を中心に日本の各地で、日本住宅公団や都道府県の住宅公社によって大量の住宅団地が建設されていった。その際、生鮮食料品店、ガス器具店、電器店、理髪店、美容院、薬局、郵便局などが集まった「ショッピングセンター」が、そうした団地の多くのなかに建設されていった。

一九六七年刊行の『日本団地年鑑――首都圏版』に収められた、首都圏の団地を個別に説明した「団地各論」には、各団地内の商業施設についての記述がある。たとえば、千葉県松戸市の常盤平団地には、「付帯施設」として「店舗三一、スーパーマーケット一、郵便局一、駐在所一、市役所出張所一、診療所二、小学校二、幼稚園一」と記され、「概況」の中に次のような文章がある。

> いまでは常盤平駅前には、ショッピングセンターがデパート並みの規模を誇り、駅からまっすぐに伸《ママ》びる美しい並木道には、人びとの往来も激しい。
>
> （日本団地年鑑編集委員会 1967：334）

同年鑑の「団地各論」で「ショッピングセンター」という言葉が用いられているのは、常盤平団地についてのこの記述だけだが、他のほとんどの団地でも付帯施設として複数の店舗とスーパーマーケット、診療所、郵便局、銀行等が挙げられているので、そこには〝団地のショッピングセンター〟が設けられたことがわかる。

そんな〝団地のショッピングセンター〟はここまで見てきたＳＣ関連の統計にはカウントされていない。

表0-3◆団地のショッピングセンターの事例

場所	店舗	備考
江戸川区西葛西 小島町二丁目団地	リサイクル店、製パン店、手芸用品店、美容院、学生服専門店、書画用品店、中華料理店、居酒屋、化粧品店、米穀店、インド食材店、写真店、理容屋、輸入雑貨、弁当屋、クリーニング店、整骨院、音楽教室、衣料品店	http://www.kojima2.com/
奈良県奈良市 富雄団地	診療所、介護施設、郵便局、接骨院、インテリア、喫茶店、薬局・酒および米穀店、理容店、自転車店、ATM、警察連絡所	http://tomioshop.web.fc2.com/
千葉県印西市 (千葉ニュータウン内)	クリーニング店、理容店、スナック、美容院、飲食店	http://www.nt-cnc.co.jp/shisetsu/takahana.html
多摩市永山団地 (多摩ニュータウン)	文具店、クリーニング店、歯科、電器店、自転車店、薬局、理容店、美容院、銀行、豆腐店、生花店、鍼灸院、介護施設、NPO事務所、郵便局、弁当屋、寿司店、補聴器店、パソコン教室、医院、衣料品店	http://www.naga4mall.com/
町田市鶴川 (鶴川団地)	スナック、そろばん塾、福祉・訪問介護施設、鍼灸店、居酒屋、飲食店、家電店、クリーニング店、教会、衣料品店、コインランドリー、生花店、ディスカウントショップ、洋品店、理容店、医薬品化粧品店、居酒屋、青果店、雑貨店、豆腐店、米穀店、カラオケパブ、会計事務所	http://www.tsurukawa.jp/index.php

それらはショッピングセンター協会の言う意味でのSCではなく、むしろ〝団地の商店街〟なのだろう。だが、戦後日本社会でそれらは、既存市街地の商店街とは区別されて「ショッピングセンター」と呼ばれてきたし、今でもそのように呼ばれている。全国にどれくらいあるのかはわからないが、現在ではシャッター商店街化したり、すでに閉鎖されたりしたものも含めて相当数の〝団地のショッピングセンター〟が、戦後の郊外開発の中で作られ、団地の暮らしを支えてきた[★5]。冒頭に挙げた千葉ニュータウンにも、そうした「団地のショッピングセンター」は作られている[★6](表0-3)。また、本書の第1章・第5章などでも論じられているように、一九六〇年代にはスーパーマーケットのダイエーがショッピングセンター化を目指したことがあった。

このように「ショッピングセンター」と見なされたり、呼ばれたりする施設が多岐にわたるにもかかわらず、今日、日本のSCの歴史についての文献や資料を見ていくと、「日本で最初の本格的SC」については、業界関係者の間でほぼ合意ができていることがわかる。それらのほとんどが、一九六九年に東京都世田谷区に開業した玉川髙島屋ＳＣを、「日本初の本格的ＳＣ」（社団法人日本ショッピングセンター協会 2011b:7）だとしているのだ。二子玉川の髙島屋がデパートではなくＳＣ――正確には「髙島屋をキーテナントとするＳＣ」――だと知って、違和感をもつ読者もいるかもしれない。本書の筆者たちも当初は「名前にＳＣってついているのはショッピングセンターという意味だったんだ」という程度の認識だったこの玉川髙島屋については、本書第1章で詳しく検討しているのでここでは簡単に触れるにとどめたい。ここで注目しておきたいことは、全国で団地が開発され、そこに〝団地のショッピングセンター〟が作られ、大手スーパーもＳＣ化を模索していった時代、つまり戦後日本の都市化・郊外化［★7］が進展していった時代に、現代に連なるＳＣの歴史の「起源」とされる施設がオープンしたということである。

「ショッピングセンター」という言葉が意味するもの、意味してきたもの、そして意味しうるものは、このように歴史的にも推移する、ある広がりを示している。この意味の広がりを分類・整理することも、ショッピングセンター研究の重要な課題ではあろう。だがここではむしろ、そうした広がりの外延と、その内包の多様さにもかかわらず、それらがひとしく「ショッピングセンター」という言葉で呼ばれてきたことに注目したい。そうすることで、高度経済成長期とそれ以後の時代の日本社会の変動の中に、商店街とも、デパートとも、スーパーマーケットとも、単一業種の大規模小売店とも違いながら、それらとどこかで重なり合い、時にそれらを内側に取り込んでしまいさえするものとしてＳＣを捉えるとともに、戦後の高度経済成長期から大衆消費社会の成立を経て現代にいたる日本社会のある側面を、ＳＣの成立と展開の過程から考えることができるのではないかと考えるからだ。

各地に開発されていった団地に〝団地のショッピングセンター〟が付帯施設として作られていった時代と、

現代に連なるＳＣの「起源」であるとされる玉川髙島屋ＳＣのオープンとがほぼ同時代であることは、この点で象徴的である。それはＳＣが単に商業施設の一形態であるのではなく、高度経済成長期が生み出していった私たちの集合的な生の形と、ＳＣやＳＭという巨大商業施設のあり方との、深いつながりを暗示している。その一方でまた〝団地のショッピングセンター〟と私たちが現在知っているＳＣ・ＳＭの間には、規模や形態において、そして何よりその場としてのあり方において、明らかに違いがある。その違いは、戦後の都市化・郊外化を生きてきた私たちの集合的な生の形が、ある時期に、それ以前とは異なる局面に入っていったことも示しているはずだ。「ショッピングセンターと呼ばれるもの」の多様さは、そうした私たちの現在が立つ場所とそれ以前の社会との間の連続と不連続を示しているのだ。

3

ショッピングセンター／ショッピングモール

ここまで私は何度か、「ＳＣ《ショッピングセンター》・ＳＭ《ショッピングモール》」と二つの言葉を並置し、ひとつながりにした形で用いてきた。日本ショッピングセンター協会編の『ショッピングセンター用語事典』には「ショッピングモール」という項目はないが、「モール」と「モール型ＳＣ」という項目があり、それぞれ次のように記されている。

モール mall　元は木陰道や遊歩道のことであるが、近年は歩行者専用にデザインされた繁華街の遊歩道や、ショッピングセンターの中央通路や計画的に配置された遊歩道をさす。ベンチや花壇、彫刻、美しい照明などが整備され、散歩や買物が楽しめるよう配慮されているものが多い。またショッピングセンターそのものをさす場合もある。

（財団法人日本ショッピングセンター協会・ショッピングセンター用語辞典編集委員会 2010：217）

モール型ＳＣ　通路の両側に店舗を連ねて、人工的に路面商店街の雰囲気を出したショッピンセンター。当初は屋根のないオープン構造で登場したが、現在では屋根付きのエンクローズドモールが主流である。

（同：217-218）

表0-4◆年代ごとのショッピングセンターの規模別開設数

	～1960年代	1970年代	1980年代	1990年代	2000～2010年
3,000㎡未満	25	61	93	79	24
～5,000㎡未満	32	59	90	128	61
～8,000㎡未満	26	72	83	140	79
～10,000㎡未満	10	69	85	121	87
～20,000㎡未満	25	139	157	365	247
～30,000㎡未満	4	19	31	114	146
～50,000㎡未満	3	17	20	42	119
50,000㎡以上	2	4	3	12	68

出典：財団法人日本ショッピングセンター協会 2011:6
数値は2010年末に存在したいたSCについて、2010年現在の店舗面積とオープン年をもとに集計したもの

「ショッピングモール」あるいは「モール」という言葉を使うと、2節で述べたショッピングセンターと呼ばれる施設の多様な広がりに、ある分割線を引くことができる。そもそも現代の普通の語感ではＳＣではない、商業施設も入ったオフィスビルや雑居ビルである大手町ビルヂングや秋葉原ラジオセンターは、もちろんモールではない。地下街も、歩行者専用の地下通路をはさんで両側に店舗があるという意味では右の『用語事典』の定義に当てはまり、現在では「モール」という語感にふさわしいものも増えている。だが、昔ながらの地下通路の両側にハモニカの吹き口のように店舗が並んでいる場合には、それを「モール」とはあまり言わないだろう［★8］。「ショッピングモール」という言葉で多くの人がイメージするのは、右の定義で言う「オープン構造」

のものが多いアウトレットモールや、エンクローズドでも内部に一定の長さの通路があって、そこをそぞろ歩きしながら買い物ができる大規模なSCだろう。

表0－4は各年代にオープンしたSCを規模別にまとめたものだが、これを見ると一九八〇年代以前にはごく少数だった店舗面積五万㎡以上のSCが、一九九〇年代には一二施設、二〇〇〇年以降にはなんと六八施設も建てられていることがわかる。それより小規模なものでも、二万－五万㎡規模のSMも同じ時期に増大している。ちなみに、ららぽーとTOKYO－BAYの店舗面積が一一万五〇〇〇㎡、イオンレイクタウンが二一万八四八三㎡、アーバンドックららぽーと豊洲は六万二〇〇〇㎡である。

一九九〇年代以降にモール型のSCが増加していった理由のひとつは、それまで大規模商業施設の立地を規制していた「大規模小売店舗における小売業の事業調整に関する法律」(＝大店法)に代わって、二〇〇〇年に「大規模小売店舗立地法」(＝大店立地法)が施行されて、大規模小売店舗の建設規制が緩和されたことである。大店立地法は日米構造協議におけるアメリカの要求を受ける形で制定されたのだが、それによって大規模SCの建設が容易になった一方で、ディベロッパーには交通問題、リサイクル、歩行者の利便性、防災、街並みづくりへの配慮が求められるようになった。つまり大店立地法は単に小売店舗の面積の量的規制を緩和しただけでなく、大規模商業施設に商業活動を超えた都市環境・社会環境を作り出すことを課すものでもあったのである[★9]。

先に私は、「モール」という言葉がSCと呼ばれる施設の多様さにある分割線を引くのだ、と述べた。それは、「モール」という言葉にふさわしい巨大な商業施設がこの二〇年ほどの間に急速に増えており、それによってSC的なものの戦後日本での展開にひとつの画期を見出すことができそうだということによっている。だがしかし、重要なのは「モール」という言葉による時期区分ではなく、そうした時期に顕在化してきた巨大商業施設の場としてのあり方の変容や、二〇世紀末から二一世紀初めの日本の都市や社会と巨大商業施設の関係の変容、そしてそれらの変容が示す私たちの社会における集合的な生のあり方の変容を可視化するための補助線として、「モール」という言葉が機能するように思われるということだ。

4 「モール化」する商店街

大規模小売店舗の増加は、中心市街地や住宅地、団地内等の既存の商店街の衰退や空洞化の原因として、今日しばしば語られてきた[★10]。だが、その一方で現代では、各地の商店街で「モール化」と呼ばれる再開発や活性化事業が進められている。

たとえば、日本で最も伝統のあるオフィス街である東京・丸の内地区。かつて明治政府から三菱が払い下げを受けて建設した通称「一丁倫敦」に起源をもつこのオフィス街は、二〇〇〇年代以降、東京を代表する高級店を擁する消費空間のひとつという様相を併せもつようになってきている。それを支えているのが、丸の内仲通りを基軸に丸の内オアゾ、丸ビル・新丸ビルを擁する東京駅丸の内側のエリアを一方の端とし、有楽町駅日比谷側のエリアのザ・ペニンシュラ東京や有楽町電気ビルをもう一方の端とする「2核1モール」としてこの地区をモール化するという、三菱地所の開発戦略である[★11]。そこに並ぶ店舗は多くのSC・SMにはない高級ブランドショップが中心だが、スターバックス、ビームス、シップス、フランフランなどSC・SMでもお馴染みの店も入っている(図0-2)。

丸の内だけでなく、各地の都市でも商店街の「モール化」による活性化の試みが現在進んでいる。その代

上：図0－2◆モール化する丸の内仲通り
下：図0－3◆川越クレアモール

表的なものに、川越市のクレアモールがある。クレアモールは東武東上線・JR川越線の川越駅前から約一・二キロ続く川越サンロード商店街と川越新富町商店街の統一名称で、街路舗装の本御影石による張り替え、シンボルタワーや街路灯の設置、電線の地中化による電柱の撤去と植栽によって、歩行者空間の快適性を増し、商店街を活性化することを目指している。今日、各地の商店街で振興事業として計画・遂行されている「モール化」は、このクレアモールの試みのように、商店街の街路を「ベンチや花壇、彫刻、美しい照明などが整備され、散歩や買物が楽しめるよう配慮」(社団法人日本ショッピングセンター協会 2010:217)された「モール」とすることで来街者の快適性を高め、商店街のイメージを向上させて活性化につなげることを意図している[★12](図0－3)。

だが、クレアモールの事例はそうした活性化事業としての「モール化」を超えて、現代日本の消費空間と社会生活を特長づける都市と社会の編成のあり方――それを〈モール化〉と呼ぶことにしよう――を示しているように思われる。

クレアモールのほぼ中央には、地元デパートの丸広百貨店がある。クレアモールを訪ねて印象に残ることのひとつは、地元商業資本の健在ぶりを示すこの百

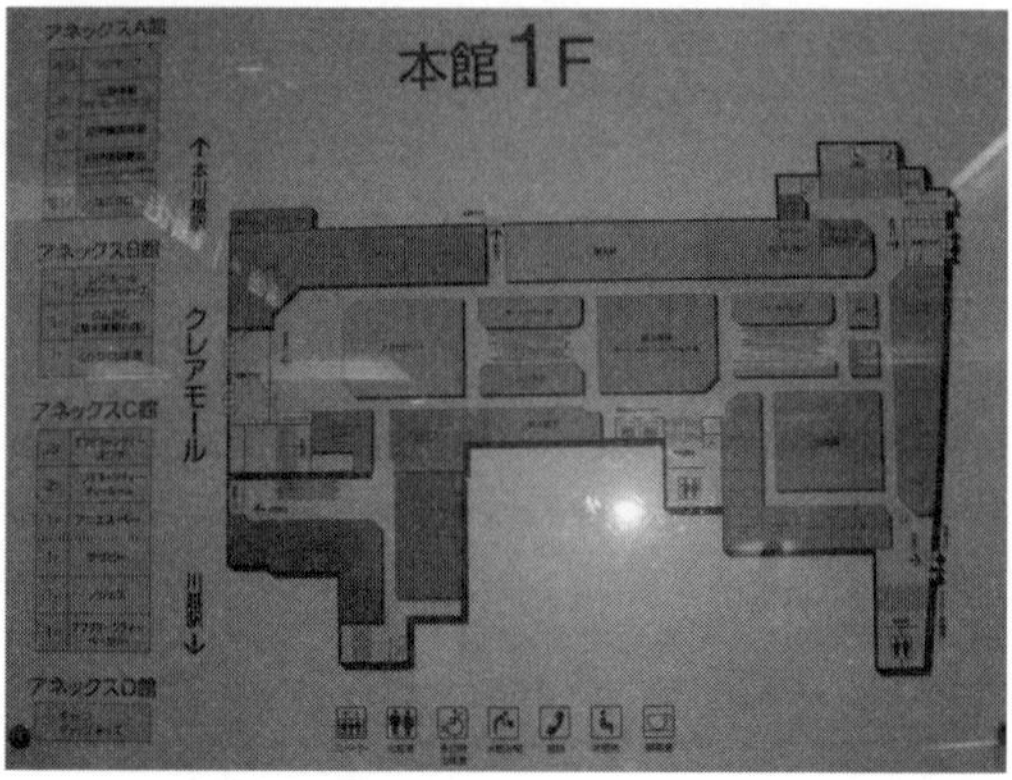

図0－4◆丸広本館・別館のフロアガイド

貨店がクレアモールの「キーテナント」であると同時に、「ディベロッパー」としての役割も部分的に担っているということだ。通りに沿って丸広本店と反対側にはアネックスA－Dの四つの別館があり、それらにはソフマップ、山野楽器、紀伊國屋書店、スターバックス、ユニクロ、Afternoon Tea、サザビー、アニエス・ベー、GAPと、各地のショッピングセンターで主要テナントとなっている店舗が入っている。また、クレアモールの入り口にあたる川越駅前には、やはり丸広の店舗である七階建てのアトレマルヒロ[★13]があり、そこにも各地のSC・SMでお馴染みのテナントが多数入っている。丸広百貨店は、クレアモールを中心とするこうした店舗展開を「まるひろタウン化構想」[★14]と呼んでいるのだが、この「まるひろタウン」は結果的にクレアモールを、テナント構成においてもSC・SMに近いものにしているのだ（図0－4）。

クレアモールのような商店街の「モール化」事業の展開が示すのは、商店街の街路をモール＝遊歩道として快適なものにすることによる活性化にとどまらず、SMが示すような空間と環境、そうした空間・環境を道具立てとする流通・販売・消費のあり方が、商業施設としてのSMを超えて、この社会に広がりつつあるということだ。SCがモール化し、商店街がモール化するなかで、SMの体現し産出するものを都市と社会が組み込んでゆくこと。先に〈モール化〉と呼んだのは、そのことである。私たちがこの本で対象とするのは、ＳＣ・ＳＭという商業施設であると同時に、それを超えて私たちの都市と社会に広がりつつあることの〈モール化〉と、それがこの社会に生み出しつつある〈ＳＣ《ショッピングセンター》・ＳＭ《ショッピングモール》的なもの〉なのだ［★15］。

5　SC・SMが生産するもの

言うまでもなく、ＳＣは、流通と消費の空間である。

流通の空間であるのは、さまざまな商品やサービスがそこでは売られ、それらを購買するために数多くの人びとがそこに訪れるからだ。そのように販売・購入される商品のうち、衣服や雑貨や食料品などの物販品が実際に消費されるのは、ＳＣではなく家庭や職場その他の生活の空間である。だが、ＳＣはそうしたモノがその魅力・魅惑を最大限発揮できるような形で展示され、それらを消費することによって獲得できるとされるライフスタイルやイメージを、インテリアやポスターやカタログや店員の語りで発信して人びとを誘惑する。そのようにして商品がその記号的イメージと共に人びとと出合う場所であるという意味で、ＳＣは消費のための空間である。物販店ではないレストラン街やフードコートでは、調理された食品とそれを供するサービスがＳＣ内で購入されて消費されるし、ゲームセンターやシネコンではエンターテインメントが消費される。レストランではインテリアや食器のコーディネートも消費されるサービスの一部だ［★16］。シネコンではエンターテインメントとしての映像作品が商品として供されているだけでなく、シアターの快適さ、上映中に飲食するフードやドリンク、上映作品に関連したグッズなども購入され、消費される。こうしてＳＣは人びとを消費へと誘い、実際にそこで消費させもする空間である［★17］。それは商品が流通し、それによって貨幣の流れが生まれる場所であり、そうした商品の消費をめぐるイメージが発信され、繰り返し更新される場所、そうした商品とそのイメージの間を人びとが通り過ぎてゆく場所である。商品と貨幣、情報と身体が流れるフローの空間としてのSC(そしてその前提には、そこに商品や人びとを運び込む交通機関というフローのシステムの充実がある)[★18]。

だが、SCから現代の都市や社会について考えようとするときに肝要なことは、それがいくつもの点で〝生産〟に関わる空間でもある、ということだ。

第一に、戦後の日本では——そしてまた、二〇世紀半ば以降の世界では——、各地にSCが建設され、運営されることにより、それ以前には存在しなかった社会的な場が大量に生産されていった。先に用いた「フロー」との対比で言えば、SCは商品と貨幣、情報と身体の流れを円滑化するためのストックとして、各地に生産されていったのである。一九九〇年代以降の日本におけるSC・SMの増加や、それ以前に一九六〇年代から始まっているSCの歴史を考えるならば、高度経済成長期以降の日本に、それ以前には存在しなかった流通と消費の空間が大量に生産され、増殖していったことがわかるだろう。SCは単に大量の店舗が集積した空間ではない。それは、テナント構成、インテリアやエクステリア、空調や音響、上下水道などのシステム、店員たちのサービスなどによって形作られる、独特の様相と機能をもち、さまざまな意味やイメージを発信して、消費と余暇の特定の過ごし方を可能にする社会的な場所である。SCの増加は、そうした特異なあり方をする社会的な場——〈SC的なもの〉の場——が、この社会の中で生産されていったということを意味している。

第2章でも触れるが、毎年開催されている日本ショッピングセンター協会の全国大会は、SCによるそうした社会的な場の生産のあり方を、凝縮した形で見ることのできる場だ[★19]。同大会のビジネスフェアの会場となった見本市会場に並んだブースには、ディベロッパーとテナントだけでなく、トイレなどの水回り、空調システム、音響システム、セキュリティ、インテリア、エクステリア、来場者数をカウントする電子装置など、SCという場をかたちづくるさまざまな関連業者が出展している。また、一九九五年以来、同大会で開催されているSC接客ロールプレイングコンテスト全国大会では、地方大会を勝ち上がった各地のSCのテナントの店員たちが、舞台上で接客のロールプレイングをすることによってその能力を競っている。ここに参加する多くの店員たちが、自分たちの心がけていることとして挙げるのが「お客様とのコミュニケーション」や「楽しい時間を過ごしていただくこと」だ[★20]。それは、販売される商品だけでなく、販売にともなうコミュニケーションやそれによる「時間」を生み出すことも、SCの機能であるということである。

第二に、先に述べたように、そのようなSC・SMが可能にする場(そして時間)は〈モール化〉によって、施設としてのSC・SMを超えて、現代日本の都市や社会に広がりつつある。商業施設としてのSC・SMを超えて、〈SC的なもの〉という巨大な現実がこの社会の中に生産されているのだ。

第三に、SCやSM、そしてSC的なものを内蔵して〈モール化〉しつつある社会の中で、私たちはそれらに支えられ、規定されたものとしての私たちの生活を、そしてそれと共にあるスタイルやセンスを、自分たちの暮らしを通じて遂行的《パフォーマティブ》に生み出している。SCを訪れ、モールを歩き、カフェやレストランで一休みすることで、私たちはそうした場の産出にあずかっている[★21]。そして、そこで売られる商品を買い、身につけ、使用することにより私たちのライフスタイルを、私たちの身体や、私たちの家庭や、学校や職場や、繁華街や、そしてなによりSCやSMの中で遂行的に生み出してゆく。SCは単にモノを売っているのではなく、モノにまつわるイメージやスタイルを発信し、そうしたイメージやスタイルが付加されたモノを売る空間である。そして、そこで買ったものを持ち帰り、使用し、身にまとうことで私たちは、そうしたイメージやスタイルをSCの外側で現実化しているのだ。

次のように言うことができるだろう。

SCとは、商業空間の特定のあり方と、それを支える場所と身体と意味やイメージの関係づけの様式として存在する。物的・建築的な施設としてのSCやSMは、その物質化《マテリアライズ》され、現実化《リアライズ》されたあり方である。“realize（=real+ize）”とは、現実化であると同時に理解することでもある。具体的な施設としてのSCやSMは、〈SC的なもの〉を個々の施設を建設・管理・運営するディベロッパーや、そこに入るテナントや、そこで働く人びとや、そこを訪れる人たちが各々の仕方で理解し、振る舞うことを通じて現実化する。

SC・SMは、そのようなハードとソフトを通じて社会的な場を――そして時間をも――を生産する装置なのだ［★22］。そう、それは私たちの生活の一部、それも決して小さくはない部分を生産する装置なのである。

6 移行ゾーン――本書の構成

『なぜ人はショッピングモールが大好きなのか』の著者で、〝小売りの人類学者〟とも呼ばれるパコ・アンダーヒル［★23］は、SMの優良店が決して入り口付近に存在していない理由を、次のように説明している。

実は、どんな建物に入るときでも、われわれは一連のステップを踏んで外との違いに適応する必要がある。歩く速度を少し落とし、明るさの違いに目を慣らし、感覚を働かせて温度の変化を感じとる、などだ。ドアを通ってなかに入ると、ただちに脳がたくさんの新しい情報を受け取り、それを処理してから、やっとわれわれは建物のなかの環境に慣れてくる。つまり、三－五メートル進んでからでないと、何を買うかも決められないのだ。

（Underhill 2004＝2004：78）

この三－五メートルの領域をアンダーヒルは「移行ゾーン」と呼ぶのだが、ここまでＳＣ・ＳＭの現況をめぐって述べてきたこの章も、言ってみれば本書が本論に入る前の、Entranceの移行ゾーンである。そこで、いよいよ本論に入る前に館内案内として、次章以降の構成を簡単に説明しておくことにしよう。

第１章「玉川髙島屋ＳＣという起源――巨大商業施設の前史とその誕生」では、先に述べたように「日本最初の本格的ＳＣ」とされる玉川髙島屋ＳＣの成立とその前史を、アメリカ合衆国におけるＳＣの歴史、そうした歴史から見えてくるＳＣと都市中心部の繁華街との関係、玉川髙島屋ＳＣが立地することとなった二子玉川という場所が東京の郊外化の歴史において占めるトポス、そして高度経済成長期の日本社会での商業と消費のあり方の変容といった点から考察する。それは、現代にいたる日本のＳＣの歴史の「起源」を、歴史社会学的なまなざしの下に解き明かす試みである。

続く第２章「〈社会〉を夢みる巨大商業施設――戦後日本におけるショッピングセンターの系譜」では第１章を受けて、玉川髙島屋ＳＣの誕生以後の日本のＳＣの歴史を対象として、ＳＣが戦後日本社会をどのように理解し、それに対してＳＣが自らをどのような場たるべきものとして捉えてきたのかを、日本ショッピングセンター協会の協会誌の分析を基軸として考察する。よく言われるように日本のＳＣはアメリカ合衆国におけるＳＣ・ＳＭの展開をモデルとし、それを日本の都市や社会の環境に合うようにアレンジするところに成立・展開していった。日本のＳＣ業界にとってＳＣとは何か確定したあり方をするものではなく、ＳＣにとっての環境である日本社会とその経済状況や消費文化のあり方を観察しつつ、自らをそれに適応したものとして編成し、さらにそれらの関係を再帰的にモニタリングすることの繰り返しによって成立・展開してゆくものだったのである。日本ショッピングセンター協会の機関誌は、そんなＳＣによる社会と自身の観察と自己定義の変遷を示している。私たちはそこに、戦後日本社会の一断面と、そこで消費者として生きてきた（そして今も生きつつある）私たち自身の姿を見ることができるはずだ。

第3章「建築空間／情報空間としてのショッピングモール」では、こうして成立・展開してきたＳＣ・ＳＭという巨大商業施設を、主として建築空間という点から考察する。ＳＣ・ＳＭは大規模な立地に巨大な建築空間を建設し、周囲の空間から人びとをその内側へと円滑に導き入れ、そこでの商品と人びとの出合いを魅力的に演出し、その内部の状態を適切に――時には自らにとって「適切でない」と見なされる顧客層を排除しつつ――コントロールする合理的な装置として建設し、機能させるところに成立している。それはきわめて特異な形態をもった建築空間として、周囲の環境や既存の商業空間から差異づけられているが、同時にまた現代の都市や社会に支配的な空間の論理を高度に実現した空間でもある。この章ではそんなＳＣ・ＳＭの空間の建築としてのあり方が内包する社会の論理を読み解いてゆく。

第4章「多様性・均質性・巨大性・透過性――ショッピングセンターという場所と、それが生み出す空間」もまた、ＳＣ・ＳＭの空間としてのあり方に注目する。ただしここでは、建築空間としてのあり方だけでなく、それが現代の都市や社会にどのような社会的な場を生み出しているのかを、都市や郊外でＳＣやＳＭが生み出す社会的な場のトポロジカルな構造と、そうした場の構造に見出される一九世紀以来の社会と空間の関係の歴史的な層の重なりという点から分析していく。

第5章「消費社会という「自然」——商業施設における〈巨大さ〉の構造転換」では、かつての三越からパルコ・セゾングループにいたる日本の消費社会化の歴史とその後の展開の中にSC・SMを位置づけることで、八〇年代的な消費社会論が主題化しつつ共振した都市と社会と空間の論理とは異なる論理を、現代のSC・SMの巨大さの中に探ることを試みる。

そして終章「Exitあるいはセントラルコート　SC・SMから見える現代の都市と社会」では、本書にいたる研究プロジェクトで私たちが行ってきたフィールドワークやインタビュー調査も振り返りつつ、現代日本のSC・SMが示す社会と空間の論理を、本書の共著者たちの座談会によって検討してゆく。

さらにこれらの他にもコラムで、SC・SMに関する現代的なトピックのいくつかを取り上げ、本論の考察の補足としている。

では、SC・SMという巨大商業施設の内部へ、そしてその歴史と現在へと入ってゆくことにしよう。

註

★1——ただしBIG HOPガーデンモール印西は撤退したテナントが多く、現在では半ば「デッドモール」化している。

★2——日本ショッピングセンター協会は、一九七三年四月に「わが国のショッピングセンター（SC）の発展を通じて消費者の豊かな生活づくりと地域社会の振興に貢献することを目的に設立」された団体で、一九七五年四月に通産省認可の社団法人となり、二〇一二年四月には内閣府認可の一般社団法人に移行している。会員は「現にショッピングセンターを所有し、開発し又は管理するもの及び今後所有し、開発し又は管理しようとする」ディベロッパー、「現にショッピングセンターにおいて小売業（飲食店業を含む）、サービス業そのほか消費者に利便を提供することを業として営むもの及び今後営もうとする」テナント、それ以外の「会の目的に賛同し、その事業に協力しようとする」企業・団体・個人である。詳しくは、同協会ホームページ(<http://www.jcsc.or.jp/outline/index.html>)を参照。

★3——<http://www.jcsc.or.jp/data/sc_state.html>.

★4——<http://www.jcsc.or.jp/data/sc_state.html>.

★5——たとえば多摩ニュータウン開発では、新市街地開発法にもとづく生活再建措置として、計画区内で農業を営んでいた人びとの団地内店舗への優先出店が行われた。これについては、パルテノン多摩(編)(1998)の「Vクワからレジへ——多摩ニュータウンの産業」などを参照。類似のことは、他の地域のニュータウン開発や団地開発でも行われたと思われる。

★6——印西市内に限っても、木刈近隣センター、高花ショッピングセンター、ショッピングセンター西の原があるが、そこには空き店舗もかなりある。ちなみに、これらの施設の経営管理に関わる株式会社千葉ニュータウンセンターは、牧の原モア、イオンモール千葉ニュータウンのイオン棟、アルカサール等の経営管理にも関わっている(<http://www.nt-cnc.co.jp/shisetsu/>)。

★7——近代における都市化(=近代都市化)の過程では、都市に集中する労働力人口の居住地として、都市近郊が郊外化していった。したがって郊外化は都市化という社会変動の部分過程であるということができる。このことについては、若林(2007)等を参照。

★8——ただし、東京メトロが池袋、表参道等で運営するエチカなどは、現代的なモールである。地下空間や駅空間のショッピングモール化は、現代の都市空間を特徴づける動向のひとつである。

★9——ただし、二〇〇七年の都市計画法改正による立地規制によって、延床面積一万㎡超のショッピングセンターの郊外や工場跡地への立地は困難になった。

★10——三浦(2004)や三浦(2006)はそうした言説の代表的なものである。SC・SMの増加と商店街の衰退の間に関係があるのは確かだが、単純な因果関係として考えることはできないだろう。それについては、本書の別の部分でも触れることになるだろう。

★11——三菱地所商業施設事業部へのインタビューによる。

★12――同様の試みは郡山市中央商店街、川崎の溝の口駅前商店街、富山市大手町通りの大手モールなど、現在枚挙に暇がない。

★13――アトレマルヒロと、首都圏のJRの駅ビルのアトレとの間には何の関係もない。アトレマルヒロのオープンが一九九〇年五月、JRのアトレの一号店である四谷アトレの開業は一九九〇年九月である。

★14――就職情報サイトのマイナビの丸広百貨店のページに、「『まるひろタウン化構想』も独自の事業戦略のひとつ。これは川越本店と、同じ川越市内にあるアトレ店を結ぶ地元商店街にアネックス形態での店舗を積極展開し、ショッピングセンター機能を持つ街づくりを推進する構想です。私たちだけの個ではなくエリア全体でとらえ、地域の皆様と共に経済や文化を発展させていくことを目指しています」(<http://job13.mynavi.jp/13/pc/search/corp1000/outline.html>、二〇一二年六月一〇日最終更新)とある。

★15――速水健朗は「都市がショッピングモールと判然の(ママ)区別の付かなくなりつつある現状」を指す言葉として、「ショッピングモーライゼーション」という言葉を用いている(速水 2011:32)。また、より最近の著作では、「都市の公共機能が地価に最適化した形でショッピングモールとしてつくり替えられ、都市全体が競争原理によって収益性の高いショッピングモールのようになっていくという変化、現象がショッピングモーライゼーションです」(速水 2012:47-48)と述べている。速水は「それに伴う社会の変化についてまでは、(……)捉えきれないだろう」(速水 2011:32)と述べているが、社会学的にはそのことこそが重要なのは言うまでもない、速水(2012)で言う意味での「ショッピングモーライゼーション」は都市の新自由主義化の表れのひとつである。それがSMや〈SC的なもの〉を考えるうえで重要な論点であるのは確かだが、私たちが本書で対象化し、分析・考察することには、SC・SMのさらに別の側面も含まれる。

★16――店員の顧客とのコミュニケーションには価格がついていない。だからそれは通常の意味での「商品」ではない。新聞や雑誌が広告を広告会社から購入することによって、読者をスポンサー企業に「売っている」こととのアナロジーで言えば、店員はそのコミュニケーション技術を通じて客を店に「売っている」ということも可能である。日本ショッピングセンター協会大会で毎年開催される「接客ロープレコンテスト」は、店員が店舗に客を「売る」技術を競っているのである。

★17――社会学者のジョージ・リッツアは、SCのように人びとを消費に誘う空間的な装置を「新しい消費手段」

と呼んでいる(Ritzer 2005=2009:ch.1)。

★18——ここで「フローの空間」と言うのは本文で述べているように「商品と貨幣、情報と身体が流れる空間」であり、それによって商業的な流通が促進される空間であるという意味である。それはマニュエル・カステルの言う「フローの空間」とも関連するが、同一の現象や事態を指すわけではない。カステルの「フローの空間」概念については、Castells(1992=1999)を参照。

★19——日本ショッピングセンター協会全国大会は、日本のショッピングセンター業界最大のイベントで、シンポジウム・セミナー、SC接客ロールプレイングコンテスト全国大会、ビジネスフェアから構成される。二〇一三年一月で三七回目の開催となる。

★20——二〇〇九年度日本ショッピングセンター協会大会における第15回SC接客ロールプレイングコンテスト全国大会のプログラムより。

★21——ここで生産される場は、空間的であると同時に時間的でもある。それは「SCの中で過ごされるひととき」として産出されるのだ。

★22——〈ショッピングセンター的なもの〉の物質的な水準から意味論的水準、遂行的水準にわたる現実化を、かつて吉見俊哉が提唱した「上演論的パースペクティヴ」の下に整理することも可能であろう。これについては吉見(1987→2008)を参照。物質的、意味論的、遂行的とここで述べているものは、若林(2000)で〈社会の地形〉の三つの位相として述べた物質的、理念的・想像的、遂行的に対応している。

★23——パコ・アンダーヒルはマーケティング・コンサルタント会社エンバイロセル社の創業者。学生時代に社会学者のウィリアム・H・ホワイトの公共空間の観察と分析の影響を受け、七〇年代にはニューヨーク市立大学環境心理学科の非常勤講師としてフィールドワークの技術を教えていた(Underhill 2009=2009:29-31)。アンダーヒルの調査分析は都市人類学の手法によるショッピング環境と人間の関係の研究(同:33)であり、社会学にとっても示唆に富む。

参考文献

Castells, Manuel (1992) "The Space of Flow: Elements for a Theory of the New Urbanism in the Informational Society," keynote paper at the Princeton University Conference on the New Urbanism, November. = (1999) 大澤善信訳「フローの空間——情報社会における空間理論」『社会学の思想2 都市・情報・グローバル経済』青木書店、第八章。

速水健朗(2011)「なぜショッピングモールなのか?」『思想地図β』第一号(特集 ショッピング/パターン)、コンテクチュアズ。

速水健朗(2012)『都市と消費とディズニーの夢——ショッピングモーライゼーションの時代』角川oneテーマ21。

三浦展(2004)『ファスト風土化する日本——郊外化とその病理』洋泉社新書Y。

三浦展(2006)『脱ファスト風土宣言——商店街を救え』洋泉社選書Y。

日本団地年鑑編集委員会(編)(1967)『日本団地年鑑——首都圏版』日本だんち新聞社。

パルテノン多摩(編)(1998)『企画展 多摩ニュータウン開発の軌跡——「巨大な実験都市」の誕生と変容』パルテノン多摩。

Ritzer, Geroge (2005) *Enchanting a Disenchanted World*, 2nd ed., Pine Forge Press. = (2009) 山本徹夫・坂本恵美訳『消費社会の魔術的体系——ディズニーワールドからサイバーモールまで』明石書店。

社団法人日本ショッピングセンター協会・ショッピングセンター用語事典編集委員会編(2010)『ショッピングセンター用語事典(新版)』学文社。

社団法人日本ショッピングセンター協会(2011a)『SC白書2011——地域再生とSCの役割』日本ショッピングセンター協会。

社団法人日本ショッピングセンター協会(2011b)『改訂新版 SCマネジメントブック』日本ショッピングセンター協会。

Underhill, Paco (2009) *Why We Buy: The Science of Shopping, Updated and Revised for the Internet, the Global Consumer and Beyond*, Obat. = (2009)『なぜこの店で買ってしまうのか [新版]——ショッピングの科学』ハヤカワ新書juice、早川書房。

Underhill, Paco (2004) *Call of the Mall*, Simon & Schuster. = (2004) 鈴木主税訳『なぜ人はショッピングモールが大好きなのか』早川書房。
若林幹夫 (2000)『都市の比較社会学——都市はなぜ都市であるか』岩波書店。
若林幹夫 (2007)『郊外の社会学』ちくま新書。
吉見俊哉 (1987)『都市のドラマトゥルギー——東京・盛り場の社会史』弘文堂。→ (2008) 河出文庫。

column 1

これはどこの店、どこのブランド?

――多様さを生み出す資本のネットワーク

一九七〇－八〇年代、渋谷の、今はヒカリエの建つ場所にあった東急文化会館の裏に、「ボルツ」というカレーショップがあった。その頃まださほどポピュラーでなかったインド風カレーの店で、高校一年のときに友人に連れられて行って以来、しばしば通った店だった。パルコや東急ハンズの近くの、やはり当時は珍しかった和風スパゲティの店「五右衛門」に初めて行ったのも、同じ頃だったと思う。

インド風カレーと和風スパゲティという、まったく異なるジャンルのこの二軒が、どちらも「ジャーマンレストランシステム」という会社の下にあったのを知ったのは最近のことである。現在「日本レストランシステム」という名称の同社は、一九八一年に「ウィーン菓子モーツアルト」、九〇年に「にんにく屋五右衛門」、九二年に「卵と私」、二〇〇三年に和食の「さんるーむ」というようにジャンル横断的に一〇以上の種類の店舗を展開していって、各地のSC・SMにも数多く出店している（なお、同社はボルツからはすでに手を引いていて、「ボルツ」という名のカレー屋は、かつてのフランチャイズ店が独立したものが東京・神田などで続いている）。

こうした多面的な展開をしているのは、日本レストランシステムだけではない。二子玉川でのフィールドワークの後、玉川高島屋SCを運営する東神開発が手がけた柳小路にある「玉乃葉梅軒」という古民家風の和食の店に入った。後日その店について調べてみると、それは「紅虎餃子房」を各地のSC・SMなどで展開する「際《きわ》コーポレーション」の経営する店舗だった。この際コーポレーションも、ヨドバシAkibaにも入っていて私もよく利用する「万豚記」、おおたかの森SCにあってやはり時々行く「ぷんぷく丸」等の中国料理だけでなく、洋食、和食などジャンル横断的にさまざまな名称・業態の店舗を展開している。玉川高島屋SCとその周辺でも、高級中華料理の「マダムジェイド愛莉」、〝デパ地下〟の総菜店「胡同家常菜」、それに柳小路のイタリアン・トラットリア「吉右」が、際コーポレーションの展開する店舗だ。やはり多くのSC・SMに出店している「鎌倉パスタ」を経営するサンマルクホールディングスも、ベーカリーレストランの

「BAQET・BISTRO 309」、「広東炒飯店・石焼ごはん倶楽部」、回転寿司の「函館市場」など、異ジャンル・業態の飲食店を各地のSC・SMで展開している。このように、SC・SMで直接私たちの目に――そして舌に――触れる異なるジャンルの飲食店の多くが、じつは同じ飲食産業企業によって経営されていたりするのである。

飲食店だけではない。アパレルメーカーのワールドは、「TAKEO KIKUCHI」や「THE EMPORIUM」「HusHusH」など五〇近くのブランド・ショップを傘下にもっていて、その中にはSC・SMで展開しているものも数多い。アーバンリサーチやポイントなども、SC・SMを中心に見かけ上多様な店舗・ブランドを展開している企業である。「アフタヌーンティー」を経営するサザビーリーグ傘下にはバッグの「サザビー」はもちろん、アクセサリーの「agate」、靴の「CAMPER」などがあり、飲食店の「KIHACHI」もある。そしてなにより、あの「スターバックス」も日本ではサザビーが展開しているのだ。また、婦人服の「ローラアシュレイ」、化粧品の「ザ・ボディショップ」という各地のSCでお馴染みの店舗は、日本ではイオン傘下でありながら、イオン以外のSCでも展開している。やはり各地のSCでさまざまなブランド展開をしている「ユナイテッドアローズ」は、なんとやはりSCの定番店舗の「ABCマート」の子会社である。

ネットワーク企業の時代である現在、これらの事実は何も驚くべきことではないのだろうが、多様な業種のさまざまな店舗・ブランドがかたちづくるSC・SMの賑わいが、実際は見かけほど多くない企業によって生み出されていることには、やはり驚かされる。資本にとって重要なことは「利潤」なのであって、特定の業種・商品・ブランドではない。その一方で、どんな商業資本も特定の業種の店舗・ブランドとして姿を現し、人びとを消費へと誘わなくてはならない。業種やジャンルを横断する資本のネットワークと、同一企業の下での店舗やブランドの差異化は、SC・SMという巨大で均質で透過的な空間［★1］が現代資本主義の最前線であることを示している。（若林幹夫）

★1――「巨大で均質で透過的な空間」については、本書第4章を参照。

第1章

玉川髙島屋SCという起源
――巨大商業施設の前史とその誕生

楠田恵美
KUSUDA Emi

私たちが知っているような巨大な商業施設としてのSCは、いつ、どのようにして誕生したのだろうか。戦後、高度経済成長期の日本では、デパートや専門店をはじめとする各種商店で経営の多角化が進み、流通革命や消費革命と呼ばれる社会的経済的変革が起きた。このような小売流通における広範囲な革新のなかでその後、現在の私たちの知るSCに通じる商業施設は登場した。

それでは、どのような商業施設が、SCと見なされたり呼ばれたりしたのだろうか。当時の新聞や雑誌の記事を確認すると、新しいタイプの大規模商業施設の開業は「本格的ショッピングセンターの登場」、「新しい消費の時代の到来」などの見出しとともに、センセーショナルに報じられている。そこでは、従来の商業施設の規模や取扱品の数や種類を大きく上回り、また、新しいサービスが提供され、それにより購買行動の新しいかたちを生み出すような商業施設が「ショッピングセンター」と見なされたり呼ばれたりしていたことがわかる[★1]。そうしたなか、一九六九年に国道二四六号線と高速八号線が交わる二子玉川に、玉川髙島屋SCがオープンした。ここでも、開業に際して、「本格的S・Cが到来」と見出しのついた記事が書かれているのを確認できる。他の「ショッピングセンター」と同様、規模の大きさにも注目が寄せられているが、その他にも商品構成の高級化が指摘されている（国際商業出版 1969:126）。そして、同時代にオープンした他の大規模商業施設とは異なり、このSCは、オープンの一時にとどまらず、それ以降も、SCと見なされ、呼ばれ続けた。そうするうちに、このSCは日本におけるSCのプロトタイプとして定着し、その誕生と歩みを無視しては、日本のSCを語れないほどに重要な存在となった。なぜ玉川髙島屋SCは、同時代にオープンした他の類似する大規模商業施設とは異なり、SCと見なされるようになったのだろうか。それは、玉川髙島屋SCに現在の我々が考えるSCの先駆性と成功例を見ることができるからではないだろうか。

この章では、日本におけるSCの導入期の模索とそこでしばしば言及されるアメリカのSCの先行例を振り返りつつ、戦後日本の郊外の変容のなかで玉川髙島屋SCが成立したことを確認し、玉川髙島屋SCの誕生のもつ歴史的意味について考察する。

1　SC前夜(1)——博覧会から勧工場へ、呉服店から百貨店へ

これまで多くの論者によって、博覧会は近代の消費空間の原型として語られてきた[★2]。博覧会とは、世界中から集められた様々な製品や技術を展示公開する祭典のことである。その歴史の初期において、それは産業の振興や消費者の育成を目的とするイベントであり、直接間接に購買行動にむすびつくモノへの評価眼を育成しただけでなく、楽しみとしてモノを見にゆくという行為をつくり出した。そして、開催回数を重

ねるにつれ、博覧会では展覧会場のほかに遊具やアトラクションが導入されるなど、来場者に楽しみを提供することが重視されるようになり、娯楽色を強めていった。興味深いことに、現代のSCもまた、このような博覧会に限りなく近づいているように思われる。

現代のSCに並んでいるのは、展示品ではなく、来場者が手に取り、購入することができる商品である。そこでは、所狭しと並ぶモノを見ることはもちろん、欲しいと思うモノがあれば、お金の余裕があれば買うこともできる。このようにSCは、様々な店舗や商品を同一施設内で見ることを通じて購入に至る可能性が加わっているため、一つの場所（ワンストップ）で比較購入が可能な時間消費型施設と呼ばれる。しかしながら、博覧会もSCも、モノに囲まれ、それらを眺めやりながらぶらぶらと歩き回ることに大半の時間が費やされ、そのことを楽しむ場所であるという点で同質の時間を提供する。

近代の幕開けとともに始まった博覧会と現代のSCをつなぐには、勧工場や百貨店といった消費施設の登場と展開を見る必要がある。勧工場は、博覧会の会期終了後に残った展示物を引き取り、それらの物品を別の会場で陳列販売したことに始まる展示販売施設である。東京で初めて登場した勧工場［★3］は、一八七七（明治一〇）年に開かれた内国勧業博覧会の後に東京府が設置したものである。博覧会場と同様、陳列場は単独で設置されず、珈琲店や汁粉屋などを備えた庭園のなかに設けられた。その後、民営の勧工場がつくられると、それらは庭園をもたずに街なかの一商店、物品陳列場として存在するようになったが、それでもぶらぶらと遊びにゆく遊興の場として認識された。さらには、新橋につくられた勧工場の一つである帝国博品館では、物品陳列所が街なかにつくられていく過程でいったん省かれた珈琲店や汁粉店、写真館などの庭園に付随するサービス施設が、再び陳列所の内部に取り込まれ、それらがたいへんな人気を博したという。この興味深い事例には、陳列所が街なかで遊興施設としての役割を担っていく様子を見ることができる。

すなわち、当初は、博覧会会場全体を常設化することから始まった勧工場が、街のなかで普及していく過程で、いったんは物品陳列施設としての独立を遂げつつも一貫して遊興施設として受容されるうちに、再び庭園に付随する遊興施設を取り込み、遊興施設としての性質をより強めていったという流れが見出せるのである（以上の文は初田 1981による）。

このように勧工場が、街のなかで消費と遊興を併せもつ施設として受け入れられていく一方で、勧工場とは異なる手法で発展を遂げていく別の商店が存在した。百貨店を目指す呉服店である。そもそも日本の百貨店は、呉服の他に、洋服や小間物、什器、食料品など、様々な品物を一つの店舗のなかに取り揃えて陳列販売した呉服店に端を発する。百貨店をめざす過程で、呉服店は取扱品の拡充と売場面積の拡大を図っただけでなく、パッケージのデザインやオリジナル商品の開発などによるブランドの確立、街頭や新聞・雑誌メディアへの広告、各種催事の開催、流行ファッションの創出など、新しい話題や情報、娯楽を自ら生み出し発信、提供していった。それによって百貨店は、つねに何らかの新しい出来事を生み出す施設として確固たる地位を築いた。こうして呉服店は、単に雑多な商品を扱う万屋《よろずや》になることを避け、今日でいう一つのブランドイメージをもつ商業施設、百貨店に転身した。そうしてブランドイメージのもとで多様な商品やサービス、イベントを提供するようになったのである。

一九〇四年にデパートメントストア宣言を行った三越呉服店は、日本へ百貨店をもたらしたパイオニアであるといわれる（初田 *ibid*）。その三越が一九一四年に東京日本橋に完成させた地上七階、地下一階の新館は、それまでの呉服店の空間から決別し、百貨店の建物を体現する最初の建物であった。その心臓部を成す中央のホールの吹き抜けからは、各フロアごとに異なるテーマで構成された商品世界を一望することができ、無秩序に分散する商品世界を一堂に集結させるという百貨店のコンセプトを的確に演出していた。大量かつ多様な商品を収集し分類する百貨店の館内は、照明によって明るく照らされ、空調によって室温が快適に保たれ、エレベーターやエスカレーターなどの移動装置、ベンチ、喫茶店、レストランなどの休憩・飲食スペース、そして庭園や遊具の備えられた屋上によって、陳列された商品を見ることにとどまらず、寛ぎの空間を提供した。これにより、たとえ買い物という目的をもたなくとも、誰しもがそこでゆったりと時を過ごすことができるようになった。こうして百貨店は、ちょっとした散歩から一日がかりのお出かけまで、幅広い種類の外出の受け皿となったのである［★4］。このような消費の空間へのお出かけは、百貨店にとどまらず銀ブラに代表されるような専門店や百貨店の並ぶ街路や街へと広がっていった。

このように、博覧会の開催によって開花した、外へモノを見に出かける楽しみは、勧工場や百貨店の登場により、博覧会のように限られたイベントとしてではなく常時、街のなかで遂行が可能な楽しみとして人びとに受け入れられていった。そればかりでなく、モノを陳列するとともに販売する消費施設である勧工場や百貨店が時間消費型施設としてこうした楽しみを提供する役割を博覧会から引き継いだことで、「お買い物」という消費行為は、楽しみを目的として出かける「お出かけ」や行楽の一つに含まれるようになった。同時にこれにより、消費施設の集まる街や街路は遊興空間としても見なされるようになり、そうした需要に応えるかのように娯楽色を強めていったのである。

2 SC前夜（2）——ターミナル型ショッピングセンターの登場

ところで、百貨店や専門店の集まる市街地の消費空間の展開は、戦前期から戦後にかけての都市化と郊外化とともに登場した鉄道系百貨店により新たな局面がもたらされた。都心と郊外をつなぐ鉄道路線の開発にともない、都心側のターミナルに鉄道会社を母体とする百貨店が併設されたのである。こうした鉄道系百貨店と呼ばれるデパート［★5］は、先行する呉服店系百貨店が確立した販売スタイルを踏襲しつつ、呉服店系百貨店がもち得なかった駅併設という利便性を最大限に活かして利用者の支持を獲得した。鉄道系百貨店の登場によって郊外居住者は、都心の繁華街まで行かなくとも、その手前のターミナルで買い物ができるようになった。それにより百貨店は、多くの都市生活者にとって、通勤通学の行き帰りに寄ることのできるような身近な商業施設として受け入れられていったのである。

戦後のさらなる郊外化の進展により、ターミナル駅は乗り継ぎ点としての中心性をいっそう強め、そこに集中する各種の異なる鉄道路線、バスやタクシーなどの公共交通機関、加えて個々人の自家用車を合理的に接続する必要が生じた。これと並行して、駅に併設されたターミナルデパートに加え、呉服店系百貨店などが周囲に進出してくると、それらもまた地下街や地下鉄駅の通路と相互に結びつくようになっていった。その結果、これらのターミナルの連絡通路は、各種交通の乗り換えの連絡通路であるだけでなく、各種商業施設を結ぶ通路にもなり、同時に通路の両サイドに設けられた専門店の入店スペースによって、通路自体も専門店街同然の姿を呈することもあった。もっと言えば、このような連絡通路の充実により、ターミナルとその周辺は、いくつかのデパートを核とする、SCに限りなく近い消費空間を形づくるようになった。実際、このような鉄道ターミナルを基盤とする消費空間は、当時「ショッピングセンター」と見なされたり呼ばれたりしたのである。

例えば、一九六七年に完成した新宿西口の小田急地下名店街を取り上げた記事には、次のようにその設置目的が書かれている。「新宿に集中する車と人の混乱を解消すること。歩行者と国鉄・私鉄・バスの連絡を円滑にすること。そして、三つ目の狙いは、既設の京王、小田急新・旧三デパートを結んだ一大ショッピングセンターの形成。この発想が、都内つぶよりの老舗、有名店をずらり揃えた小田急地下名店街の誕生につながった。出店の数は、南北両コーナー合わせて八〇店舗。食料品から衣料、雑貨、料理、飲食まで、わざわざ地上のデパートまで足を運ばなくとも、急ぎの向きには、すべてここで用が足りるよう配慮されている。地上とこの名店街は、二カ所の自動車入口、二一カ所の連絡階段で結ばれており、流れはいともスムーズ」[★6]（商業界 1967）。駅を中心に思考される日本の都市に出現した巨大商業空間をここに見出すことができる。

　小田急地下名店街よりも一〇年以上前にあたる一九五五年には、横浜駅西口に「横浜センター」の建設が開始されている[★7]。これは「ショッピングセンター」の発想を潜在的に持つ商業施設の初期

上：図1−1◆新宿西口にショッピングセンター出現
出典：『商業界』20（2）（222）、1967年
下：図1−2◆横浜センタービル
出典：『商業界』21（1）（234）、1968年

的事例であると言える。なぜならそこには、商店街、駅ビル、百貨店、スーパーなど、従来から存在した商業施設が、センターの構成要素として捉えられ、「横浜センター」という一つの大きなまとまりのある商業施設のなかで結びつけられ、配置されたからである。また、横浜センターには順次、映画館やホテル、ステーションビルなどが増設されていき、それにより、交通の接合点でしかなかった横浜駅は、そこでの滞在が可能な複合的な機能をもつ駅へと姿を整えていったのである(山口 1965)。

このように、鉄道ターミナルを中心に形づくられた消費空間によって、移動や交通の空間と消費の空間とは混在するようになった。そのため、移動空間における行動様式と、消費空間におけるそれは重なりをもつようになった。このことは、交通上の通過点が「お買い物」の目的地としても見なされるようになった一方で、それ以上に、「お買い物」という消費行為が、「寄り道」に近い感覚をもって移動時になされるようになったことを意味している。ターミナルの「ショッピングセンター」は、こうして、利便性というキーワードとともに消費空間を日常の生活空間に接近させたのである。

3 アメリカにおけるリージョナル型SCの登場

しかしながら、このようなターミナル型の巨大消費空間は、一時的に「ショッピングセンター」と見なされたり呼ばれたりしたものの、その後の日本のSCの歴史のなかでその起源や中心としての位置を占めることはなかった。その理由は、一九五〇年代のアメリカで登場し、普及した「リージョナル型ショッピングセンター」と呼ばれる商業施設が、「ショッピングセンター」の最先端の様式かつ正式な姿として日本に紹介され、広まったからである［★8］。そのため、現代につながる日本のSCのあり方はこれまでに概観してきたような、博覧会から中心市街地、ターミナル駅へとたどった消費空間の連続的展開からいったん切り離されたところにもたらされたと言える。

したがってここでは、若干遠回りして、アメリカにおけるSCの変遷をレビューし、それがどのようにして日本の商業施設の展開の延長線上に結びついたのかを明らかにし、玉川髙島屋SCの誕生を位置づけるための準備としたい。

英語圏では、「shopping center」という言葉は、比較的古くから広範に用いられていた。もともと「shopping center」とは、中心市街地に自然発生的に集中した商店群、すなわちショッピングエリアのことを指していた。またそれ以外に、市街地を離れ、定期的に開かれる市《いち》を恒常化させ、いくつかの商業店舗を併せもつようにしてつくられた商業施設にも「shopping center」という呼称があてられた。そして後者のような都市郊外に一つのまとまりをもつ商業施設としてつくられるSCの増加にしたがって、従来から「shopping center」と呼ばれてきた中心市街地のショッピングエリアのほうを「center of shopping」と呼び、これらと区別するようになっていったのである。

こうした区別によって初めて、「shopping center」という言葉は、明確な定義を持つようになった。つまり、自然発生的なショッピングエリア（unplanned shopping areas）と計画的なショッピングエリア（planned shopping areas）とを分け、後者を「shopping center」という言葉が引き受けることになったのである。以後、「shopping center」は、それがどの程度の地域をマーケットの対象とするかによって、ネイバーフッド型、ディストリクト型、リージョナル型のいずれかの様式によって計画的に設計されるものになった［★9］。

計画的につくられたSCの初期の事例として、アメリカにおけるSCの起源をさかのぼると、一九〇八年にカンザスシティにつくられた「カントリー・クラブ・プラザ」に行き当たる。英国田園都市の影響を受けたJ・C・ニコラスが新興住宅街のなかに計画設計した商業施設である。そこには食料品店、薬局、衣料品店、雑貨屋などの商店が集められ、客の主たる来場手段である自動車を駐めるためのスペースが設けられていた。約一―二万人の近隣居住者の日常生活を支える、このようなタイプのSCがネイバーフッド型と呼ばれ、郊外住宅地の開発に伴い、その後各地で普及していった。

第二次世界大戦後には、ネイバーフッド型SCの規模を上回り、約二―一〇万人を吸収するディストリクト型のSCが登場した。一九四八年にオハイオ州コロンバスの中心市街地から約八キロメートル離れた地域に開設された「タウン&カントリー・ショッピングセンター」がその好例である。大型スーパーと大型カジュアル既製服店を核店舗にもち、開業当時、アメリカ初の本格的SCと呼ばれた。

一九五〇年代には、ディストリクト型SCの規模をさらに大きく上回る約一〇―一〇〇万人の人口を商圏とするリージョナル型SCが生み出された。一九五一年にボストンの郊外につくられた「ショッパーズ・ワールド」、その翌年にサンフランシスコの郊外につくられた「ストーンズタウン」、一九五四年にデトロイトの郊外につくられた「ノースランド」などがそれである。これらに共通する特徴は、巨大な駐車場を併設し、核店舗となる百貨店などが一つ以上出店していることが挙げられる。ストーンズタウンを例にとれば、百貨店と大型スーパーマーケットがそれぞれ一つずつ核店舗として配されていた。

このような大型のリージョナル型SCがアメリカで登場した頃の様子を、日本からの視察者らが記録している。たとえば、「アメリカの商店の最も新しい方式として在来の市中の盛り場と全く違った成立過程で発生した『ショッピング・センター』なるものがある事は、日本にいる時からきき及んでいた」という建築家の川喜田煉七郎がその一人である。川喜田は、一九五三年に商店建築の見学を目的としたアメリカ訪問においてSCを見聞する機会を得ており、帰国後にSCに関するいくつもの論考をまとめた。川喜田による論考は、当時の日本人がアメリカで登場した新しい商業施設、リージョナル型のSCにどのように出会い、理解し、伝えたのかを示している。

川喜田が滞米中に見学したのは、シアトルの「ノースゲート・モール」(一九五〇)、ボストンの「ショッパーズ・ワールド」(一九五一)、サンフランシスコの「ストーンズタウン」(一九五二)、シカゴの「エバーグリーン」(一九五二)、そしてデトロイトに建設中の「ノースランド・センター」(一九五四年完成)の五つの施設である。川喜田は、アメリカ到着直後に「都会の商店を見てまわって、形式的にも理論的にもそれが既にある行詰りに来ているのを発見したように感じた」が[★10]、郊外にあるこれらのSCを見るに及んで「はじめて商店建築の将来に明るい希望を胸高くいだくに到った」と述べている。では、SCのどのような姿に川喜田は心をひかれたのだろうか。次の文章は、川喜田とSCとの初めての出会いである、ストーンズタウンについて書かれた記事からの抜粋である。

> ストーンズタウンは、エンポリウム百貨店の出店を中心に構成された「リージョナル・センター」である。リージョナル・センターとは、小型及び中型のショッピング・センター(近隣のセンター)・中型のディストリクト・センター(区のセンター)に対して「リージョナル」(地域全体)の中心ということで、ここにはじめて合理的な集約的な経営体としての新しい大規模なショッピング・センターが現れるのである。
>
> ストーンズタウンは、エンポリウム百貨店を北の翼とし、大規模なシュ《ママ》ーパーマーケットを南の翼とし、その間を二列の色々な専門店で長くつなぎ、二列の間を客の散歩路とした組合せである。南北にマグネットがあってその間を人々が往復しつつ全体に分散させる式である。
>
> (川喜田 1953b : 57)

都心のエンポリウム百貨店本店とストーンズタウン内のそれとを比べると、前者は一〇階建てで、「三階くらいまではさすがに改造し、エレヴェーターよりもエスカレーターを使って人々をひきあげようとしているが、三階以上になると客の数はグット《ママ》減って、恐ろしく魅力がなくなっている」。対する後者は、「広々とした2階」建てで、「建物の外観も内部も、その陳列も実に思い切って新しいし、色彩も照明も、これが、同じ経営の店かと疑うくらいの変わり方だ」ったという。時代の先端をゆく商業建築の姿を、都心ではなく、郊外のＳＣのなかで発見するに至った驚きと喜びの混じり合った気持ちを読み取ることができる。

新しい商業建築の新天地を、郊外のＳＣに発見した川喜田は、その特徴を「社会化する商業建築」と捉え、その成立条件を次の三つにまとめた。

(1)全く新しい人工の生活体を経済的に「成り立ちうる」基盤のもとに誕生したもの
(2)買い物を中心にその合理的な「生活の園」を作ろうとしたもの
(3)都心機能の最も合理的な社会的な分散をはかる試みにおいて成り立つもの

そのうえで、それが「単なる商業的要求をこえて、社会的な要素をもつように発展している」様を、そこに備わる「休息と散歩」（ガーデンコート、木陰の道、アーケード、テラス、屋根のあるプロムナード、グリーンハウス、小音楽堂、小野外劇場、小水族館、絵や彫刻の野外展覧会場、フラワーショウのグラウンド、ピクニックグラウンド）と、「社会的施設」（メディカルセンター、オーディトリウム、レクチュアルーム、展覧会場、読書室、クラブルーム、図書館、子供の家）という二つの要素に見出した。

特に「社会的施設」が商業空間のなかに堂々と位置を占める様に対しては、驚きを隠していない。

私はこの目で、「母と子の専門の映画館」も見た。その入口のホールには場内で泣くかも知れない赤ん坊をあずかる施設もあったし、お母さんが買物をしている間、安い料金で子供を遊ばせてくれる店もさかんに最近のサービスショップにはくわえられつつあり、さらに土地の「友の会」とタイアップして料理や美容や服飾の定期講習を常時にひらき、わずか5セントで美しい家政の週刊誌を発行しているセンターもあったし、土地の読書クラブの「本のリーグ」の本部は大ていのセンターにはおいてあった。「医者の家」と称して、歯科から外科にいたる8－9種の先生を常時各々のルームにおき、全く実費で診察をしているところも見てきた。

（川喜田1953c：58）

このように川喜田は、リージョナル型SCについて、それが食料品や日用品などを販売する商店の集まりである以上に、都心がそうであるように、ショッピングを超えた社会生活の必要に応える求心力をもつ場所であるということを強調している。換言すれば、郊外生活を便利にする商業施設であると同時に、都心に依らずとも、郊外にいるままにして生活を遂行可能にする施設なのである。都心とは異なる、郊外独特の生活がそこを介して営まれるようになる。都心が広域から人々を寄せ集める集合点であるように、リージョナル型ＳＣは、一つの郊外にある大規模商業施設でありながら、そこに居住する人たちにショッピングに限定されない様々な社会生活上の需要に応える施設であったのである。

アメリカにおけるこのようなリージョナル型ＳＣの姿は、川喜田とほぼ同時期に同じく視察をする機会を得た記者らが、次のような報告をしている。

ノースランドが我々に興味があるのは、それが、そうした自動車時代の新現象であるショッピングセンターの代表的なものであるからだけでなく、講堂を設け、庭を美しく飾り、美術作品を巧みにあしらって、人々がそこで楽しく憩い、子供が楽しく遊べるようにして、買物のセンターとしてのみでなく、郊外住宅者の社交的ならびに文化的センターとして企画されていることである。もっとも、これは日本の百貨店が展覧会をやって客を引こうとしているのに似てはいる。しかし、この場合はレクリエーション・センターとしての役割を積極的に意図している。（中略）大衆が数里或いは十数里をドライヴしてきて、買物をしたついでに、彫刻や美しい花壇で飾られた中庭に休み、子供は遊園地で自由に遊び廻り、喉が乾《ママ》けばソーダ・ファウンテンでアイスクリームでも食べて楽しい気持で帰るようにしようというわけである。

（芸術新潮 1956：105-107）

川喜田と同様、この記事においてもリージョナル型SCであるノースランド・ショッピングセンターが、単なる商業施設を超え、求心力をもつ場所として存在することが示されている。そしてこの記事では特にSCがドライヴの目的地やリクリエーション施設として需要される姿を強調している。

以上で見てきたような、アメリカにおけるネイバーフッド型に始まるディストリクト型、そしてリージョナル型へと至るSCの発展は、郊外での日常生活を成り立たせる商業施設に始まり、楽しみとしてのお買物、お出かけ、その他、趣味や医療・福祉など、かつて都心が引き受けていた複数の機能をそのなかに取り入れていき、それに従って、商業施設がセンター・オブ・ショッピングの機能をも併せもつ施設として巨大化し複合化していった過程として理解することができる。しかしその姿を見た日本からの視察者たちは、そうした時代の最先端をいく大きな商業建築それ自体に驚くとともに、都心ではなく郊外において、「センター（中心）」が生み出されつつあることに驚かされたのである。そして、そのようなＳＣを取り入れ、それを中心にして成り立つ生活様式がそう遠くない将来に、日本にも訪れるであろうとの見通しを彼らはもったのである。

ＳＣを中心として成り立つ郊外の自立した姿に出会った彼らは、そこに、新しい商業建築や商業施設のあり方や新しいライフスタイルやコミュニティのあり方を見ると同時に、当時、急速な都市化のなかで行き詰まりをみせる都心の問題を解決する糸口が郊外にあることを確信したのである。

4 玉川髙島屋SCの登場

玉川髙島屋ＳＣが開業したのは、前節でみたように日本の商業建築関係者が、新しい商業空間の展開する場所をアメリカ型のＳＣとそれらの立地である郊外に見出した時代である。折しも、東京では戦後の高度経済成長のなかで東京都の人口が一九六二年に一〇〇〇万人を突破し、巨大都市化と郊外化が行政的にも経済的にも、あるいは新たなライフスタイルやコミュニティの模索という意味でも大きなテーマとして浮上した時代であった。

一九六九年に髙島屋百貨店と一二五の専門店から成る、営業面積二万八七五九㎡の商業施設として玉川髙島屋ＳＣ［★11］は開業した。開業当初には何もない、まるで原っぱのような土地［★12］にスタートしたのだが、その基盤をなす都市開発は、じつは明治期から進められていた。その歴史は、戦前期の多摩川以東の開発と戦後の多摩川以西の開発に大きく分けることができる。

まずは、戦前期に行われた多摩川（玉川）を終点とする「田園都市計画」を概観しよう。ここでいう「田園都市計画」とは、「田園都市株式会社」（一九一八年設立）による宅地開発と分譲および鉄道敷設と運営のことを指す。この計画に先行して、一九一三（大正二）年に東京信託株式会社による桜新町［★13］のおよそ二三万㎡の宅地分譲が行われた。これは、関東地区における最初期の郊外開発の事例であるが、この開発は、別名「別荘地」の開発とも呼ばれていた（山口 1987）。宅地開発といっても、現代のような都心へのアクセスの良さを

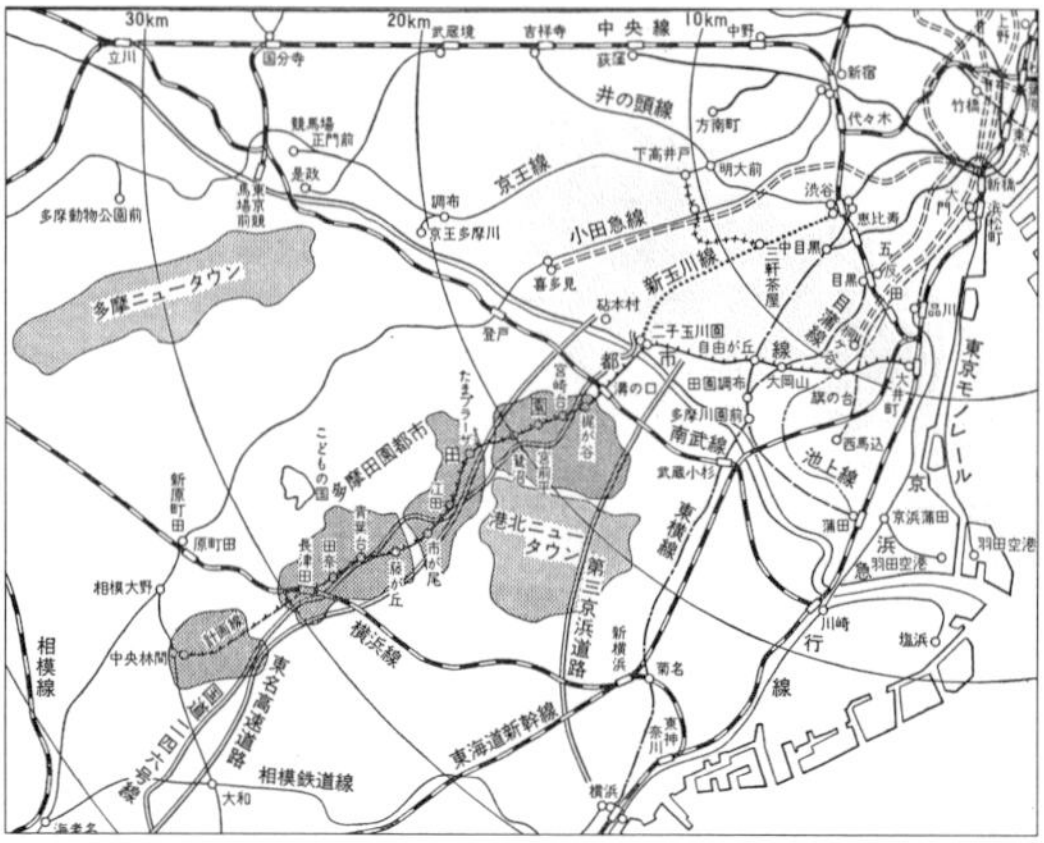

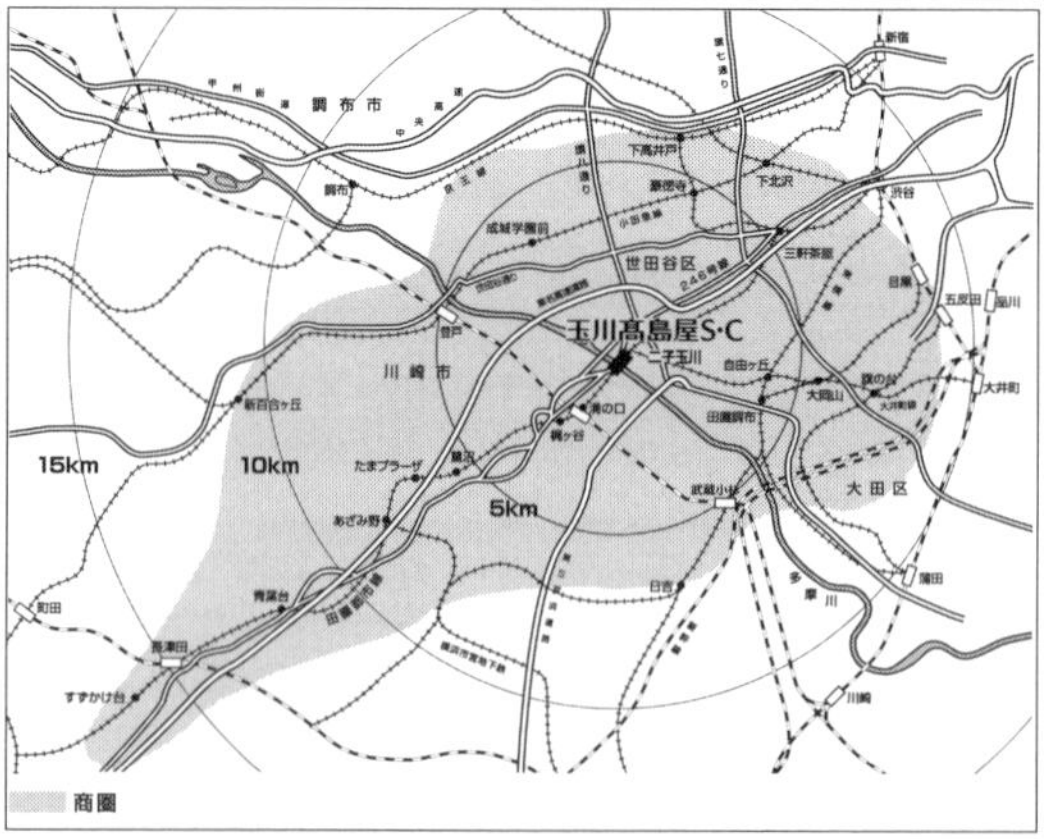

上：図1－3◆多摩田園都市図
出典：都市地域開発センター（編）『民間デベロッパー』鹿島研究所出版会、1973年
下：図1－4◆玉川髙島屋SC商圏
出典：東神開発株式会社『玉川髙島屋S・C概要』2005年
玉川髙島屋SCは、東京の都心部から西へ約18キロメートル、渋谷から約8キロメートルのところに位置する。多摩川と国道246号線（大山道・厚木街道）、大井町線・田園都市線とが交差する地でもある

売りにした郊外の住宅分譲とは異なるものであったからだ。

当時の人びとが抱いていたであろう、この地の都心からの距離感は、同時代に敷設された「玉川電気鉄道」の運行状況からも推測することができる。渋谷と玉川を結ぶ路線として一九〇七(明治四〇)年に開通した玉川電気鉄道の敷設目的は、多摩川で採掘した砂利を、建設開発の進む都心へ運ぶというものであった。運行本数のうち約半分の割合で行われた旅客輸送も、行楽を目的として都心から近郊へ出かける人々を運ぶものであった。玉川電気鉄道では、多摩川へピクニックに出かける人々に利用してもらおうと多摩川の川辺に食堂(水光亭・葉山荘)を設置したり、行楽の季節には、沿線での花見やもみじ狩りを推奨し、酒肴付きの乗車券を発売するなどしている。そのほか、旅客誘致施設として後の二子玉川園につながる遊園地やプールを開設・運営している[★14]。

図1－5◆開店当初の玉川髙島屋SC
出典:『SC JAPAN TODAY』424号、2009年

このような「別荘地開発」の分譲や都市近郊レジャー施設の造成を背景として、田園都市計画事業は実施されたのであった。田園都市計画の提唱者は、渋沢栄一である。渋沢は、英米で発達している田園都市を東京や大阪などの大都市でも取り入れる必要性を次のように語っている。


田園都市とは、自然を多分にとりいれた都会のことであって、農村と都会とを折衷したような田舎趣味の豊かな街をいうのである。

私は、東京が非常な勢いで膨張していくのを見るにつけても、わが国にも田園都市のようなものを造って、都会生活の欠陥を幾分でも補うようにしたいものだと考えていた。(青淵回顧録刊行会 1927:951-952)

一九一八（大正七）年に設立された「田園都市株式会社」は、東京府荏原郡の多摩川畔一帯の地一三八万六〇〇〇㎡を計画地として土地の買収と整理に着手した。この計画を実行するにあたり、同社は、従来の土地経営が採っていた地価の自然高騰を待ち増収を得るという方法から脱却し、大規模な土地をまとめて買い、これに道路、電車、給水、電燈、電話、郵便局、マーケット、運動場等を整備し、人為的に地価を高騰させ、分譲するという分譲主義を採用した。このようにして計画的に造成された住宅地は、一九二二（大正一一）年に洗足田園都市として分譲された。「田園のなかにある都市――つまり、美しい農村に取り囲まれた都市」と渋沢が呼ぶ計画的住空間は、目蒲線洗足駅を中心にして広がり、駅前に居住者の生活に必要な物品やサービスを提供する商店街が設けられ、飲食店、食料品店、雑貨店など約二〇軒の商店が出店した［★15］。

田園都市株式会社による洗足田園都市、さらにそれに続く田園調布の建設は、その後の鉄道系不動産会社を中心とする戦後郊外開発につづくモデルとなった。とりわけ、ここで対象としている二子玉川を含む東急田園都市線沿線は、東急電鉄とその傘下のディベロッパーによって戦後以西に開発が進められていき、世田谷、目黒、大田区、さらには川崎市、横浜市港北区に広がる郊外住宅地が形成された。こうして、戦後に開発されたこれらの郊外住宅地全体を眺めるとその中心に二子玉川が位置することがわかる［★16］（図1－4参照）。

玉川髙島屋ＳＣは、高度経済成長が終わりに近づこうとする時期に、こうした田園都市計画による郊外開発とそれにともなう郊外住民の増加とライフスタイルの変化を受けて誕生したのである。玉川髙島屋ＳＣを運営するのは、髙島屋百貨店を母体とする東神開発株式会社（一九六三年設立）というディベロッパーである。玉川髙島屋ＳＣを開発するにあたって中心的な役割を担ったのが、当時の常務である倉橋良雄である。倉橋は、一九五〇年にアメリカの流通誌を通じてＳＣの存在を知ったという。その後、一九五六年に前述の横浜センターでの髙島屋ストアの出店、その三年後に同センターでの横浜髙島屋の出店に携わった経験から、これからの大都市郊外、自動車交通時代に向けた本格的なSCを建設する計画を温めていった。一九六二年には、欧米諸国へ視察のために出発、翌年の帰国後早々に国道、高速道、鉄道各種交通が多重に交わる二子玉川をSCの建設地に選定した[★17]。そうして、一九六八年に建設に着工、翌年にオープンの運びとなったのである。

つまり、一九六九年にオープンした「玉川」「髙島屋」「SC」は、都心市街地の消費施設としてつくられた呉服店系百貨店である髙島屋が、ターミナルを中心に形成された複合的商業空間への出店を経て、明治期より進められた東京以西の開発における終着点であるとともに、戦後の郊外開発の出発点となることで、東京以西に広がる郊外の中心地となった玉川の地で、アメリカの郊外型商業施設であるリージョナル型SCの核店舗として展開を遂げた姿として見ることができるだろう。

5 もうひとつの田園都市計画

オープン時に玉川髙島屋SCが掲げたコンセプトは、「銀座のお買い物を玉川で」というものであり、出店テナントもその多くが銀座に路面店をもつ専門店であった。このコンセプトには、銀座のような商店の集積地を玉川につくるというような比喩ではなく、銀座にある一流の専門店を入店させたこのSCで、銀座に行かなくとも、銀座でするのと同様の上質な買い物を実現させるという意図が込められていた。そのため、開店当時、玉川髙島屋SCを訪れた人のなかから「いいお店ができて助かるわネ。これからは日本橋や銀座までわざわざいかなくても、ここで間に合うし……」という声が上がった一方で、「ここは私たちの来るところじゃないわ。開店大売り出しでもあるかと思ってきたけど、やってないしちょっと高いわネ」という相異なる反応があったという（倉橋 1984:101）。

このような入居テナントの選定基準に加えて、SCの必須要件であるワンストップ・ショッピングを実現させるために、買い回り商品については、比較購買が十分にできるよう、複数の店舗が揃えられた。また、核店舗である百貨店の取扱品と各テナントの取扱品が相互に補完し、全館を通じてあらゆる商品が網羅された。だからといって店舗間で過度の競争がないような工夫がなされた。そして、これらのテナントは、回遊性という観点から核店舗の髙島屋百貨店を基準にして、各階で百貨店が取り扱う商品と専門店が取り扱う商品を合わせることで、階の上り下りをせずに、同じフロアで同種の商品を比較購入することができるように配置された。

例えば、現在の店舗構成を見ても、髙島屋から専門店にわたって、一階は主にラグジュアリーブランドを中心とするファッションや雑貨、三階はレディスのファッションや宝石、アクセサリー、バッグ、靴など、五階は子供服や生活雑貨というようなフロア配置がなされている。

このような核店舗と専門店の選定と配置のほか、SCの中央には、当時としては巨大な三〇〇坪の広場が設けられた。一見、非経済的に見えるために東神開発社内で反発の声が多く上がったというこの広場のもつ積極的な意義を倉橋は訴えている。「ゆっくり休める椅子があり、噴水があり、緑があり、四季折々の楽しい催し事や絵画彫刻のハイレベルの展覧会もできる、ということがお客様の親近感や関心を呼んで、来ていただけるのである。そうでなければ、渋谷や新宿の繁華街となんら変わらないものになってしまうのではないか」と。

日本における初のリージョナル型ＳＣとして、玉川髙島屋ＳＣを立ち上げるにあたり、それを従来の商業施設や繁華街に勝る魅力をもつ目的地とするためには、これまでにＳＣ前史として見てきた勧工場や百貨店が提供したような、ゆったりとした回遊性や遊覧性をもつ空間のなかで、百貨店や専門店が集まる都心で行える比較購買の「お買い物」を、郊外にいたままにして実行できることが重要であった。

玉川髙島屋ＳＣが、本格的ＳＣとしてのプロトタイプの座を勝ち得たのは、他のＳＣに先駆けて、この、郊外型都心的消費施設とも言える消費空間を実現させたことによるだろう。実際、玉川髙島屋ＳＣ開店当時の状況はと言えば、「わが国にＳＣがまだ盛んにならないのは、都市近郊の土地の価格の高さ、自動車の輻輳度の著しさ、などに起因するほか、ディベロパーとしての適度な資本が少ないことに原因がある」（林 1971）とされるなど、ＳＣの向かおうとする将来は未知数であった[★18]。また、今日、玉川髙島屋ＳＣとともに日本のＳＣの老舗とよばれる「ららぽーと船橋ショッピングセンター」[★19]の登場には、一九八一年まで待たねばならない。つまり玉川髙島屋ＳＣは、そうした本格的ＳＣの時代の幕開け、そして本格的ＳＣを支える郊外が大都市周辺に広がり、その市場が成熟していくに先立って、先駆的にＳＣという場所とそこにおける消費のかたちを実現しようとした施設であったのである。そうであるがゆえに、玉川髙島屋ＳＣは、今日におけるＳＣの起源として繰り返し参照される存在になったのだ。

玉川髙島屋ＳＣは、一九七五年に本館を、一九七七年に南館を増築したほか、一九七六年にはコミュニティペーパー『ＴＡＭＡＧＡＷＡ』を創刊し、一九七八年には文化サークル「コミュニティクラブたまがわ」を開設、一九八一年にはクレジットカード機能をもつ「Ｓ・Ｃカード」を発行するなど、空間の多様化や、エンターテインメントの充実、コミュニティ形成などに注力した。かつて、百貨店がブランドを確立したのと同じように、郊外におけるＳＣ独自のブランドイメージを確立していったのである。

一九八四年には開業一五周年を機にSCと二子玉川の街接続、SCの都市化を目指す「ニュー・アーバン・アダルト・ガーデンシティ」構想を立ち上げ、一九八九年における開業二〇周年本館リニューアル事業を筆頭にこの構想を具現化していった。ここで、「ニュー・アーバン・アダルト・ガーデンシティ」のなかに「ガーデンシティ(=田園都市)」という言葉が入っていることに注目したい。なぜならそれは、この計画が田園都市株式会社に始まり、戦後の田園都市線の開発につながる田園都市というコンセプトがここでは、「ニュー・アーバン(新しい都市の)」という言葉とともに、玉川髙島屋SCを中心とする二子玉川の開発事業のコンセプトとして据えられているからだ。

この計画は、これまでにつくられてきた「田園都市」をコンテクストとする新しい都市の形として、本館や南館といったショッピングセンターの基幹部を成す建物の枠を越え出て、「南館アネックスビル」(一九九五)にはじまり、「ガーデンアイランド」(一九九八)、「ケヤキコート、マロニエコート」(二〇〇一)、「柳小路」(二〇〇四)、「錦町」(二〇〇九)など、今日まで続く広域な店舗開発に展開した。こうした広域の店舗開発を通じて、二子玉川の街の姿やイメージは玉川髙島屋SCによる田園都市構想としてつくりあげられていった。すなわちそれは、SCを中心とするセンター・オブ・ショッピングをつくる試みとして捉えられる。

この試みは、次に引用する一九八四年に「ニュー・アーバン・アダルト・ガーデンシティ」構想が生まれた時点での玉川髙島屋SCに対する評価と、その次に引用する一九八九年のリニューアル時におけるディベロッパーの意図とを比べると鮮明に浮かび上がる。

立派なSCはでき十二分といっていいほどの好成績を上げて成功しているのだけれど、もう一つ目を広げて二子玉川全体の街づくりというところまでの評価になると、及第点は残念ながら差し上げられないのである。それは二子玉川園という地域の中で、玉川髙島屋ＳＣの中だけが数段グレードの高い〈街〉として完成してしまっているからである。（中略）玉川髙島屋ＳＣの館内には噴水あり、テニスコートあり、そして目の前の舗道には彫刻までズラリと並んでいる。だが、これらが二子玉川園の街全体と調和がとれているとは到底思えないのだ。

（ばば 1984）

ＳＣのリニューアルというと、その中だけをどういじくりまわすかという話になるが、私達（引用者註：東神開発のこと）の場合、外側へ向かって広がっていく、そういうことが、路面店も含めて結構あるんです。たとえば、地元の地主さんと私達が組んで、地主さんが私達のコンサルティングで建物を建てて、そこに私達が、できるだけ二子玉川に合ったようなレストランとかブティックなどのテナントを紹介することもやりました。ＳＣ自体だけでなく、周辺の商業施設のプラニングにも協力し、二子玉川という地域の環境を整備していくということも大切ですね。

（松澤 1989：185-186）[★20]

玉川髙島屋ＳＣは、リージョナル型ＳＣと呼ばれるにふさわしい規模と設備を併せもつ本格的ＳＣとして、ＳＣのプロトタイプを確立した一方で、その後、長期的継続的な視野にもとづく街づくり型の運営方針へと舵を切った。この姿勢は、「アメリカのＳＣの原理・原則に基づきながらも日本の特殊性を加味し、運営という手法によって磨き育て上げてきた、日本独特のＳＣ」と捉えられている[★21]。すなわち、商圏の生活者のニーズに対応し、近郊の商店や商業施設、さらには都心や副都心との差異化を図りながら、常にリニューアルを繰り返しながらＳＣが街ごと築き上げられていく姿である。

「最初はド田舎からスタートし、東京の西への発展とともに、ＳＣと街とが一体になって二子玉川ファンをつくっていった」(日野 1982:176)という玉川髙島屋SCの姿は、二子玉川の街の姿と重なり、一つの大きな専門店街を呈している。それは、SCという名の消費空間が、巨大化し、複合化し、街のスケールをもって、計画され、広がっていく田園都市構想と確立のうちに見出される。

あたかもこのSCを中心とするかのようにして、あるいは、このSCに先導されるかのようにして、周辺の街が形成されていったこと、つまり、リージョナル型SCという様式をもつ商業施設として、先行する消費施設を集結させたこと、それを可能にした郊外という立地場所の先駆性、そしてその二子玉川を郊外におけるセンター・オブ・ショッピングとしたことに、玉川髙島屋SCが日本におけるSCのプロトタイプの座を勝ち得た理由を見ることができるのではないだろうか。川喜多のことばを借りれば、この姿は、社会化する商業建築をこえて、社会が商業建築化する姿として捉えられるのである。

註

★1——例えば、一九六三年一二月にオープンした「都下国分寺のオリンピック・ショッピングセンター」を、日本で最初の日本最大の規模のショッピングセンターといって紹介した記事では、当施設を地下一階、地上二階、ワンフロア五〇〇坪で、スーパーマーケットを核とし、どちらかというと、百貨店ムードのもの、と伝えている(商業界 1964:17-19)。

★2——例えば、吉見(1992)。

★3——旧紙幣寮活版局が使用していた武家屋敷を東京府が大蔵省から譲り受けて実現。二年後に民設に付された。

★4——今和次郎「デパートの風俗社会学」『婦人の友』一九二九年一月号。

★5——電鉄会社を母体とするターミナルデパートは、一九二〇年、阪急電鉄梅田駅に建てられた阪急ビルの一階にテナントとして入居した白木屋に端を発する。

★6――引用者註：文脈に沿って原文を若干改めた（商業界 1967）。

★7――このセンターには、「商店街」「駅ビル」「百貨店」「スーパー」が入居した。開業後にも、映画館などの娯楽施設が加わるなど、順次拡張されていき、集客力を高めた。玉川髙島屋ＳＣの生みの親である倉橋良雄は、ゼロからの計画と開発であったこの横浜センターへの髙島屋ストアと髙島屋百貨店に携わった経験を玉川髙島屋ＳＣの計画と開発に発展的に継承した。

★8――少なくとも、一九六九年に二子玉川の地にオープンした玉川髙島屋ＳＣは、このリージョナル型ＳＣを日本風にアレンジして計画設計されたものであるが、加えて、アメリカと異なり、地下鉄の駅とバスターミナルがあり、車で来る人と交通機関で来る人が半々であったスウェーデンのファルスター、フェリンビーという二つのショッピングセンターのスタイルも採用された（『ショッピングセンター』一九九〇年一月号、三四－四五頁）。

★9――前章でも言及されていたとおり、定義上のショッピングセンターとは、統一的に開発された小売業であり、個人あるいは単一の法人に所有され、総合的な消費施設として充分なテナントを備える、一つの建築物あるいはいくつかの関連性の強い建築物からなる商業形態のことを言い、面積、店舗数とその種類、集客人口の大小によってネイバーフッド型、ディストリクト型、リージョナル型という三つの類型に分類される。

★10――サンフランシスコの市中一番の盛り場であるマーケットストリートをみて、川喜田一行は「なんだ、これなら銀座の方が、いいじゃないか」「これでもアメリカか」と口を揃えたという（川喜田 1953a）。

★11――二〇一三年四月現在では、髙島屋百貨店と三四〇の専門店となり、店舗面積は開業当初のおよそ三倍の、八万三六〇〇㎡に拡張している。

★12――玉川髙島屋の建設が計画された一九五八、九年あたりの二子玉川は、「ただっ広い畑や野原がほとんど」（「新たなスタートを問われ期待される玉川髙島屋ＳＣ」『商店界』一九八四年五月号〔六五巻五号通巻八〇三号〕、誠文堂新光社、一八四－一八七頁）で、「ＳＣ開店当初は、東京のハズレ、ダサイという言葉がぴったりの田舎だった」（「20年ぶりに全面リニューアルした玉川髙島屋ＳＣに見るＳＣ未来像」『販売革新』一九八九年一二月号〔二七巻一二号通巻三四一号〕、商業界、一七六－一八八頁）という。

★13――荏原郡駒沢村から玉川村にかけての、現田園都市線桜新町駅の南部の地区。

★14――玉川遊園地一九〇九（明治四二）年開園、玉川第二遊園地一九二二（大正一一）年開園、玉川プール一九二五

(大正一四)年開園。

★15——これは日本における、初期の計画的近隣商店街であると言えるだろう。こうした商店街を日本におけるネイバーフッド型のショッピングセンターと見なすとすれば、これよりも規模が大きく、玉川髙島屋ＳＣよりは規模の小さい、一九六〇年代に造られた床面積一万−一万七〇〇〇㎡規模のダイエー「香里ショッパーズ・プラザ」、京急興業の「京急サニーマート」、あるいは堺と岸田に開設されたいづみやなどをディストリクト型ショッピングセンターと呼ぶことができるかもしれない(国際商業出版 1969：124)。

★16——玉川髙島屋ＳＣが登場する頃には七〇万人の人口が見込まれるまでになった(国際商業出版 1969：126)。

★17——倉橋は、二子玉川の選定理由を次の立地条件によるとしている。「そこはこれから始まる自動車交通時代の東京の南西の玄関口に当たる。東名、中央、第三京浜各国道が8号環状道路と合する地点からほどよい距離にあり、東急が建設にまい進している田園都市を貫通する国道２４６号線に沿い、大環状道路は目の先の多摩川べりを通り、都心に通じる放射３・４号や高速３号道路との便もよく、８号環状道路が貫通すれば、国鉄中央線から東海道線までの西南地区の郊外住宅地の自家用車利用層を対象とすることができる。電車の便では大井町から自由が丘・溝の口経由長津田に通じる田園都市線と、将来地下鉄になる玉川線砧線の合流する二子玉川駅前であり、またこの駅前のバスターミナルには14のバス路線が集中している」(倉橋 1968：114-115)。

★18——玉川髙島屋よりも一年早く完成した香里ショッパーズプラザ(一九六八年開設)は、その名をＳＣと言わないだけで、本格的なＳＣに限りなく近い特徴を備えた施設であった。計画の際、この建設の趣旨は「現在建設されているような市場まがいのショッピングセンターではなく、広大な駐車場、ボーリングなど家族ぐるみで楽しめる遊技場施設、レストランなどを備えた本格的なショッピングセンターをぜひつくりたい」と発表されている(『日本経済新聞』一九六七年一二月一七日付)。

★19——現ＴＯＫＹＯ−ＢＡＹららぽーとのこと。

★20——東神開発(株)松澤邦光・取締役インタビューより(日野 1989：176-188)。

★21——六車秀之「わが国最強の日本型ＳＣ『玉川髙島屋ＳＣ』」『レジャー産業資料』一九九七年二月号(三〇巻二号通巻三六五号)、一六〇−一六五頁。

参考文献

ばばこういち(1984)「新たなスタートを問われ期待される玉川髙島屋SC」『商店界』一九八四年五月号、誠文堂新光社、一八四‐一八七頁。

芸術新潮社(1956)「新しいショッピング・センター」『芸術新潮』七巻五号、一〇五‐一〇七頁。

初田亨(1981＝1994)『東京　都市の明治』ちくま学芸文庫。

林周二(1962)『流通革命』中公新書。

――(1971)『システム時代の流通――ハードからソフトへ』中公新書。

彦坂裕(1999)『二子玉川アーバニズム――玉川髙島屋SC界隈の創造と実験』鹿島出版会。

日野真克(1982)「20年ぶりに全面リニューアルした玉川髙島屋SCに見るSC未来像」『販売革新』一九八二年一二月号(二七巻一二号通巻三四一号)、商業界、一七六‐一八八頁。

川喜多煉七郎(1953a)「ショッピング・センター『ストーンスタウン』訪問記」『商業界』六巻九号。

――(1953b)「社会化する商店建築群――アメリカのショッピング・センターを見る(1)」『国際建築』二〇巻一〇号。

――(1953c)「社会化する商店建築群――アメリカのショッピング・センターを見る(2)」『国際建築』二〇巻一一号。

――(1955)「ショッピングセンターとスーパーマーケット――アメリカに於ける店舗の進化と分化」『建築界』四巻三号。

国際商業出版(1969)「本格的S・C時代が到来――玉川髙島屋ショッピングセンターが示すもの」『国際商業』二巻一一号、一二四‐一二七頁。

倉橋良雄(1968)「〝郊外への挑戦〟二子玉川のショッピングセンターにかける夢」『セールスマネジャー』四巻四号、ダイアモンド社、一一四‐一一八頁。

――(1984)『ザ・ショッピングセンター』東京経済新報社。

日本地域開発センター(編)(1973)『民間ディベロッパー――都市開発と住宅産業』鹿島出版会。

日本ショッピングセンター協会(2009)『SC JAPAN TODAY』二〇〇九年一二月号(四二四号)。

小山周三・外川洋子(1992)『デパート・スーパー』日本経済評論社。

青淵回顧録刊行会（1927）『青淵回顧録（下巻）』。

商業界（1964）「日本で最初のショッピングセンター誕生――都下国分寺のオリンピック・ショッピングセンター」『商業界』一九六四年一月号（一七巻一号通巻一八五号）、一七－二〇頁。

商業界（1967）「新宿西口にショッピングセンター出現」『商業界』一九六七年二月号（二〇巻二号通巻二二二号）、一一－一五頁。

高丘季昭（1969）「商業革命を担うショッピング・センター――新しいシステム産業の誕生」『エコノミスト』四七巻二二号。

多摩川誌編集委員会（1986）『多摩川誌』河川環境管理財団。

東京急行電鉄株式会社（1973）『東京急行電鉄50年史』東京急行電鉄株式会社。

山口廣（1987）『郊外住宅地の系譜―東京の田園ユートピア』鹿島出版界。

山口辰男（1965）「ショッピング・センターの研究（2）　横浜駅西口横浜センターにおけるケース・スタディを中心として」『経済と貿易』八五号、横浜市立大学経済研究所、一四－三二頁。

吉見俊哉（1992）『博覧会の政治学――まなざしの近代』中公新書。

column 2

モール化する交通

二〇一二年の夏に北海道に初めて行く機会があったのだが、その途中で乗降した新千歳空港がひとつのショッピングモールとして充実した施設になっていたことにすこし驚いた。大規模な商業施設になっていることは知っていたが、空港は目的地への単なる通過点にすぎず、それほど期待していたわけではない。しかし、短い滞在期間で広大な北海道に存在する物産を集中的に見渡すことができたのは、結局、この空港という中間地点だった。そして、そこをふらふらと歩いているうちに帰りの便を待つ時間もすぐに過ぎていった。

二〇一三年の時点でもっとも大きなSCのひとつは、北海道の札幌駅に隣接する複数の駅ビルで構成された空間であるといわれる。首都圏でもJRが展開するアトレや私鉄と接続した百貨店などのように、鉄道駅に商業施設が付設されていることは見慣れた光景といえよう。ターミナルや乗り換え駅のように人が集中する場所に大規模な商業施設を計画的に集中させ、そこを街の中心として構成するという手法は日本社会の各地に広がっている。

しかし、近年ではJR東日本が展開する駅ナカ（東京駅、上野駅、大宮駅などにみられる駅構内に商業スペースを確保する事業）に代表されるように交通機関のなかをモールのようにして構成するようになってきた。また、第5章でも述べたように、東京駅近辺はただの乗り換え地点ではなく、それ自体が回遊できる目的地として再構成されてきている。新宿駅南口の再開発計画、渋谷駅のヒカリエ、梅田駅の再開発地域「うめきた」のグランフロント大阪など、駅周辺地域の再開発も盛んになっている。

ほかにも高速道路のサービスエリア、一般道にある道の駅、そして新千歳のみならず、成田、羽田、中部国際などの空港のように、移動の経路や、それまでであればキオスクや土産物店程度の売店がある単なる休憩所や待合所にすぎなかった中間地点に商業施設を集中的に配置する手法が広がっている。世界各地のハブ空港が巨大商業施設になっていることもよく知られたことだろう。これらの交通機関は、移動し「ながら」、あるいは移動の「ついで」にショッピングを楽しむことができるような一種のモールなのである。交通がモール化するとき、中間経路にすぎない移行空間は、できるだけはやく通過するための目的合理的・手段的な施設というだけではなく、その時・その場を楽しむ消費の施設になる。

ショッピングモールの「モール」が、通路を表していることは本論でも何度も触れた。モールとは、歩きながら商品を眺めるウィンドウショッピングの導線として計画された商業施設を指している。SCが特定の計画・管理によって多数の商店を集中させた商業施設だとすれば、SCのモール化とは、人びとを消費空間に囲い込み、その動きを導線として構造化して回遊性をもたせることで、その場所を歩くことと商品を買うことを結び合わせて楽しめるように演出した商業施設ということができる。モール化とは、散歩・遊歩の経路に沿って商店を配置し、ひとつの消費空間として構成することで消費者を移動化(mobilize)すると表現できるだろうか。

SCという相対的に閉じられた消費空間に人びとを集め、移動化(mobilize)するだけではない。現在の空港、鉄道駅、サービスエリアや道の駅は、その場所をSMのように構成することで移動している人びとを消費者として捕捉する。いわば交通のモール化、移行空間の消費化ともいうべき過程である。

JRやNEXCOなどかつての国鉄や道路公団が民営化し、交通施設が市場経済の競争原理のなかで生き延びるためにサービスを充実させていく(この点については速水健朗『都市と消費とディズニーの夢』〔角川oneテーマ21〕を参照)。私たちは効率的な速度を消費するだけでは飽きたらず、それ以上の何かを求めているのである。

モール化した交通は、目的地を目指して急いで移動するときの手段的背景、いわば「地」にすぎないのか、それともその時・その場を楽しむべき目的地としての「図」なのか。そのような「図と地」の区別が曖昧になっていく。これまで消費空間とされていなかった中間的な場所に商業施設が浸み出し、人びとのさまざまな動きが消費の楽しみと区別しにくくなっていく過程もまた「SCのある社会」がさまざまな領域に広がっていくことの現れだろう。「SCのある社会」は、そんな私たちの欲望の経路に沿って広がっている。(田中大介)

第2章

〈社会〉を夢みる巨大商業施設
――戦後日本におけるショッピングセンターの系譜

田中大介
TANAKA Daisuke

1 ショッピングセンターの意味論――「業界」という場／「業界誌」というメディア

ＳＣは、ディベロッパー、テナント、マーケッター、コンサルタント、アナリスト、官公庁、地方自治体、労働者、顧客、地域住民などのアクターの理念や利害が重なり、すれ違い、競合するような社会的な場としてある。したがって、「ショッピングセンター」とひとことでいっても、企業、種類、規模、立地、地域、時代ごとにある程度多様な展開をみせており、とりわけ今日におけるＳＣは、単一企業のような統一された閉じた組織主体として扱いにくい。とはいえ、これらのアクターたちはＳＣをそれぞれの仕方で理解しながらコミュニケーションしている。また、そのようにＳＣに離合集散するさまざまなアクターが、ひとつのゆるやかな組織体として形成される業界団体として、日本ショッピングセンター協会が存在する。日本ショッピングセンター協会は、そのように多様で曖昧なＳＣをどのような存在として理解し、提示してきたのだろうか。日本ショッピングセンター協会を中心とするＳＣ業界は、それを取り巻く社会をどのように観察し、ＳＣという商業施設をそこにどのように位置づけるのか。もうすこしていねいにいうならば、ＳＣ業界は、ＳＣという自己や送り手をどのような存在として規定し、業界や施設を取り巻く環境や受け手としてどのような存在を想定するのか。ＳＣ業界は、そのような「ＳＣからみえる社会」と「社会におけるＳＣ」を相互に了解する過程を通して、「ショッピングセンターとはなにか」という問いに――意識的にか、無意識的にか――取り組んできた。本章では、ＳＣ業界が「ショッピングセンターとはなにか」という問いに向き合う過程で、そのつどいかなる〈ＳＣ的なもの〉を作り出してきたかを明らかにしたい[★1]。

そうした問いを考える手がかりになる資料としてショッピングセンター協会の協会誌がある。一九七三年に設立された日本ショッピングセンター協会は、七つの支部組織と一一の専門委員会で構成され、全国大会の開催、セミナー、研修、資格などの育成事業、月刊誌の発行、調査・研究などを行っている。本章で注目したいのは、日本ショッピングセンター協会が刊行しているこの月刊誌である。一九七三年刊行の協会誌は、二〇〇一年三月までは『ショッピングセンター』というタイトルのもとで通巻三二九号発行された。二〇〇一年四月から二〇〇四年一〇月(通巻三三〇号―三七二号)まで『ＵＲＥＲＵ』というように名称に変更されたものの、二〇〇四年一一月(通巻三七三号)からは『SC Japan Today』にふたたび改名され、現在まで継続して発行されている。

その内容は、ＳＣに関連する新技術の導入、法制度の改正、行政との関係、市場の動向、消費のトレンド、国内外の新店舗など多岐にわたる話題を提供することで業界の状況を整理、予測し、将来像を提言・構想するものになっている。さらに、こうしたＳＣ業界を取り巻く「社会の観察」を踏まえながら、ディベロッパーとテナントの契約、賃料、商品管理、販売促進、店舗運営、人材育成、メンテナンス、リニューアルなどの具体的なマニュアルやノウハウを紹介している。想定される読者層は、ディベロッパーとテナントのほか、ショッピングセンター協会の会員を中心とした業界関係者とされており、ショッピングセンター業界のなかで閉じた——より精確にいうなら業界の内包と外延を意味づける——メディアといえよう（図2−1）。

最初に触れたように、SCなるものが、多数のアクターで構成された寄り集まりである以上、SC業界そのものの内包と外延はきわめて多様で曖昧であり、「SCとはなにか」についての了解もつねに同じものとして成立しているわけではない。また、戦後日本社会におけるSCの施設や業界の巨大化は、その業界の外側の社会の変化との関係においてさまざまな矛盾や対立をはらみながら、多くの人びとにとって無視できない存在となった。いわばSC業界がひとつのシステムであるかのような自律性を次第に備えていく過程である。このとき、SCに関連するアクターたちは、そのつど自己言及と他者言及を繰り返し、「SCとはなにか」を了解・提示する必要がある。とりわけ協会誌は、商業施設とそれに関連する業界を含みつつ、その外側に現れては変化していく社会を観察し、その観察にもとづいた対応を提示することを通して、新しいSCのかたちを構想してきた。「これこそが最新のSCである」「SCとは本来こういうものだ」「本格的なSC、か

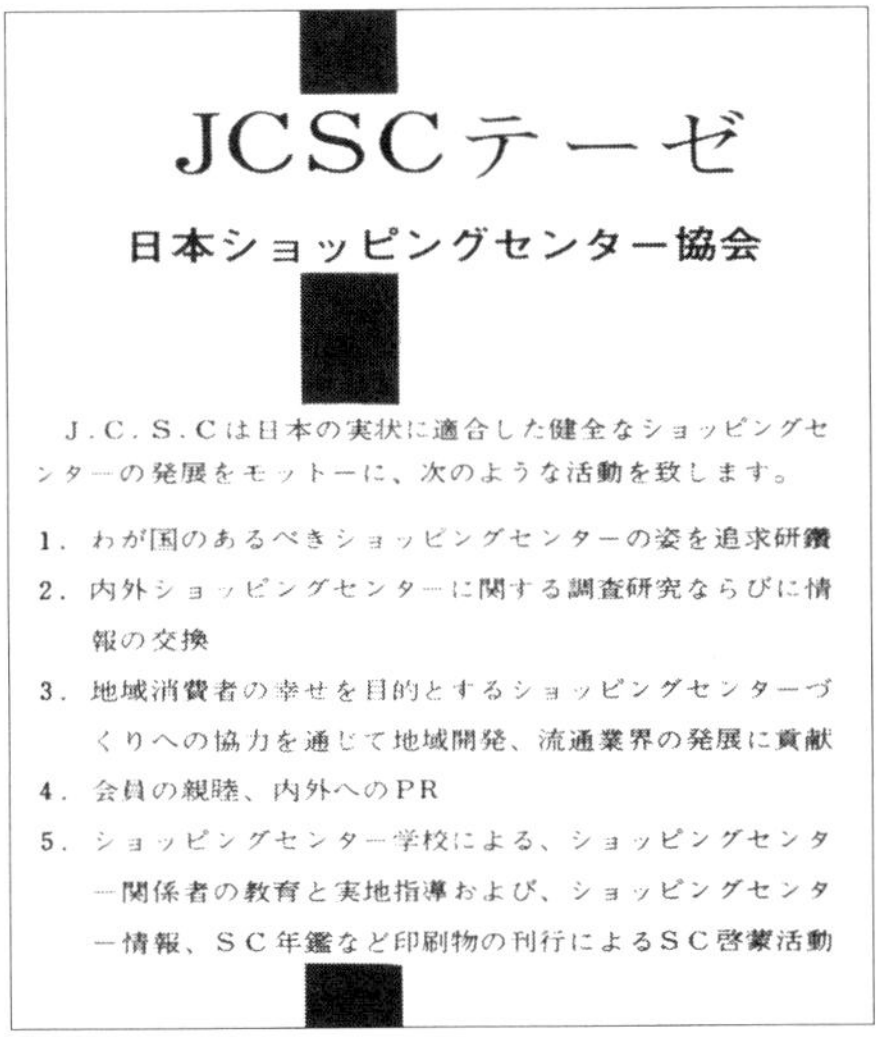
JCSCテーゼ

日本ショッピングセンター協会

J.C.S.Cは日本の実状に適合した健全なショッピングセンターの発展をモットーに、次のような活動を致します。

1. わが国のあるべきショッピングセンターの姿を追求研鑽
2. 内外ショッピングセンターに関する調査研究ならびに情報の交換
3. 地域消費者の幸せを目的とするショッピングセンターづくりへの協力を通じて地域開発、流通業界の発展に貢献
4. 会員の親睦、内外へのPR
5. ショッピングセンター学校による、ショッピングセンター関係者の教育と実地指導および、ショッピングセンター情報、SC年鑑など印刷物の刊行によるSC啓蒙活動

図2−1◆『ショッピングセンター』（1973 - 2001）巻頭に掲げられたJCSCテーゼ

くあるべし」――協会誌は、こうしたさまざまな語り方で〈SC的なもの〉を提示してきた。たとえば前章で扱われた玉川髙島屋SCは、協会誌で繰り返し参照されることによって（開業何周年記念という特集がしばしば組まれている）、日本のSCの「原型」や「起源」としての位置を獲得してきたのである。以下の論述で明らかにするように、こうした協会誌による社会の観察やSCの構想を通して、SC業界は、商業施設という経済領域にありながら経済以上のなにかであろうと夢みてきた［★2］。協会誌というメディアの歴史は、SCをめぐるオートノミーと／のパラドクスを引き受けながら、「SCという社会的な場／社会的な場におけるSC」をめぐって「SCとはなにか」という問いに答えてきた思考の軌跡なのだ。

逆にいえば、協会誌において語られる言説としてのSCとは、実態としてのSCや現実としてのSCとはいくつもの次元でずれているし、SC業界からみえるその外側の社会がそのまま現実であるとはいえない。たとえば協会誌上では、閉店、失敗、揉め事、事故などのネガティブな出来事や現象――たとえば廃墟のようになったSCについて記載されることはかなり稀である。また、協会誌において語られるSCは、そのときどきのトレンド（その時代の〈SC的なもの〉）となるが、実際に存在するSCには、時代から残されたものや地域・規模ごとに異なるものがあり、多様なSCが日本各地に歴史の地層のように存在している［★3］。協会誌において語られたSCとは、そうした「実態」や「現実」の矛盾や対立、いわば「であるSC」をフィルタリング、あるいはリニューアルしながら、歴史的過程においてそのつど立ち上げられた「あるべきSC」の姿である。社会学者のN・ルーマンの用語を借りるならば、そうしたシステムの対立や矛盾を糊塗したり、曖昧にしたりする、あるいは解決しようとしたり、乗り越えたことにするときに採用される語りを「脱パラドクス化」の言説戦略とよぶことができる。だがそのことは、こうした協会誌において語られたSC、すなわち言説としてのSCがそのまま非現実的な夢想やたんなるイデオロギーであることを意味しない。協会誌で観察・構想・対応されたことは、さまざまなかたちで物質的な配置として、意味的な観念として、あるいは遂行的な実践として——すべてではないにしてもなんらかのかたちでSCの一部として現実化したはずである。言説としてのSCは、特定の時代に認識された社会という外部環境——SCという商業施設の外側というだけでなく業界や施設を通じて関係が連なっていく国、自治体、企業、消費者、地域住民、新しい技術、政策や法律、流行などによって複雑に構成された環境——と対峙しながら新しい施設として構想されたSCを夢の形象として日本社会に散りばめていくことになる。現代日本における「SCのある社会」とは、そうしたそれぞれの時代に語られたSCをめぐる夢の形象がまだら模様のように広がった地平と考えることができる。

分析に入る前にひとつ留意したいのは、『ショッピングセンター』誌が頻繁に導入するカタカナ語やアルファベット省略語の意味論である。この協会誌が刊行された当初から「日本のSC」、「世界のSC」という日本を含む世界各地のSCをヴィジュアルに紹介する連載が始まっており、世界の先進的なSCと日本の新しいSCの開業をあわせて誌上で紹介している。そのほかにも海外研修・視察募集要項・申込書、海外SC事情をまとめた論考を定期的に掲載しており、アメリカを中心とした西洋諸国の近代的流通モデルによって日本的流通を塗り替えるという雑誌の目的を反映している。それは日本の小売業が遅れているという感覚の延長線上にある。その一方で「ショッピングセンター」というカタカナ用語や「SC」といったアルファベットの省略語は——購買中枢や商業中心街といった翻訳がないように——商店街、百貨店、盛り場といった日本語で表現される既存の小売形態とは区別される「流通の近代化」の新しさを表現する語彙でもあるのだ。したがって、このような語彙の採用は、表記の便宜であると同時に、西洋/日本のあいだに位置する日本のSCという小売業態の両義性を意味しており、また新しい前者で古い後者を乗り越えていこうとする言説戦略の一部である。SCにおけるこの遅延の感覚と新しさへの欲望は、利潤の獲得・蓄積を目的化する資本制社会や「売る／買う」をコミュニケーションのコードとして設定する市場経済における宿命でもある。ただし、以下の論述で明らかにするように、SC業界におけるそれは多層的な歴史として展開する。『ショッピングセンター』誌には——そのタイトルそのものも含めて——これ以降、新しいカタカナ語やアルファベットの省略語が頻出するが、これらのカタカナ語の語感には、「資本・市場」だけに還元できないアメリカやヨーロッパのSCを中心とする新しい生活様式への憧れやのぞましい「社会的な場」への期待が多面的に仮託されているのである。

2 〈コミュニティ〉の時代——一九七〇年代における『ショッピングセンター』

●「都市」を夢みるSC——機能を配置するセンター

発刊当初の『ショッピングセンター』誌が構想するSCは、単なる商業施設ではなかった。それは「人口の過度集中とアウト・コントロールの都市の行末とりわけ物質文明がもたらした環境破壊という〝都市の終焉〟」（奥住正道「10年後の都市像——日本のショッピングセンター1980年代の展望I」『ショッピングセンター』1973.7:9。以下、署名のない記事は出版年と発行月のみを記載する）を打開するためのニュー・コミュニティとして構想された。したがって、ここで構想されていたのは、ただの商業施設の建設ではなく、それ自体をひとつのコミュニティとする、あるいは商業施設を含むコミュニティそのものを建設することであった。

この論考は、協会設立当初から相談役顧問を長く務め、アメリカのショッピングセンターの父といわれるビクター・グルーエンらの著作（Victor Gruen and Larry Smith (1960) *Shopping Towns USA* ＝邦訳『ショッピングセンター計画』1969）の翻訳を出版し、協会誌の理論的支柱であった奥住正道によるものである。奥住は、上記の論考に続いて執筆した「コミュニティのあるべき姿」という論考で以下のように述べている。

> そしてもっと重要なことは、コミュニティにおけるヒューマン・コンタクトを発揚する情報機能の集積が、都市化という方向でショッピングセンターやオフィス、行政センター、図書館、劇場、公会堂、競技場、美術館などを巧みに構成した自己完結型の賑わいをもって交通システムを集約する中枢ゾーンを形成しなければならないということである。
> （奥住 1973b：13）

その際、重要なことは、建設されたＳＣがただの大きな商業施設というだけでなく、「機能的に都市として自立」し、「全体として設計されたコミュニティ」（あるいはその一部）になることであった。一九七〇年代に構想されたＳＣを核のひとつとする〈コミュニティ〉の特徴は以下の二点である。

まず、中心的発想である。センタービルを中心とする中枢ゾーンを作り、その外側に住宅ゾーン、グリーンゾーン、インダストリアル・パークを同心円状に配置している。その際、モータリゼーションによる環境破壊を意識しながら、ＰＲＴ（Personal Rapid Transit）の導入などによってコミュニティの全体をつなぎとめようとしている。グルーエンらが設計したアメリカ的なＳＣが周囲の道路環境を整備し、駐車場に囲まれた郊外型のＳＣだったのに対し、こちらは都心的想像力の延長線上にコミュニティの「センター」としての役割をＳＣに設定しているといえる。

図2－2◆中枢ゾーンの構造概念（1973.9）

もうひとつは、機能主義的発想である。この時期の協会誌では、商業機能、サービス機能、コミュニティ機能といった「機能」という言葉が頻繁に使われており、多様な機能を集積したセンターを全体として設計・管理・運営しようとする意思が強い。ここでは商業施設を多様な機能をもつ施設として効率的に配置しようとしている。つまり、この時期のSCは、単体としての商業施設というよりも、それを中心としてさまざまな機能を配置し、関係づけたひとつの都市やコミュニティとして構想されている（図2－2）。

では、ここでいうコミュニティとはどのようなものだろうか。「〝トータル・ライフ・センター〟としてのSCの構想」（肥田 1975）という論考のなかで「ショッピングセンターは、本来〝タウン〟に対抗すべき存在」と述べられているように、ここでいう〈コミュニティ〉は、自然村、自治都市、あるいは商店街や市街地などのような自生的秩序として成立した「コミュニティ」というよりも、全体の部分として設計された複数の機能が効率よく配分され、統一的に管理された秩序として構想されている。一九七四年一〇月号に掲載されている「ショッピングセンターの成立条件」（鈴木 1974）では、（1）計画性：自然発生ではなく、計画的に創造されることにより、従来の中心地でないところに立地して客の流れを変える、（2）市場性：多数店舗の集合体であることによって、競争を生み出すような比較購買を可能にする、（3）集中性：人為的に計画された共同事業であることで、管理運営もディベロッパーに集中する、とされる。たとえば図2－3にみられるように、この頃の「日本のSC」には周辺地区の地図が掲載されており、SCを中心にして、公園、病院、学校、団地、消防、警察などを配置していることを示している。

しかし、自生的秩序としての「コミュニティ」とは異なるSCの〈コミュニティ〉には、いわば「管理と住民」をめぐるパラドクスが存在する。とくに「進出大型店と地元商店街との共存共栄について」(一丸 1974)という論考が存在するように、地元商店街と大型SCのあいだに利害や立場の対立が存在し、その軋轢が問題化している。一九七五年二月の特集「SCの立地について」に掲載されている「新しいSCの立地は創造されうるか？」でも、(1)SC公害と(2)地元既存の小売業への影響から「地域社会のコンセンサスを得られないSCは、もはや建設することが困難であることは否めない事実」とされる。

同号の座談会では、「コミュニティセンターとしての機能を実現させようということ自体がかなりの無理があるんじゃないか」、「上から昔の町内会みたいなものを作るという形では絶対できない。そこでは衝突がおこる」といった意見が出ている。しかし、最終的には「資本の論理に対する猛烈な反省と批判と打撃」が資本の側から問われることで〈コミュニティ〉がクローズアップされ、「既存の商業の秩序の破壊、少なくとも理論的には体制の中だけれども、矛盾なくそれを消化できる」ということになる。一九七七年にも「商業施設と生活者を結ぶコミュニティ施設」「SCにおけるコミュニティスペース」「コミュニティづくりの主役として地域住民と一体となって話題提供」など、SCを地域社会と商業施設をつなぐ〈コミュニティ〉として位置づける論考が並んでいる。ただし、一九七八年九月号に「本当にコミュニティ施設は必要か」(中垣輝雄)という論考が掲載され、一九七九年四月号の前年度の全国ショッピングセンター大会の報告集に「SCにコミュニティサービス機能はどこまで必要か」という部会の要旨が報告されているように、商業施設とコミュニティのあいだの矛盾が消えてしまったわけではない。

一九七〇年代において、コミュニティという言葉は、高度成長期を通して現れた大都市化（メガロポリス）をめぐる「社会問題」や「都市問題」を解決するための理念として社会科学や行政文書のなかでも盛んに用

図2−3◆センターとしてのSC例（大分県の明野団地の明野センター、1971年開業）（1974.11）

いられていた。そして、ＳＣ業界以外でも流通していたいわば当時の「流行語」とそれをめぐる価値意識や社会政策を当時のＳＣ業界も強く意識していた。たとえば、磯村英一（都市社会学）、林雄二郎（未来学）、南博（社会心理学）ら当時著名であった学者や官僚たちが参加した「未来都市におけるショッピングセンターの役割」と題された一九七六年のシンポジウムがある。ここでも、小売・流通業という資本の論理が先行すぎないように、ＳＣという施設を小売・流通業としてではなく都市化やまちづくりの文脈のなかで考え、地域社会に溶け込む努力やローカリティを重視する方向性が確認されている。このような〈コミュニティ〉としてのＳＣという問題は、ＳＣがその地域の大きな割合を占める空間として建設され、多くの人びとが集まり、少なからぬ時間を過ごす商業施設である以上、これ以降の協会誌でも形を変えて繰り返し論じられる。ただし、この時期に語られた〈コミュニティ〉とは、「マクロ的発想でとらえたいコミュニティ施設」（安藤 1978）という論考が示すとおり、都市空間や地域社会という全体のなかの機能、あるいは全体を成立させる中枢としてＳＣが果たす役割を表現している。

刊行当初に「人類はいかに生きのびるか」といういまからみると大げさにみえる連載が掲載されていたように、当時の協会誌の〈コミュニティ〉という言説は、「都市の終焉」、あるいは「地域と資本」の対立・矛盾を超えて未来の時制において実現されうるものとして語られた。その意味で、〈コミュニティ〉としてのＳＣとは、「大都市化と地域社会」というＳＣ業界の外部環境を認識したうえで、一九七〇年代に問題化された「商店街と大型店」と「住民と管理」をめぐるパラドクスを回避するような言葉だったといえるだろう。

ＳＣ業界が〈コミュニティ〉というカタカナ用語に託していたものは、すでにある語彙では表現しきれない意味、あるいは政治的対立や論理的矛盾を新たな社会的な場へと開き、ＳＣを商業施設の領分を超えた未来の都市やコミュニティの中心・中枢にすることの可能性であった。

●未明の消費社会——「機能的なもの／文化的なもの」という区別の発生

一九七〇年代中頃になると『ショッピングセンター』誌は、「ライフスタイル」「レジャー」「ニューファミリー」などの用語を使い、新しい消費者の視点を取り入れようと模索し始めた。それは消費社会の始まりの意識の芽生えといえよう。しかし、消費社会に対する編集部の態度は、この段階においては、両義的なものであった。

たとえば一九七四年一〇月号と一一月号は、社会心理学者である南博の論文とインタビュー、「20世紀の消費者心理（1）」「20世紀の消費者心理（2）」を掲載している。前者のセミナー論文では、受け身の消費者から、比較し選択する消費者が現れ、さらに「ショッピングということに、本来持っている品物の購買以外の欲求がそこに働いて」おり、ショッピングと文化的要求を満足させるものが結びついてくると予測している。この点は、次号のインタビュー論文でも問題となるが、そこで質問者は以下のように述べる。

> 質問　先生のお話のようにＳＣと文化性というものが強調されてきている今、私どもも文化的な催しとかそういうものに力を入れたい。従って広報等においても、地域版のように商圏内のニュースをフィードバックしているわけです。でも現実には、ＳＣでは機能的に買物するだけ。文化的なものは、このほかのところで、非常に高度なものを求めるような感じもするわけです。そうすると買物はなるべく内装をかけないで低廉な形で消費者のほうに提供する。文化的なものはほかのところでより高次にもとめていただくという時代が近い将来くるような感じがしないでもないわけですが、その点いかがで

しょうか。

（南 1974b：15、傍点引用者）

このときすでに消費社会を理解するキーワードとして「機能的なもの／文化的なもの」という区別が発生していることがわかる。しかし質問者は、高度・高次の「文化的なもの」をＳＣの外部へと切り離し、ＳＣを便利で低廉な「機能的なもの」として理解している。一九七〇年代における『ショッピングセンター』の機能主義的な言説空間において、「文化的なもの」は――その重要性は気づかれているものの――「ＳＣ＝機能的なもの」という理解のなかで棄却されてしまう。

また、一九七七年六月号の「ＳＣの質的強化をめぐって――商業と文化の真の発展のために」（三島彰）と題された論考でも、商業によって文化が攪乱されている例としてＳＣの新しいデザインが問題となり始めたことを指摘している。

> 本来顧客は、商品を買うためだけに街を訪れるのではない。そこに充満する多彩な文化的情報に触発されるために集まる。そのような情報と、その情報を求める人たちが、その街の自然や歴史に溶け込んだところに生まれる街のたたずまい、風情それ自体が、街のインスピレーションなのである。もうけることを本位とする商人が、併せて、その街の有力な市民として文化の成熟のために協力することが彼らの死活の利害となる時代が、こうして登場してくる。
>
> （三島 1977：32-33、傍点引用者）

この論考は、ＳＣが「文化」を圧迫するかもしれないと懸念している。ただし、ここでいう「文化」は、街や人びととの伝統や習俗として蓄積された「歴史的民族的要素」（同：31）やデザインや建築の「様式」（同：31）

を指す。つまり、地域社会の価値・慣習を通して形成される生活様式――「風情」――が、市場や商業といった資本の論理を超えた場を作る、という意味で用いられている。したがって、一九七〇年代の「文化」とは、南がいうような消費の「文化性」とはニュアンスが異なる〈コミュニティ〉の言説に連なる語彙であるといえるだろう。

一九七〇年代におけるSCとは、高度成長を通して大都市化していくなかで登場し、成長した小売形態であり、巨大な商業施設であった。協会誌は〈コミュニティ〉という言説を、その過程で意識され始めた――SCの増加や巨大化そのものもその原因や結果の一部とされる――「都市問題」や「社会問題」と対峙するなかで採用した。そのため、文化という語彙や消費社会という新たな文脈は、そうした〈コミュニティ〉という問題に強い効果をもたらす大都市化と地域社会という言説の磁場のなかに埋もれてしまったと考えることもできる。

3 〈カルチャー〉の時代――一九八〇年代における『ショッピングセンター』

●「文化」を夢みるSC――百貨店のSC化／SCの百貨店化

一九八〇年代になると、協会誌における文化という語彙が指す意味が変化し始める。とくにそれまでのSCは各種量販店が主導する一核SCが主流であったため、SC業界が新たに重要な存在として観察し始めたのは、百貨店であった。

一九八〇年代の協会誌は、百貨店に関する特集を三度組んでいる（「特集 ＳＣと百貨店――百貨店は80年代ＳＣの担い手となり得るか」〔1980.5〕、「特集 今、ＳＣは百貨店から何が学べるか」〔1981.12〕、「特集 百貨店の戦略を探る」〔1989.2〕）。たとえば一九八〇年五月号の「80年代ＳＣにおける百貨店の役割」（魚成祥一郎）という論考は以下のように語っている。

> さらに、来るべき時代は、知的文化的な価値を追求する〝文化の時代〟である。伝統的に〝文化の普及者〟としての役割を担ってきた百貨店は、（中略）この文化の時代の中で自らの役割を十分果たすべく、文化施設作り、新しいメディア作り等に活発な動きをみせている。（中略）新たな文化創造への努力とスペシャルティストアの開発・展開などにより、百貨店は、価値志向・文化志向時代における消費者のロイヤルティを確保し、流通業界及び消費社会に対し、より強力なリーダーシップをとっていく可能性をもっているといえよう。（中略）このような百貨店を導入することにより、ＳＣは、より完成度の高い次元でのワンストップショッピング機能を備えることを可能とすることになり、わが国におけるＳＣ新時代が実現されていくものと思う。
>
> （魚成 1980:36、傍点引用者）

ここでは、百貨店の「プレステージ」（同:32）や「一〇〇年余りにもおよぶ長い伝統」（同:34）といった意味での文化の導入が、量販店主導であったＳＣに対する「差別化戦略」（同:36）になるとされる。いわばＳＣの百貨店化ともいうべき方向である。

また一方で、「百貨店が生き残る道はＳＣ出店しかない」（1980.5:30）とまでいわれているように、百貨店のＳＣへの進出が百貨店（そごう、大丸）からも語られ、百貨店のＳＣ化への途も模索されている。

この時点の協会誌における文化という言葉の意味は、一九七〇年代に用いられていた風俗（customs）あるいは生活様式という意味から、高位文化（high culture）、あるいは教養に近い意味に変化している。

百貨店に仮託された文化をいかにしてＳＣに組み込むのか、あるいはＳＣという多角化した大規模な販売力をいかにして百貨店の文化に組み込むのか。こうした課題をめぐる最大の成果のひとつは、千葉県の船橋ヘルスセンターの跡地に三井不

図2－4◆ららぽーと船橋ショッピングセンター、千葉県船橋市、1981年開業（1981.5）

動産がテナント数二〇〇店、延床面積一六万㎡の規模で建設し、一九八一年にそごうとダイエーを二つの核にして開業した「ららぽーと船橋ショッピングセンター」(現・ららぽーとTOKYO-BAY)であった。図2-4で表現されているように、そごうの棟やシャンデリアが施設をシンボライズしており、百貨店とその高級感をとりこもうとしていることがわかる。つまり、百貨店の文化とスーパーの生活を二つの核にすることによって、SCという巨大な商業施設において高級感と販売力を両立させることを目指したのである。

●SCの消費社会化――文化とカルチャーのあいだ

しかし一九八〇年代の協会誌は、次第に文化という言葉ではなくカルチャーというカタカナ語を頻繁に用いるようになる。たとえば一九八〇年代の協会誌は、カルチャーという言葉を使った特集を三度も組んでいる(「特集 SCのカルチャー戦略その1」〔1981.8〕、「特集 SCのカルチャー戦略その2」〔1981.9〕、「特集 SCの新カルチャー戦略」〔1985.4〕)。

では、ここでいう〈カルチャー〉とはなにか。「差別化戦略でカルチャーゾーン導入」(1981.8)という論考では、それを「販促活動の新しい形としての文化」とよび、ナビオ阪急を例に挙げながら説明している。一九八〇年に地上一〇階、地下二階、売り場面積約一万五〇〇〇㎡、テナント数一六四店の規模で大阪府北区にオープンしたナビオ阪急(現・HEP・阪急百貨店メンズ館)は、三つの映画館(北野劇場、梅田劇場、梅田スカラ座)に加え、ナビオホール(カフェテラスとパイプオルガン、グランドピアノがあるステージで、バロック音楽から現代音楽まで聴くことができる)、ナビオガーデン(「芸術の香り高いやすらぎのスペース」〔1981.8:17〕)、ナビオギャラリー

（美術・文化催事がつねに開催されている）を付設し、「文化的な香りのする何かを計画的にやって、ナビオ阪急たらしめる」（同:17）という。ここでいう文化も高位文化や教養という意味として使われている（図2－5）。

また、一九八一年九月号の「ＳＣにおけるカルチャー戦略の構築と展開」（田中利見）という論文は、以下のように論じている。

わが国における百貨店は開業以来、伝統的に教養文化とのかかわりが深いといえる。百貨店の教養文化のシンボルは、その西洋式建築物にみることができる。高層の建築で、しかもエレベーターのような垂直的移動装置がついている建物は、近代の西欧文化そのものであった。（中略）これに対して、一般の小売店は、地域の生活習慣にあった商品を置くことによって成り立っている。ローカルスーパーもまた、同様に、地域の生活文化の提供者であるといってよい。

（田中 1981:29-30）

これに対してＳＣは、ローカルスーパー的な「地域の生活文化」と百貨店的な「世界の教養文化」を媒介するような存在である。たとえば「複合文化の二本柱としては、教養文化と生活文化がある。教養も生活もそれぞれ文化の意味をもつが、あえて「文化」をつけているところが、今日のカルチャー戦略のカギである」（同:31）と述べ、教養文化と生活文化の交差、あるいは前者による後者の更新によって新しい文化を形作るのがＳＣのカルチャー戦略であるとする。つまり〈カルチャー〉というカタカナ用語によって、「地域と世界」や「生活と教養」の文化をめぐる論理的対立や水準のズレを乗り越えられるかのように語られる。

さらに同時期、〈カルチャー〉という語彙に新しい意味がつけ加わっていることにも注意が必要だろう。たとえば一九八一年八月の特集では、横浜ルミネのディベロッパー社長の以下の言葉を紹介している。

とにかくお客様がわざわざでも来て見たいと思うもの、しかもたびたび歩きたいと感じるような楽しいSCにしよう、というのが基本ポリシー。そこでその楽しいというものは何かというと、私の言葉では〝趣味〟、つまりカルチャーである。

（1981.8:18）

特集
SCのカルチャー戦略
その1
消費者のカルチャー志向は年々顕著になり、各地で様々の形態で花を咲かせている。地域のコミュニティセンター的役割を目指すSCでも、時代の要請に対応し種々のカルチャーゾーンを導入、SCの機能充実を図っている。そこで今回、SC戦略の一つとし、今後増々重要視される"カルチャー"を、買い回り性の高いSC（I部SC）、最寄り性の高いSC（II部SC）に分け、8月号、9月号で特集し、今後のSCのあり方を考えてみた。
差別化戦略でカルチャーゾーン導入
ナビオ阪急
「古紅型展」開催中のナビオギャラリー
3館ある8階の映画館の一つ北野劇場
パイプオルガンのあるナビオホール

図2－5◆ナビオ阪急、大阪府北区、1980年開業（1981.8）

また、一〇店のスポーツ用品店が入ったなんばCITYを「カルチャー館」とよび、大阪のSC・パンジョにおけるスイミングクラブの導入もカルチャー戦略の一部であるとする。カルチャーセンターや習い事教室の導入を積極的に提唱し、「今までの『衣・食・住』に『遊』すなわちカルチャーを」(1981.9:21)というように、ここでいう〈カルチャー〉の意味は、どちらかといえば趣味(hobby)や遊戯(play)に拡張されている。実際、一九八五年四月の

「特集SCの新カルチャー戦略」では女性のフィットネス、ジュニアスクール、さらにアイススケート、音楽スタジオ、シネマ・コンプレックスも〈カルチャー〉の範囲に加わる。

ただし、〈カルチャー〉は、収益性が少ない無駄なスペースであるという否定的な意見も存在する。先のナビオ阪急の紹介でも、〈カルチャー〉のメリットを確信しているものの、その当時設定された二〇〇億円の売り上げ目標に対して、ギャラリーやホールなどの〈カルチャー〉がどのような役割を担うかについて結論が出るのはまだ先だと語る。また、横浜ルミネの社長も「採算性の低さに目をつぶって導入したテナント」について以下のように述べる。

> カルチャーを流行みたいに言う人も多いが、それが即商売に結びつくとは思わない。(中略)単純で短期的なそろばん勘定をしたのでは、SCではカルチャーは一切やれない。商売である以上、悪い時にもふらふらせず頑張り抜く十分なポリシーをもっているかどうかが結局問われてくる。(1981.9:19)

これらの言説は、「商業や市場を中心にした資本の論理」と「合理性や収益性をもたない文化の論理」のパラドクスを問題化している。しかし〈カルチャー〉という言葉は、長期的視点という期待を導入することによって、その矛盾の解決を先延ばしにする。

このときSCの重点は、一九七〇年代に発生した「機能的なもの／文化的なもの」という区別の前者から後者に移ることになる。とくに重要なのは、SCをデザインやコンセプトなどの文化的・記号的イメージをまとった空間として演出することである。「我が国の一級の文化施設でも足元に及ばない豊かな空間」を目指すべきとする「美しくなければ生き残れない」(吉田育ノ進)という論考をみてみよう。

昔のSCは、平面の広がりを軸にした、機能一点ばりのデザイン。デザインイメージの不統一、冷たい感じの素材。木枯らしが吹きすさぶ印象があり、心が開かない。そんなSCもリニューアルの洗礼を受けると暖か味《ママ》があり、オープンハートなうるおい豊かな空間としてよみがえることができる。統一されたファサード(店頭部分)やマンサード(日よけ部分)は、目にとても快く、ビジュアルインパクトも充分であり、ハンドルは自然とそちらへと向いてしまう。

「デザインは究極のマーチャンダイザー(ultimate merchandiser)」(吉田 1987 : 35)

〈カルチャー〉は、「資本と文化」をパラドクスではなく相乗効果の関係——非合理性こそが合理性を生み出す——として再構成する。そして、デザインやコンセプトによってSCの商品価値を高め、SCをただの商業施設がもつ機能以上の文化的・記号的なイメージの空間として演出するのである。

一九八〇年代初頭、「SCの危機を招く百貨店復権時代」(1981.4)という論考があったように、百貨店の文化とSCの生活は対立関係にあった。しかし、一九八〇年代の協会誌は、「消費社会と百貨店」をSC業界を取り巻く重要な外部環境として認識したうえで、「生活と教養」や「地域や世界」の対立、とりわけ「資本と文化」のパラドクスを乗り越えるような言説戦略として〈カルチャー〉という用語を採用し、新しい文化の中心を演出しようと試みた。それもまた、商品をただ売るような小売・流通業を超えた存在であろうとしたSCがみる夢の形象だったといえよう。協会誌の言説は、当時流行した消費社会論の語りを取り込みながら、ただ役に立つだけ・安いだけの有用性や採算性だけではない(とされる)文化、とりわけ百貨店にみられる教養志向や高級感をSCという商業施設の魅力を高める資源としてみなした。〈カルチャー〉というカタカナ用語は、文化という資源を受け継ぎつつ、漢字がもつ重さから解放された、生活の平凡さに彩りを与える新たな語彙であった。文化と生活を両立しうるようなSCこそがそのような〈カルチャー〉のセンターとしての役割を担うことができる――こうした視角が一九八〇年代の協会誌が提示した〈SC的なもの〉であった。

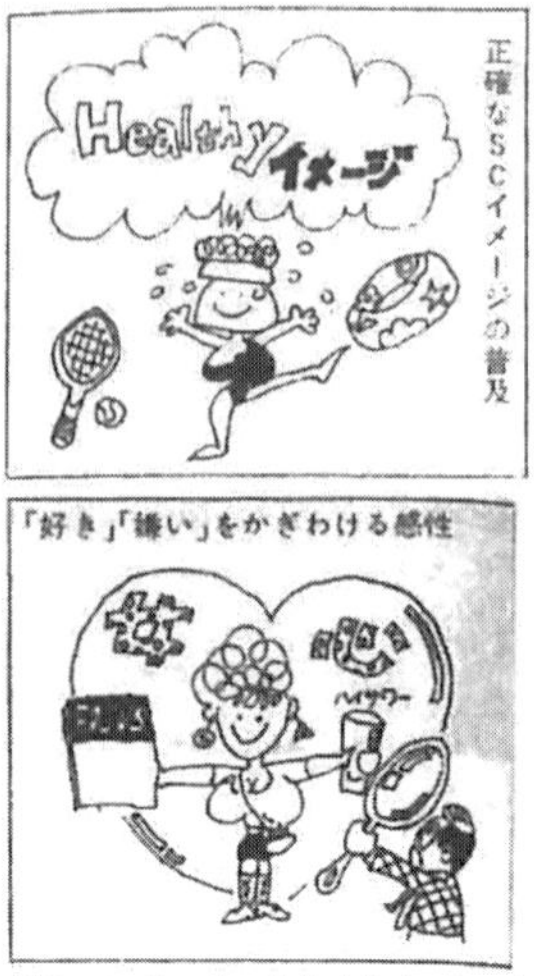

図2－6◆「いま、“求められるSC”の役割」(1984.3:30-31)

この時期、〈カルチャー〉の受け手、新しいマーケットとして見出されていたのは女性であった。「消費者がカルチャー志向を強めてきた原因……は、在来からの中年男性を中心とした文化に対して、若者、女性、子どもといった特定の集団の生活が豊かになり、自己主張を持ちはじめたこと」(1981.4:29)とし、「リニューアルを機に「大人の女性」に的を絞ったカルチャー機能を導入」(1985.4:27)することも検討している。一九八〇年代における言説としてのSCは「文化＝女性＝感性」というジェンダー秩序を構築しながら、それを新しい商業施設に投影することによってマーケットを広げようとしたのである(図2－6)。

4 〈エンターテイメント〉の時代――一九九〇年代における『ショッピングセンター』

●「夢」を夢みるSC――反省なき体験／文化なき娯楽

ＳＣ業界がＳＣを〈カルチャー〉の中心として構成しようとしていた一九八〇年代、「美しくなければ生き残れない」という前節で触れた論考を受けて、一九八七年四月号に「ＳＣは面白くなければはやらない」（遠藤英雄）という論考が発表された。同論考は、「美しさに加えて、ＳＣは面白くなければならない、という状況を迎えつつある。美しさの上に面白さを加えて、はじめて活気あるＳＣが生まれる」とする。たとえば公園、噴水、ステージなど、従来ショッピングのおまけにすぎなかったものをむしろ主役にし、ディズニーランドや原宿の竹下通りのように「面白さのストーリーが先にあって、それに見合った店舗構成がプランニングされるといった具合」にするべきだと述べる。とくに素晴らしいと評価しているのは、西武のつかしんの「生活遊園地」というコンセプトで、「他のＳＣもショッピング遊園地ぐらいまで実体として迫ることが必要だろう」（遠藤 1987:16）とも述べている。実際、一九八六年一月号は「特集 つかしんとこれからのＳＣ」を組んでおり、つかしんが業界内でも大きな期待をうけていたことがわかる。しかし、つかしんは、その後、失敗と評価され、西武百貨店は撤退することになる（図２－７）。

そもそも〈カルチャー〉における「美しさ」と「面白さ」のあいだには微妙な距離感が存在している。先の遠藤の論考も、「面白いものは美しいスペースのないところでは醜悪としかいいようのないものになる」と述べているように、美しさと面白さを区別し、なおかつ美しさを面白さの前提にしている。また、〈カルチャー〉の時代の初期にＳＣ業界が目指していたのは、文化の香り高い、いわば高踏的な美しさであった。しかし、一九八〇年代の協会誌の〈カルチャー〉は、教養という高い知識を必要とするハイカルチャーの言説だけではなく、趣味のような遊戯的な体験を重視するポピュラーカルチャーの言説を内包するようになる。一九八〇年代後半の協会誌が語る〈カルチャー〉における「美しさ／面白さ」という区別は、こうしたハイカルチャーとポピュラーカルチャーの併存、あるいは文化と娯楽の両義性を表している。

図2−7◆つかしん、兵庫県尼崎市、1985年開業（1986.1）

たとえば一九八一年の「特集 SCのカルチャー戦略その1」では、従来のSCの販促活動の三本柱といえば①バーゲンセール、②祭り、③芸能イベントであるが、こうしたイベントは一過性のものになりがちであり、だからこそ、これらの販促活動を含むカルチャー戦略には、「文化的な香りのする何か」(1981.8:17)が不可欠であるとされる。つまりイベントは、あくまでカルチャーの表現手段であった。しかし、一九九〇年代の協会誌は、「特集 SCの販促・イベント戦略」(1990.10; 1993.5; 1995.5; 1999.6)、「特集 ヒットイベント事例集」(1992.6)など、必ずしも〈カルチャー〉を重視しない特集を何度も組んでいる。また、すでに一九八一年頃から「ヒットイベント」という一ページほどの項目が出始めていたが、一九九〇年代以降の協会誌は、毎号イベントスケジュールに五ページ以上ほどの紙幅を割くようになる。つまり、〈カルチャー〉という視点を必要としないイベント戦略だけが自走し始めたのである。

こうして一九九〇年代の協会誌は、知識や教養を蓄積し、より高次(メタレベル)の文化(ハイカルチャー)を目指さずに楽しめる、その時・その場の身体的な体験を自己目的化した文化なき娯楽を追求していく。たとえば、一九八八年五月号の「特集 リゾートがライバル⁉」では、リゾートというモデルを観察し、SCに取り込もうとしている。同号掲載の「〈遊びの集積〉へのチャレンジ」(谷口正和)は、以下のようにSCの外部環境としての社会を観察している。

> 「楽しいから人生」の時代が来た。すでにモノの機能性合理性を追求する工業化社会は終わり、時代は情報を遊び、サービスを遊ぶ、情報化社会からサービス化社会のステップへと入っている。遊びとは不必要そのものだ。何かのために存在するものではなく、ただ楽しく時間を消費しつくすものである。「あー面白かった」のひとことが遊びの最終定義だといってもよい。楽しい面白いとは、次々に変化を

手に入れていく行為だ。変化を固定してしまえば、そこには退屈しか残っていない。次々と〝新・楽しい〟を連続的に手に入れていこうとするのが、遊ボ化人間の生き方にたいする基本的認識である。

(中略)

固定的な生き方や職業観、つまりは〝変ワラザル〟ことが最も正しいとされていた工業化社会の価値観を我々は捨てつつある。代わりに手に入れたのは、〝変ワリツヅケル〟ことが最もフレッシュな生き方や思想とされる情報化社会の価値観である。

「さぁどんな変化を楽しもうか」「何を遊ぼうか」。全員が変化すること、変化をエンジョイすることを許された時代におけるリゾートの新視点、それは『遊びの集積』である。(谷口 1988:21、傍点引用者)

一九八〇年代後半にみられるこれらの言説の特徴は、三つある。まず、(1)一九七〇年代に〈コミュニティ〉として語っていた「機能=必要の配置」とは反対に、「遊び=不必要の集積」を目指していることである。そして、(2)情報化社会、サービス化社会という外部環境の観察のもと、自然・歴史・集団をすべて「集積」というまなざしで眺めている点である。「ポイントは〝何を〟〝どのテーマで〟集積するかということだけなのである」、「集まれるから集まるではなく、〝集まりたいから集まる〟。この視点が重要なのだ」(同:24)というように、コミュニティのような理念や、それを実現する合理的な設計を志向するというより、遊びや楽しさという非合理的な欲望を集積することを自己目的化している。そして最後に(3)これらの集積は、不動の中心・中枢を設定するのではなく、新しさという規準のなかで不断に更新するべきものになる。

この号がSCのライバル、また参考とすべき模範として挙げているのは、サホロリゾート、瀬戸大橋京阪フィッシャーマンズワーフ、軽井沢ベルコモンズなどの山や海の自然を楽しむリゾートや、東京ディズニーランド、長崎オランダ村といった仮想的環境のようなリゾートである。とくに東京ディズニーランドは、日本のテーマパークの草分けとして何度も紹介されている。

一九八八年の「特集 子どもマーケットを狙え!」という特集にあるように、面白さや楽しさを追求する、文化なき娯楽の新しいマーケット、すなわち受け手として設定されたのは「子ども」である。同特集は、サンリオ、東急キッズプラザ『ブーミン』、キッドラボなどを「〝ビックリ〟〝ドキドキ〟夢探検」、「ワクワク空間」といった言葉で紹介している。さらに、「特集 子供マーケットの新潮流」(1992.8)といった特集も組んでいる。

また、「コミュニケーション・インテリジェンス(知恵)の時代――景品・スポーツ・文化はもう古い」(武藤 1990)と題された論考は、すでにスポーツも文化も古いとし、顧客とのコミュニケーションが販促において重要になるとする。

> 次に、それらのイベントは「楽しさ」が中心でなければならず、〝遊び心〟がお客様をひきつけるスパイスであると考える。(中略)〝遊び〟は子供の独占物と思っていた現代人は、〝ディズニーランド〟にその虚をつかれた形である。
> (武藤 1990:32)

先に述べた一九八八年二月の「特集 子供マーケットを狙え!」のように、この時期の協会誌は、「文化としての娯楽」を古いものとして棄却し、新しい「文化なき娯楽」のターゲットとして子どもに着目していた。さらに、一九九〇年代の協会誌は、東京ディズニーランドを模範とすれば、「ただの娯楽」を子どもだけではなく大人にも訴求できると主張する。つまり、子どもも大人も同じような「子ども的なもの」――つねに

特集

SCのアミューズメント施設

アミューズメント（AM）業界が急成長している。従来までのゲームセンターの世界から、ファミリーやヤングカップルまでもが市場に参加し、需要の拡大が急速に進んできた。当然、SCの中でのAM施設も人気を集める。最近ではAM施設の大型化とともに、SCの中での位置づけまで変わってきた。今月号ではこのAM施設にスポットを当て、SCの中での成功条件を探ってみる。

ショッピングセンター　1992.12

図2－8◆「特集 SCのアミューズメント施設」(1992.12)

面白く・楽しい・新しい商品を消費することを喜ぶ存在だとしたのである。

一九八八年五月号では「ファミリー・エンターテイメント」というディズニーランドのコンセプトを紹介していたが、一九九〇年五月号に「テーマパークにみる演出手法、モノの売り方」、一九九二年一二月号に「SCのアミューズメント施設」という特集を組んでいる（図2－8）。遊園地やテーマパークの手法をSCに取り入れ、SCそのものを「遊園地的なもの」、「テーマパーク的なもの」にしようという協会誌の意気込みが見てとれる。

論理の空間というのは、凝縮すると1プラス1は2という世界で、一度覚えてしまうと、二度繰り返されれば人は頭にきます。理屈が聞きたくて人は、テーマパークに行くのではありません。日本で計画されているテーマパークの中には、論理の空間で構成しようとしているものもありますが、〝ためになる〟というのはあくまでもかくし味で、充分楽しんだ上さらにためになるというのはよいのですが、やはり論理の空間ではなく感性の豊かな空間構成でないと人は行きたいとは思わないでしょう。

（堀 1990:24、傍点引用者）

この論考は、「論理の空間／感性の空間」という区別を用いながら、教養や論理のような「ためになるもの」は「楽しいもの」のかくし味でしかないとする。つまり、一九八〇年代の協会誌が維持していた美しさと面白さをめぐる文化的序列は一九九〇年代において反転し、論理は「反復的なもの」として退けられ、感性が「新しいもの」として先行し始める。つまり、感性というその時・その場限りの身体的な体験が重視されることによって、文化や〈カルチャー〉に含まれた高い教養を求める反省的な意識は後退し、娯楽だけが浮き上がることになった。一九九〇年代のSCは、なにかモノやサービスを購入するだけの商業施設ではなく、そこで営まれる活動を娯楽として体験できる、ただただ楽しく、面白い場所となるべきである――SC業界は、このように遊園地やテーマパークのような「夢」の空間を夢みることで、SCを〈エンターテイメント〉の空間として構成しようとしたのである。

● 情報社会・ネットワーク社会と「経験（experience）」の再発見

ただし、一九九〇年代前半と一九九〇年代後半の協会誌では、右で述べた文化なき娯楽、自己目的化した体験が楽しまれる場所としてのSCを位置づける社会的な文脈が変わる。とくに、一九九〇年代後半の協会誌は、経済不況という社会の変化と情報ネットワーク化という技術の変化を認識するなかで〈エンターテイメント〉の場としてのSCの正当性をよりはっきり主張せざるをえなくなった。

たとえば一九九六年八月号の「SCとエンターテイメント施設」という特集の「SCにおけるエンターテイメント施設導入のポイントと事業性」（山本昭夫）という論考は、以下のように述べている。

図2－9◆神戸ハーバーサーカス、1996年開業（1996.8）

SCにおけるエンターテイメント施設の導入についての見解は、（中略）肯定的トーンから、バブル崩壊後は一転して基本的論調は否定的なトーンへと変化しているように思える。言うまでもなく、バブル崩壊による不動産事業の壊滅的状況と消費の減退を前にして、なお大規模複合SCの開発を唱え、本格的なエンターテイメント施設の導入を主張することほどの無謀はない。また、（中略）アミューズメント施設などのエンターテイメント施設はあくまで付帯機能と位置付けられる（中略）。しかし、（中略）エレクトロニクス分野は目を見張るほどに急展開し、アミューズメントビジネスという新たな産業として高く評価されるようになった。

（山本 1996：34）

この特集がSCへの導入を検討しているのは、遊園地、シネマ・コンプレックス、ゲームセンター、ボウリング場、カラオケ、パチンコなどである。すでに文化や〈カルチャー〉は後退し、純粋な娯楽や遊戯の場としてSCを構成しようとしていることがわかる（図2－9）。

しかし、こうしたエンターテイメント施設は、収益性・採算性の観点において客観的に数値化した評価が難しく、リスクの高い戦略だと認識されている。とりわけ収益性・採算性を強く意識する「経済不況」という社会の変化を認めると、エンターテイメント施設導入に対して否定的な評価をせざるをえない。つまり、一九九〇年代半ばの協会誌は、SCという商業施設がもつ「資本・市場の論理」とSCをさらに魅力的にするための「遊戯・娯楽の感性」のあいだに矛盾を認識している。そして、SC業界がこの矛盾を解決する方途として着目したのが、情報化・ネットワーク化という新しいテクノロジーであった。

ただし、すでに一九八〇年代の協会誌も、SCの情報化を盛んに論じていた。たとえば一九八三年一〇月号の「特集 ニューメディア時代を探る」、同年一二年号の「ニューメディア展望」といった特集は、POSシステムの導入やカード決済、電子ディスプレイ、ホームショッピングなどのさまざまな技術や、その実際の導入過程を紹介している。こうした商業施設やテナントの情報化は、「マーチャンダイズ工学」という名称の連載記事になっている。協会誌は、当時流行していた情報社会論の語りを取り入れて、社会の変化のみならずテクノロジーの変化を認識し、それを実際にどのように商業施設に取り入れられるかを検討し始めたのである。それは、「社会の情報化」というトレンドを、「SCの情報化」というかたちで重ね合わせるものであった。

一九八〇年代の協会誌が語った「情報社会論」は、たとえば「マイコンは文明ではなく文化である」(渡辺・岩田 1983)といった対談や「テクノ・カルチャー時代のディスプレイ」(石渡 1983)といった論考にみられるように、文化やカルチャーという視点を強く打ち出している。たとえば、マイコンの社会的意義を「マイコンによって一つの経済活動を大きくする。社会システム自身を変えていく事務の合理化。そしてsmall is beautifulという考え方の普及、この三つですね」と整理したうえで、「マイコンといったら〝文明〟だと思われているけど違うんですよね。最終的には〝文化〟にならなければいけないものなんだが」(渡辺・岩田 1983)と述べている。つまり、コンピュータは、合理化された高度なテクノロジーというだけではなく、知識や教養を問う文化、あるいは娯楽にもなりうるカルチャーなのである。

また、一九八〇年代の協会誌における「情報社会論」は、情報化を事務の合理化、つまり送り手の問題として論じられている。受け手である消費者については、「今後はショッピングというものは歩きながらやる必要はなくなってくるのではないですか。たとえば、座っているだけで欲しいものを購入できるとか」と提案されているものの、それがSCという存在を脅かすとは意識されていない。つまり、八〇年代のSCの情報化とは、ショッピングに関連する「送り手－受け手」のとくに送り手の側のコミュニケーションを情報として効率化する便利な手段であり、なおかつその合理性は、文化やカルチャーとして意味づけられた。たとえばこの時期の協会誌は、「日本人は小さなものが好きな国民」であるとして、効率化・合理化をもたらす「情報社会」を文化という視点から解釈している。SF作家の小松左京を一九八二年の全国大会によび、「ショッピング――その未来学的考察」(小松 1982)という講演論考を雑誌に掲載している。〈カルチャー〉としての情報社会は、文化人という立場から未来という時制で語られるべきものであった。

一方、一九九〇年代の協会誌は、インターネットを中心とした「ネットワーク社会論」を盛んに論じ、こうした新しいテクノロジーの導入とその効果を語っている。ただし、インテリジェントビルなどのオフィスワークを中心に導入が検討された一九八〇年代の「情報社会論」と異なり、家庭を含む日常生活のなかに溶け込み始めたウインドウズやインターネットなどの一九九〇年代の新しいテクノロジーは、SCの未来を担うような便利な伝達手段としてだけ取り上げられたわけではなかった。とくにSC業界は、この時期のSCの情報化・ネットワーク化を、人びとがSCに来なくても購買を可能にする存在、つまりSCの存立そのものを脅かすような、きわめてパラドクシカルなテクノロジーとして認識している。情報化・ネットワーク化とは、SC業界の内側に取り入れられるべき未来のテクノロジーというだけではなく、SC業界が現在において戦わなければならない外側の対抗者にもなったのである。

一九九六年一二月号の奥住正道の「検索型購買」という時評は、インターネットの普及によって広がり始めたサイバーモールやバーチャルモールについて以下のようにいう。

一時期注目を集めたサイバーモールやバーチャルモールなど集積型のシステムはいずれも生彩を欠いている。今後この形態は頭打ちになるのではないか。何故なら利用者は慣れてくるにつれ目的に如何に素早く到達できるかだけを考え、ネット上をさまよう作業に多大なストレスを感じていくように思われるからである。（中略）このような検索による購買アクセスは、多様化・個性化の進む顧客動向に、適確に対応できる可能性をもっているといえよう。こうした検索型購買の充実に代表される購買チャンネルの多様化に伴い、「ショッピングそれ自体の楽しさはＳＣで味わい」、「特定目的物の購買はインターネットや通販で済ませる」という顧客の購買行動の二分化は今後ますます進行していく可能性が予測される。（中略）今後、ＳＣにとって「楽しみながらショッピングできる空間」や「ファミリーやカップルで時間消費できる空間」を提供できるか否かが、生き残りのための重要なファクターとなってくるのである。

（奥住 1996:18、傍点引用者）

また、「リアルVSヴァーチャル」という二〇〇〇年二月号の時評では、もっと率直に「リアルとネット」という対立軸を構成しながら、ＳＣにおける「経験」の重要性と可能性を論じている。

お客さまの来店がないと売り上げが作れないリアルリテーラーが、24時間販売可能なオンラインリテーラーに対して抱いている危惧は相当に強い。実際、米国ではリアルリテーラーとオンラインリテーラーという対立軸が鮮明になってきている。（中略）バーチャルモールでは訴求しにくい、「経験」を商品化することで生き残りを図ろうとするリアルモールの動きが活発化している。（中略）特に、ショッピングにエンターテインメント経験を付加することは、「ショッパーテインメント」と呼ばれ、ＳＣ開発手法のトレンドとなっている。

（奥住 2000、傍点引用者）

一九八〇年代の協会誌が語った「情報社会論」は、「デジタル／アナログ」を区別し、アナログなＳＣ業界の内側にデジタル技術を導入することを目指した。しかし、一九九〇年代の協会誌が語った「ネットワーク社会論」は、「ネット／リアル」を区別し、ネットや通販をSC業界の外側に位置づけ、SCというリアルな商業施設を、それらに対抗する〈エンターテイメント〉の経験を提供する空間であるとした。とくにインターネットなどに代表される情報ネットワーク化は、大量のデータを高速で検索できるため、大量の商品の集積から選択するショッピングという行為をきわめて高度なかたちで合理化できる。そのため物理空間であるSCは、合理性や効率性という手段の次元においてネットという情報空間に後れをとらざるをえない。ネットがあれば、わざわざSCにまで買いに行く必要はないというわけである。そのときにネット、ヴァーチャル、デジタルといったさまざまな言葉との区別によって遡及的に再発見されたのが、SCの空間性や物質性をめぐって意味づけられ、感覚される「経験」であった。

したがって、一九九〇年代のSCにおける〈エンターテイメント〉とは、「ネットワーク社会とインターネット」というSC業界の外部環境の変化を認識することで、経済不況における「資本と娯楽」の矛盾のみならず、「ネットとリアル」の対立を乗り越えるために語られた言説戦略だったのである。

ただし、それは「ヴァーチャル／リアル」の単純な対立ではない。同時期の協会誌がナムコ、カプコン、コナミなどゲーム系のアミューズメント施設の導入を検討しているように、SCの〈エンターテイメント〉とは、ヴァーチャルなゲームをリアルな空間において体験させようとするものであった。さらに、アミューズメント施設をSCに付加するだけではなく、SCにおけるコミュニケーションそのものが、〈エンターテイメント〉の意味をもち始めている。

たとえば、一九九五年度以降、日本ショッピングセンター協会はSC接客ロールプレイングコンテストを開催している。協会誌は、この大会の概要や結果を毎年報告している。この通称「ロープレコンテスト」

は、実際の顧客ではなく顧客に扮した劇団俳優と、各地区から勝ち上がってきた各テナントの従業員が接客演技を一〇分程度披露し、その接客の完成度を競い合う舞台である。その際、従業員の接客は審査員によって評価される。この舞台化されたコンテストを通じて、接客サービスというコミュニケーションは、教育・研修の対象であると同時に、業界が開催し、従業員が参加するある種のエンターテイメントのようなものになる。

この大会の参加者は、実際の売り場を模した舞台において、仮想的役割として設定された「顧客－従業員」関係を、競技として演じる。そして、各地区の競技会場を通じて選抜され、勝ち上がった従業員の演技はSCで働く人びとの「模範」となる。つまり、このヴァーチャルな演技は、リアルな店舗における接客として再現されるべきものなのである。

このとき接客という演技は、マニュアル的なものであってはならない。一九九九年七月号で特集されている「消費低迷時代の〝接客術〟」の「お客さまと感動を共有できるお店づくり」（株）イオンフォレスト）という論考が書いているように、個性、心、感動といった経験が重要になる。SCにおける「顧客－従業員」関係は、ヴァーチャルな演技を模範としたリアルなコミュニケーションの経験として演出されなければならないのである。

一九九〇年代の協会誌における〈エンターテイメント〉という言説は、SCの敷地の一部にアミューズメント施設を導入するだけではなく、SCそのものやそこで営まれるコミュニケーションのエンターテイメント化をも表現していたのである。

5 マーケットと〈エコロジー〉の時代──二〇〇〇年代における協会誌の変遷

●マーケットの時代──市場・装置としてのSC

二〇〇〇年代に入ると、日本ショッピングセンター協会の協会誌のタイトルが突如変更された。SCが「商売・商業」であることをそのものずばり示す「売れる」という言葉をローマ字化した『URERU』である。日本語をアルファベットに置き換えてしまうように、露骨なアメリカ的グローバリゼーションへの追従ともよびたくなるこのあられもないタイトルは、『ショッピングセンター』時代の最終年の特集が「SCの売り上げにつなげるための販促イベント」(2000.4)、「勝ち残るSC」(2000.5)、「売れるSCは、どこが違うのか?」(2000.10)といった「勝ち／負け」や「売れる／売れない」といったマーケットのコードが前景化してきたこととの延長線上にある。また、『URERU』以降の特集記事は「NEXT WAVE」という冠をつけている。一九七〇年代-八〇年代の『ショッピングセンター』誌では、一〇年、二〇年後といった未来へと向かっていく時制において個別のテーマが語られていた。しかし『URERU』は個別のテーマを、スピーディに更新されていくマーケットの波をそのつどサバイブする将来という時制で組んでいる。ただし、そのような勝ち負けを重視する厳しい現状認識にもかかわらず、誌面に暗さはない。協会が『URERU』の装丁を華やかで派手なものにしたためである。また、これらの変化は、二〇〇〇年代の大店法改正にともなう規制緩和によって、開業数や開業規模において、SC業界がかつてないほどの活況をみせたことの表れとみることもできるだろう[★4]。こうした社会的文脈を認識しつつ生み出された協会誌の新たな語りは、いわばマーケットの言説ともいうべきものであった。

実際、この時期の協会誌は、SC業界を取り巻く外部環境を「デフレ・大競争時代」(2001.12)として認識し、「〝勝ち組SC〟になるためのDV(ディベロッパー：引用者註)組織」(2002.7)、「深化するCS(顧客満足度)マネジメント――徹底したCS追求が、SCの勝敗を左右する」(2002.9)という特集を組んでいる。つまり、九〇年代において「経済不況」という社会の変化を観察していたSC業界は、二〇〇〇年代になり、それを「市場の論理」(=「勝ち組/負け組」)があからさまに展開する新自由主義的な競争として認識しなおしたのである。

これまでに論じたように、協会誌は〈コミュニティ〉〈カルチャー〉〈エンターテイメント〉といったカタカナ語を用いた言説によって、SCを「資本・市場」に準拠するだけではない「地域・文化・娯楽」の担い手として定義し、かつそこに含まれる対立や矛盾を乗り越えうる存在でもあるかのように語ることでSCを作り変えてきた。しかし、二〇〇〇年代前半の協会誌は、SCを単なる商業施設以上の「新しい何か」にしようとしていた言説戦略を後退させ、剝き出しの「資本・市場」の論理を展開する。

もちろん、二〇〇〇年代にも――断っておけば八〇年代、九〇年代にも――「地域社会」という問いが完全になくなってしまったわけではないし、「まちづくり」は継続して語られている。しかし、それはもはやSCという存在が地域社会の全体や中心として引き受ける〈コミュニティ〉という問題ではない。たとえば『URERU』二〇〇四年一月号の特集「SCと街との共生――地域社会におけるSCの役割とあり方」では、「これまでの『SC vs. 商店街』という構造から『SC+商店街+住民=まちづくり』という関係に変わってきています」(2004.1:13)というように、SCをあくまで地域社会の部分としている。

また、「空間デザインのトレンド」という論考が、「①新しいテーマの疑似空間、②本物素材による現代的本物志向空間」(羽田 2001:38)という区別をし、「カスタマーはそのSCで、美的で文化的空間的体験をすることができる」（同:41）としているように、ヴィーナスフォートに代表されるようなポストモダン建築やテーマパーク的空間構成の新しさも繰り返し語られている。つまりSCを〈カルチャー〉として語る話法・文体も消えていない。さらに、「特集NEXT WAVE〝感動〟を与える顧客サービスの実践――カスタマーサービスは『顧客感動の時代』へ」（2004.3）といわれ――使われる言葉も経験ではなく体験という言葉に変わっていくように――九〇年代的な〈エンターテイメント〉としてのSCも、より強固なかたちで継続している。しかし、二〇〇一年七月号の特集「SCショッパーテインメント――よりショッピングと結びついたエンターテインメントとは」とあるように、「面白い／つまらない」という〈エンターテイメント〉のコードは、「売れる／売れない」というマーケットのコードのために存在し、購買行動に従属していることがあからさまにされるようになる（図2－10）。

図2－10◆「NEXT WAVE 特集 SCショッパーテインメント」（2001.7）

これらのマーケットの言説におけるSCは、たとえば「特集 SCの快適空間とデザイン」（2001.8）にあるように「快適空間」という語彙で表現された。ここでいう「快適空間」とはなにか。同時期の別の特集を取り上げてみると、快適とは、「人にやさしいSC――ストレスのない心地よい売場環境が、売上げアップにつながる」（2003.2）でみられる「やさしさ」や「SCにおける、〝安心・安全〟への取り組み――セキュリティ重点時代のSCマネジメント」（2004.2）というリスク回避と関連していることがわかる。つまり、快適空間としてのSCとは、トラブルやストレスをリ

図2－11◆「NEXT WAVE 特集 集客装置としてのSC」(2002.10)

スクとして先回りして対処し、不快・不便なものを除去しながら、スムーズな購買を促すような場所なのである。

また、「集客装置としてのSC——お客様を集めるための〝メカニズム〟と〝その活用法〟」(2002.10)、「SCの集客装置となったダイニングレストラン⁉」(2003.6)、「トイレが集客の鍵になる」(2004.11)という言い方が普及しているように、このときSCは、集客装置、あるいは欲望喚起装置としてまなざされるようになる(図2－11)。二〇〇〇年代前半のSCとは、ストレスなく人びとが集まり、スムーズに購買できることで、マーケットの論理と欲望が心地よく、快適に貫徹する合理的・効率的な装置なのである。そうしたマーケットの論理と消費者の欲望を強化する、あるいは排除しない限りにおいて、SCを〈コミュニティ〉〈カルチャー〉〈エンターテイメント〉にしようというかつての戦略が選択肢のひとつとして採用される。

二〇〇〇年代のSC業界は、もう〈社会〉という夢——SCを単なる商業施設以上のなにかにしようという試みを必要としなくなったのか、あるいは市場を通してみえる「社会」にしか興味をもたなくなってしまったのか。これらの点については判断が難しい。しかし、「勝ち組／負け組」といった言葉をそれほど悲壮感なく使い、サバイバルとして明るく語る(アルファベットの「URERU」や派手な装丁)。また、SCを装置という効率性の次元において位置づけ、快適なものと表現する。こうしたマーケットの言説の特徴は、それが市場経済や経済合理性だけを意味するのではなく、これまでの時代に語られてきた言説の機能的等価物、つまり、この時代特有の〈社会〉のイメージであったともいえるのかもしれない。いずれにしても、二〇〇〇年代前半の協会誌の言説は、かつてSC業界の内部とその外部の社会のあいだにあったパラドクスを解決しようとするよりも、SC業界を含む経済領域においてひたすら生き残りの競争に邁進するマーケットの時代とでもよべる特性をもつことになる。

●〈エコロジー〉の時代――自然・環境としてのSC

しかし、協会誌としての『URERU』の寿命はきわめて短かった。日本ショッピングセンター協会は、二〇〇四年一一月から協会誌の名前を『SC Japan Today』にふたたび変更したのである。それにともない表紙や装丁も落ち着いたものに戻っている。そして、雑誌名にも表れているように、業界誌としての話法・文体は、未来や将来という時制ではなく、今日(Today)という現在の時制になった。

二〇〇〇年代後半の協会誌は、「少子高齢化社会」によって見出される「団塊の世代・高齢者という受け手」、「グローバリゼーション」によって見出される「アジア経済とジャポニズムSC」など、今日的なテーマを継続して語っている。さらに、ふたたびSCが「街のコア」を担うとするテーマも存在する。このように二〇〇〇年代後半以降の協会誌の言説の特徴をひとことでまとめることは難しそうである。だが、こうしたテーマや想定されている受け手の傾向をみてみると、この段階のSC言説は、話法・文体のみならず、世代(とりわけ団塊の世代の大量退職)がひとまわりし、新たなかたちで「コミュニティ的なもの」に回帰しているようにみえなくもない[★5]。

また、この時期の協会誌は、二〇〇〇年代前半までに語ってきた物語・体験・娯楽、リスク管理、空間マネジメントを、「深化」「アップトゥデート」「最前線」「新しいステージ」といった煽り文句をつけて特集している。また、「リアルショップとバーチャルショップ」という問題は、「対立から共存へ」(2011.9の特集)といった語り方に移行している。こうしたなかで、この時期にとりわけ特徴的な言説は、〈エコロジー〉だろう。たとえば、「緊急レポート！　温暖化ガス削減へのSC戦略」(2007.11)、「SCに求められる環境維持への努力——エンバイロメンタル・サステナビリティ」(2006.4)、「SCがエコ消費を活性化させる」(2008.11)などの特集を繰り返し組んでいる。

たとえば「SCにおけるエコ消費&マーケット」(河口 2008)という記事は、森林の乱伐、資源枯渇、温室効果ガスの排出などの環境問題解決の手段として消費に注目している。消費者の行動は、大量資源収奪↓大量生産↓大量消費↓大量廃棄という資源の流れを左右する。ただし、環境を意識する消費者が増え、エコ意識は高まってはいるものの実質的な購買に結びつくのは、エコ以外のお得や商品の良さである。このような問題を解決するために重要になるのが、エコ商品とエコ店舗を軸としたSCの環境戦略と消費者教育——グリーンコンシューマーの育成であるとされる。「自分に特別メリットが返ってこなくても、消費者は「森が守られる」などの環境的価値を感じ、満足することができる。そしてその満足自体をかっこいいと感じさせたり、オシャレであるというトレンドや雰囲気を醸成することも重要だろう」(河口 2008:13)。また、「おしゃれな環境保護」(2007.1-2:103)という記事でも「環境戦略をいかに利益に結び付けるか」が問われている。SCにおける環境戦略とは、壁面緑化タイル、屋上庭園、屋上農園、太陽光パネルや風力発電の設置、生ごみ処理機、エコバッグ、LEDライトなどの導入、空調温度の調節やごみの分別などによって、環境の負荷を低減していくだけではない。むしろ、SCをそうしたエコシステムとして精緻に組み上げ、そこに消費者を適応させていくことを含めて、SCそのものが〈エコロジー〉というメッセージを発

日本のSC Shopping Center

国内初のエコ・ショッピングセンター

「イオンレイクタウン」

埼玉県越谷市に566店舗が集結した「イオンレイクタウン」が10月2日(木)オープンした。「KAZE」と「MORI」と名づけられた2つのSCが融合し、環境に配慮した最新の技術や仕組みを体系的に取り入れたエコ・ショッピングセンターである。人と自然に「心地いい」をコンセプトに快適な時間と空間を提供していく。

1 レイクタウンゲートからつながる「KAZE」。

2 越谷レイクタウン駅改札口を出てすぐに見える「レイクタウンゲート」。

3 「光の広場」にはエアパッキンで作られた鎌先誠氏の作品「もくもく」が飾られている。

4 イオングループ初のトライアングルモール。

5 自転車専門店「ワイズロード」。

6 レストランゾーン「スカイダイニング」。

7 全国第1号店メンズ、レディースジーニングストア「AZUL by moussy」。

8 天窓から明かりが差しこむ開放的な空間。

9 ユナイテッドアローズの新ブランド全国第1号店「COEN」。

10 イタリアのネクタイ専門店「Andrew's Ties」。

1 「MORI」外観。2 プロダクトデザイナー岡嶌要氏がデザインした七色の虹のクマが中央通路で訪れる人を癒してくれる。3 「キレイはうれしい。ゲンキはたのしい。」をコンセプトにした約800坪のライフスタイルセレクトショップ「イオンボディ」。4 アウトドアブランド「モンベル」が運営する高さ約12mの屋内クライミングウォール。5 楽しく学べる理科実験教室「サイエンス倶楽部」。6 「ウルトラマンシュワッチ!ベース」。7 まるで美しい街を歩くような約500mの国内最長のモール。8 街歩きの楽しさが味わえる「ガーデンウォーク」。9 「PECOS」には動物病院や犬の学校などが集積する。10 「モトスタイル イー・キューブ」はオートバイのあるライフスタイルを提案する。11 「水の広場」に設置された「フローフォーム」。12 「KAZE」と「MORI」を結ぶ全長85mのセンターブリッジには動く歩道が設置された。13 天然素材の雑貨を扱う「soia」。14 「ARAIL」はイタリアの有名セレクトショップの品々を用意。15 「トウキョウシャツコレクション-2812-」は国内最大級のショップとしてオープンした。16 北米発祥のウォッチブランド「DAKOTA」。

概要

所在地	「KAZE」埼玉県越谷市東町4-21-1 「MORI」埼玉県越谷市東町2-8
敷地面積	264,161㎡
建物延床面積	364,843㎡
商業施設面積	218,483㎡ (「KAZE」=80,736㎡/「MORI」=137,747㎡)
店舗数	566店舗
SC運営主体	「KAZE」=イオンモール(株)

図2－12◆イオンレイクタウン、埼玉県越谷市、2007年開業(2007.11)

信する環境になることが重要なのである。

ただし、これらのある種の「節約《エコロジー》」が消費行動を抑制するのではないか、環境保護と経済成長《エコノミー》はトレードオフではないかとも語られており、「大不況時代」という語りも継続している。しかし、「「エコ」を打ち出すことで消費マインドが冷えるのではとの意見に対し」、「「エコ」を意識してもらうことで施設自体のイメージアップを図るとともに、世間に対してエコマインドを発信」(河口 2008:23) できるという。つまり、〈エコロジー〉というメッセージは、「経済と環境」、「人間と自然」のあいだにある矛盾や対立、すなわちパラドクスを乗り越えていけるかのような言説として作用する。「自然と調和したSC」、「環境にやさしいSC」などの言い方があるように、この時期のSCという商業施設は、人びとの欲望を快適に満たす装置であるだけでなく、それをより自然なものとして維持できる環境とみなされる。そうした「自然」や「環境」として構成されたモールの代表例が、「環境マネジメントモール世界ナンバー1を目指す〝新生〟イオンモール」(2007.11) とされる越谷市の「イオンレイクタウン」(前頁図2-12) であり、「LOHAS (life-styles of health and sustainability) なまちづくり」をコンセプトにした「ららぽーと柏の葉」である。二〇一一年以降、「東日本大震災からの復興」というテーマが重なり、協会誌における〈エコロジー〉という言説は、さらに切実さを増しながら繰り返されることになる。

6 戦後日本SCの系譜

●「センターとしてのSC」から「モールとしてのSC」へ

本章は、ショッピングセンター協会の協会誌における言説の系譜を記述してきた。協会誌の言説は、業界そのものを含む外部環境としての社会をそのつど認識しながらその時代特有のSCを立ち上げてきた。最後に、次章へのつなぎとして、SCという商業施設のかたちに込められた意味に着目しながら、これまで述べてきた戦後日本社会におけるショッピングセンターの意味論の変容を要約し、協会誌におけるSCの構造転換を分析しよう。

戦後日本のSCは、「大都市化と地域社会・商店街」「消費社会と百貨店・遊園地」「情報化社会とインターネット」、あるいは「市場経済と自然環境」という外部環境を認識したうえで、マーケットとしての受け手を成人、若者、女性、子ども、高齢者と拡張し、それに合わせて〈コミュニティ〉〈カルチャー〉〈エンターテイメント〉〈エコロジー〉の送り手としてSCという存在を定義してきた。そしてSCという空間形態は、全体としての都市・地域におけるコミュニティやカルチャーの中心や中枢として計画・運営される空間から、エンターテイメント、エコロジーの楽しさや快適さをその時・その場において遂行として経験・体験する空間としてとらえなおされてきた。また、その過程で、協会誌という言説の時間意識は、未来視点の時制から次第に現在視点の時制へと変容している。これらの過程は、戦後日本社会におけるSCの意味とイメージが「センターとしてのSC」から「モールとしてのSC」に変容したことと重なりあっている。建築形態としてのモールの形成と変容については、次の第3章でほぼ同様の時代区分で詳細に分析されているのでそちらを参照していただくことにして、ここでは、センターとしてのSCとモールとしてのSCを比較することによって、戦後日本社会におけるSCの意味と感覚がいかにして変容したかについてまとめておこう。

モールという言葉自体は、協会誌のかなり初期の段階で登場している。たとえば、一九七四年一二月に「モール雑感」、一九七七年一一月に「体験的モール考」や「ショッピングモールの設計」などの論考を掲載している。なかでも「体験的モール考」は「日本のSCにはモールが無い」とまでいい、「アメリカのモールに学ぶ」ことを提案している。さらに一九七七年五月には「モール特集」を組み、アメリカやヨーロッパのSCを、モールを中心にして紹介しながら、八〇年代のSCにおいてはモールが重要な役割をもつことを説いている。同特集では、楽しみ、遊び、ゆとり、安らぎ、快適さ、回遊性、よく売れるなど、これ以降の協会誌でキーワードになる用語を頻繁に用いている。ただし、一九七〇年代の『ショッピングセンター』が語るモールは、あくまで「SCのなかのモール」であり、「モールはSCの顔」であるとされる。つまり、モールはあくまで通路としての役割をもつ、SCの部分や象徴としてであり、プラザやホールと比較できるようなセンターの発想のなかにある[★6]。

一九八七年七月号の特集「SCにおける特色づくり・モール」になると、「『広場の発想』から「辻の発想」へ」という論考が掲載され、「広場の観念からではなく、道の観念からセントラルコートを作る必要」(春日井 1987)があり、モールそのものをセントラルコートとして機能させていくことを提案している。つまりモールは、SCの部分や中心であるというよりも、全体のインフラとなるように構成していくことを構想している。

さらに一九九〇年四月号では、現在のイオングループ、当時のジャスコ社長であった岡田卓也が、インタビュー記事で、以下のように語っている。

モールという考え方は、日本ではまだ定着していません。(中略)アメリカはモールが基本的には一本です。日本の場合は地価の問題もありますが、たくさん通路をつくり、押し込むわけです。ワンモールにすれば全部お客さんはそこを通るわけです。
(岡田 1990:13)

ワンモールという考え方はかなり単純化されているし、さまざまなパターンのモールに触れていない

[★7]。しかし、利用者がモールという経路を移動しながらＳＣの全体を経験できるものとして「モールとしてのＳＣ」を構想していることがわかる。

一九九〇年代の定期連載「日本のＳＣ」に登場するＳＣの名前を見てみると、一九九〇年代前半にはセンターと名前のつくＳＣが八施設紹介されていた。しかし一九九〇年代後半になるとイオン系の一〇施設以外にセンターと名のつくＳＣはほとんど紹介されなくなる。その一方でプラザ、シティ、パーク、クレド、ビレッジ、タウン、スクウェアなどのセンター以外のさまざまな種類の名称が二〇〇程度にまで膨れ上がっている。なかでもモールという名称が含まれるＳＣは、九〇年代前半にはひとつしか紹介されていないが、一九九〇年代後半以降、二五施設も紹介されるようになる。一九九〇年代を通じてセンターという名称は、かなり古びた印象をもたれるようになったようだ。そして、「ショッピングモール」や「アウトレットモール」といった用語が一九九〇年代以降に一般化したことに表れているように、「ＳＣのなかのモール」や「センターとしてのモール」ではなく、ＳＣそのものをモールとして構成する「ＳＣ＝モール」や「モールとしてのＳＣ」という観念が定着した。とりわけ二〇〇七年にはイオンがＳＣの名称を「イオンモール」に統一している。モールは、ＳＣの通路という部分を指すだけではなく、ＳＣそのもの、あるいはＳＣの全体を指すような言葉になったのである。

センターとしてのＳＣは、都市や地域という全体を機能させる中心として、未来の視点で計画され、管理・運営されるものであった。七〇年代の〈コミュニティ〉や八〇年代の〈カルチャー〉としてのＳＣとは、そのようなメタレベルの計画からＳＣを意味づける理念や言説だったといえるだろう。一方、モールとしてのＳＣとは、移動の経路として成立する小売店群であり、パフォーマティブな行為のレベルから広がる全体として、現在の視点において経験・体験される。一九九〇年代以降の協会誌で語られてきた装置としてのＳＣ

の快適さや環境としてのSCの「自然っぽさ」は、人びとがモールという通路を気楽に歩きながらさまざまな欲望を充足できることを目指している。つまり、地域社会や都市空間という商業施設の外部との関係や、その中心に集まるという意識をもたなくても、商業施設の内部や周囲を歩き続けていれば楽しめる。九〇年代の〈エンターテイメント〉や二〇〇〇年代の〈エコロジー〉としてのSCとは、そうしたメタレベルの計画・理念を意識しなくても楽しめるような、いわばインストゥルメンタルなコンサマトリー(=手段的な現時充足)の経験・体験を意味づける言説であった。ショッピングモールやアウトレットモールという名称や「モールとしてのSC」という形態が定着し、SCがセンターからモールへと変容していく過程、すなわちSCのモール化は、商業施設をひとつの全体として計画し、意味づけ、形作るときの視点の変更――それぞれの時代特有のSCを提示してきた協会誌という言説の変容とともにある。

●言説としてのSC/空間としてのSC

ただし、〈コミュニティ〉〈カルチャー〉〈エンターテイメント〉〈エコロジー〉としてそのつど括られてきたSCは、単純に入れ替わってしまったわけではないし、すべてのSCが「モール」にとって替わったわけでもない。もうさびれてしまった各地の団地のショッピングセンター、敗北したとされながら形を変えて生き残っているつかしん、ショッピングセンターという言葉が消え、「ららぽーとTOKYO-BAY」に塗り替えられながらも取り残された「ららぽーと船橋ショッピングセンター」の痕跡、それらはさまざまなかたちをとりながら――あまりに古びてしまい、もう〈SC的なもの〉にみえなくなってしまったかもしれないが――それぞれの時代の夢の形象として戦後日本社会の地層を構成している。そして、それらのSC

をリニューアルし、新しいＳＣをつけ加えることによって、これまで作られたセンターとしての施設が時代後れにみえたり、懐かしいものにみえたり、また逆に新しいものや本来のものにみえたりすることもあるかもしれない。そうした私たちがもつＳＣのイメージや意味は、協会誌で語られたトレンドと無関係ではない。

たしかに協会誌は、一般の書店には並ばない雑誌であり、ほとんどの人びとにとって馴染みがないだろう。しかし協会誌の言説は、業界のなかにだけ存在する孤立した言葉やイメージではない。ＳＣ業界は協会誌というメディアを通じて、ＳＣ業界の内側にはいない私たちを含む社会を観察しながら、「ＳＣとはなにか」を模索している。そして、協会誌を読んだり、書いたりするそれほど多くない人びとにその言葉やイメージが流通することによって、ＳＣが単なる商業施設以上のなにかとして新たに意味づけられる。こうした過程で、さまざまなタイプのＳＣ施設が――語られたものがそのまま現実化するわけではないにせよ――建設され、「ＳＣのある社会」が多様なかたちで広がっていく。私たちが訪れ、触れているＳＣは、そうした協会誌というメディアを通じたコミュニケーションにおいて産出されたものの一部なのである。たとえば、イオンレイクタウンのような新しいモールを訪れて、「ここは気分がいい」、「ここにくると落ち着く」、「これはすごいな」といったふとした気分や気持ち――あるいはそれは違和感かもしれない――が喚起されたとすれば、私たちは協会誌というメディアを通じて形作られた戦後日本社会の〈ＳＣ的なもの〉をめぐる夢の歴史的な変容と地理的な拡張の過程に触れている。

註

★1——本章のこのような分析は、N・ルーマンの意味の歴史社会学の作法によっている。ルーマンの社会システム論を援用して本章の視点をパラフレーズするならば、業界誌とは、業界そのものを含む「社会」という環境を観察しながら、その観察を共有(接続)することによって、「業界」という内部と「社会」という外部の境界、いわばシステムと環境の区別を作動させるメディアである。「システムは作動の上では自己を環境から排除する。同時に観察の上では自己を環境に包摂するのである。システムは環境への差異を自己言及と他者言及の区別としてシステム独自の観察の基礎に据えるのである」(Luhmann 1992＝2003:51)。ただし、この論考の立場は、SC業界が最初からシステムであったというよりも、SCの巨大化・増大とともに、ここで扱う協会誌の意味論が展開していく過程で、ひとつの構成体であるかのように見えてくるという点を重視している。とりわけ多様なアクターや多様な種類で構成された矛盾や対立でみたされながら、業界が「SC的なもの」を構成しながら、それらを「脱－パラドクス化」し続ける意味論上の運動として協会誌の言説をとらえる。

★2——たとえば、玉川髙島屋SCの開業・運営の中心を担い、SC協会設立の立役者のひとりで後に会長にも就任する倉橋良雄は、SCを大店法で規制することに反対する根拠の根本を、SCが百貨店やスーパーという単なる商業施設と異なり、地域の中心や生活文化のセンターとなる「社会的機能」をもつことにあると主張している(倉橋 1984:190-194)。

★3——たとえば、現在のショッピングセンター業界では、スーパーやドラッグストアなど生活に密着した専門店で構成される「ネイバーフッド型SC(NSC)」(三〇〇〇－一万五〇〇〇㎡の規模で商圏は五キロメートル程度の小型SC)、核店舗となる総合スーパーやカジュアル百貨店と、その他専門店で構成される「コミュニティ型SC(CSC)」(一万－三万五〇〇〇㎡の規模で商圏は五－一〇キロメートルの中型SC)、核店舗となる複数の百貨店やGMS(三－五店舗)にモール型の専門店街(一〇〇－三〇〇店舗)を加えた「リージョナル型SC(RSC)」(四万－九万㎡の規模で商圏は八－二五キロメートルの大型SC)、あるいはより大規模な「スーパーリージョナル型SC(SRCS)」(八万㎡以上の規模で商圏は八－四〇キロメートルの超大型SC)という分類が使われている(『ショッピングセンター用語辞典(新版)』学文社)。前章で分類されたネイバーフッド型、ディストリクト型、リージョナル型よりも詳細になり、より大型になってきたSCの施設形態を反映している。とりわけ一九八〇年代まではコミュニティ型SCが大きな力をもち主流であったが、現在ではネイバーフッド型SCが各地に存在し、九〇年代以降、リージョナル型、スーパーリージョナル型のモール型SCが主流になってきているという（六車 2007:13）。このような規模の分類とその巨大化・分化の過程を、本論では「センターとしてのSCからモールとしてのSCへ」というかたちでパラフレーズしているともいえる。しかし、本論では、規模や立地の分類というよりも「SCとはなにか」をめぐる業界の「まなざし」の変容というかたちで記述しており、それらとぴったりと重なるわけではない。

★4――この時期の日本SC協会は、一一委員会として再整備され、七支部支部長会が開催されている。全国大会でも初めてSCビジネスフェアが開催されるなど、二〇〇三年の協会設立三〇周年記念に向けて、協会を中心とするSC業界が自己をシステムのようなものとして観察し、自立してきたことがわかる。

★5――たとえば、協会誌からは離れてしまうが、二〇〇〇年代後半のSCのトレンドは「ライフスタイルセンター」であり、「コミュニティ」と「コミュニケーション」がキーワードとなっているといわれる（六車 2007）。

★6――たとえば、玉川髙島屋SCではセントラルプラザ（中央広場）を「モール」と呼んでいた。アメリカのモールは平面的な遊歩道だが、玉川髙島屋ではSCのモールを日本的に改良し、吹き抜けと上階の街路をエスカレーターでつないだ立体的なものにしたという（倉橋 1984:72-73）。

★7――たとえば、序章で触れられている商店街のモール化や次章で述べられているさまざまな形態のモールを参照のこと。

参考文献

倉橋良雄（1984）『ザ・ショッピングセンター』東洋経済新報社。
Luhmann, Niklas (1992) *Beobachtungen der Moderne*, Westdeutscher Verlag. ＝馬場靖雄訳二〇〇三『近代の観察』法政大学出版局。

日本ショッピングセンター協会(2006)『ショッピングセンター用語辞典　新版』学文社。

六車秀之(2007)『ライフスタイルセンターの構築』同文舘出版。

◆引用・参照した協会誌の署名論文(年代順に掲載)

奥住正道(1973a)「10年後の都市像」一九七三年七月号。

——(1973b)「コミュニティのあるべき姿」一九七三年九月号。

一丸護兵衛(1974)「進出大型店と地元商店街との共存共栄について」一九七四年九月号。

鈴木克也(1974)「ショッピングセンターの成立条件」一九七四年一〇月号。

南博(1974a)「20世紀の消費者心理(1)」一九七四年一〇月号。

——(1974b)「20世紀の消費者心理(2)」一九七四年一一月号。

中尾久(1974)「モール雑感」一九七四年一二月。

肥田日出男(1975)「〝トータル・ライフ・センター〟としてのSCの構想」一九七五年一〇月号。

酒井紀久男(1977)「商業施設と生活者を結ぶコミュニティ施設」一九七七年三月号。

植野源十郎(1977)「SCにおけるコミュニティ・スペース」一九七七年三月号。

萱場修(1977)「コミュニティづくりの主役として地域住民と一体となって話題提供」一九七七年四月号。

三島彰(1977)「SCの質的強化をめぐって」一九七七年六月号。

本壮次男(1977)「体験的モール考」一九七七年一一月号。

中尾久(1977)「ショッピングモールの設計」一九七七年一一月号。

中垣輝雄(1978)「本当にコミュニティ施設は必要か」一九七八年九月号。

斉藤彰久(1978)「マクロ的発想でとらえたいコミュニティ施設」一九七八年九月号。

前田元己(1979)「再認識させられるコミュニティ機能充実の必要性」一九七九年三月号。

魚成祥一郎(1980)「80年代SCにおける百貨店の役割」一九八〇年五月号。

田中利見(1981)「SCにおけるカルチャー戦略の構築と展開」一九八一年九月号。

小松左京(1982)「ショッピング——その未来学的考察」一九八二年三月号。

渡辺茂・岩田義行（1983）「マイコンは文明ではなく文化である」一九八三年四月号。

石渡強治（1983）「ＳＣマーチャンダイジング工学——テクノ・カルチャー時代のディスプレイ」一九八三年七月号。

吉田育之進（1987）「美しくなければ生き残れない」一九八七年一月号。

遠藤英雄（1987）「面白くなければはやらない」一九八七年四月号。

春日井高行（1987）「「広場の発想」から「辻の発想」へ」一九八七年七月号。

谷口正和（1988）「〈遊びの集積〉へのチャレンジ」一九八八年五月号。

岡田卓也（1990）「激動の時代に新たな飛躍を目指す『イオングループ』」一九九〇年四月号。

武藤格（1990）「コミュニケーション・インテリジェンス（知恵）の時代」一九九〇年一〇月号。

堀貞一郎（1990）「テーマのあるパークでなく、テーマのある環境構成をするのが真の〝テーマパーク〟」一九九〇年五月号。

山本昭夫（1996）「ＳＣにおけるエンターテイメント施設導入のポイントと事業性」一九九六年八月号。

奥住正道（1996a）「検索型購買」一九九六年一二月号。

——（1996b）「リアルvsヴァーチャル」二〇〇〇年二月号。

羽田良美（2001）「空間デザインのトレンド」二〇〇一年一月号。

河口真理子（2008）「ＳＣにおけるエコ消費＆マーケット」二〇〇八年一一月号。

column 3

建築の士農工商とSC

SC業界において名前が度々登場する建築家は、菊竹清訓と黒川紀章である。両者とも、一九六〇年に結成された前衛建築家たちによる「メタボリズム・グループ」のメンバーで、大阪万博のパビリオンの設計を手がけた建築家でもある。黒川は、「BIG BOX高田馬場」（一九七四）や「青山ベルコモンズ」（一九七六）などの設計でも知られるが、七〇年代にSCの可能性について積極的に発言したのは、菊竹のほうだった。

菊竹は「人間のための機能主義を建築において確立する」うえで商業建築が果たすべき役割は大きいとした。そのうえで、従来の機能主義は機能を単純化する傾向にあるものの、これからの商業建築は売場以外のさまざまな機能を詰め込むという現代の要請に応える必要があると説いた。そしてSCは、芸術的造形に逃避するのでも、それを軽視するのでもない、「機能の複合化」を実現していく「現代建築のテーマ」と位置づけた（菊竹 1976）。

なかでも菊竹が設計した「西武大津ショッピングセンター」（一九七六）は、地上七階建で店舗面積は約二万七〇〇〇㎡。レストラン街、ホール、広場などの「機能の複合化」をテーマとしたSCで、日本ショッピングセンター協会の協会誌（一九七六年一一月号）や『建築文化』（一九七六年一一月号）などの建築専門誌でも仔細に紹介された。段状のテラスの造形が特徴で、すべての階に自然光を取り入れるための窓が設けられている。田中一光がインテリアとサイン計画にかかわり、建築、インテリア、グラフィックの総合化と統一も重視された。

建築設計事務所は、菊竹や黒川などの個人の名前が知られるアトリエ系事務所と組織・ゼネコン系に大別されるが、これまでSCの設計はほぼ後者が担ってきた。歴史的に建築家のキャリアの「上がり」は、市庁舎、美術館、学校などの公共建築であって、商業建築はそれら公共建築と比べると積極的な評価を与えられてこなかった。かつて建築評論家の長谷川尭は、そのことを「建築の士農工商」と呼んだ（長谷川 1973）。建築家は底辺としての「商」の一段前である「工」人としての立場から「士」になることを目指してきたと。

というのも、明治時代に入ってarchitectureという言葉に「建築」という訳語が当てられた際の建築は、国家的事業と結びついた建造物を指した。商業建築や住宅は建築と見なされていなかったのである。営利目的や経済的利害から自由な立場に身を置き、国家の表象をつかさどり、国家に奉仕する存在＝「士」が建築家のあるべき姿とされた。それゆえ、戦後の建築史の底流には、公共建築＞商業建築とするヒエラルキーが横たわってきた。

学閥でいえば、東京大学建築学科の出身者が国家的モニュメントや公共建築の設計を多く手がけてきたのに対し、商業建築の分野を牽引してきたのは早稲田大学だった。大阪のそごうや神戸の大丸などの百貨店を設計した村野藤吾も上述の菊竹も長谷川も早稲田出身である——偶然だが、本書の研究会も早稲田で行われた。

菊竹や長谷川には、東大学閥の「士」への対抗心が垣間見えるが、両者に共通しているのは、「商」のなかに公共性の発露を見出そうとする姿勢である。東急電鉄の多摩田園都市の計画への関与を契機にSCに強く関心をもち始めた菊竹は、「ひとつのカテゴリーにはまってしまって、ショッピング・センターは、こうでなくてはいけないというふうなことばかりに固執していて、考え過ぎ」(菊竹・倉俣・泉 1981:11)、「何か地域文化というと、常に抽象観念的課題であり、また教育的施設になってしまいがちであるが、私は本当は、商業施設において、とくにショッピングセンターのような大規模商業集積施設においてこそ、それは豊かに、楽しく、生き生きと達成されるものであると信じている」(菊竹 1976:25)と述べていた。二〇〇〇年代に建築家のレム・コールハースによる、ショッピングに公共性を見出そうとする姿勢が注目を浴びたが、菊竹ら日本のメタボリズムの建築家がそれを先取りし、すでに実践していたのである。(南後由和)

長谷川尭(1973)「建築の士農工商」『建築——雌の視角』相模書房、一二〇—一七一頁。
菊竹清訓(1976)「建築物としての魅力あるSCとは——大津計画に思う」『ショッピングセンター』一九七六年一一月号、二二—二五頁。
菊竹清訓・倉俣史朗・泉眞也(1981)「座談会 都市のアクティヴィティと明日の商業空間を考える」『商業空間のスペース・デザイン——80年代ショッピング・モールへの展望』SD別冊一三号、鹿島出版会、五—一二頁。

第3章

建築空間／情報空間としてのショッピングモール

南後由和
NANGO Yoshikazu

1 はじめに

二〇〇〇年の大規模小売店舗法の廃止と大規模小売店舗立地法の施行［★1］にともない、二〇〇〇年代にはSC・SMの店舗面積の大型化が加速し、都市部を中心に五万㎡を超える巨大SMが次々と誕生した。序章の表0－4に示されているとおり、九〇年代から二〇〇〇年代にかけて、三万－五万㎡未満のSC・SMは四二店舗から一一九店舗へと約三倍増加し、五万㎡以上のSC・SMは一二店舗から六八店舗へと五倍以上増加した（社団法人日本ショッピングセンター協会 2011:6）。

例えば、埼玉県越谷市の「イオンレイクタウン」（二〇〇八）の店舗面積は二一万八〇〇〇㎡、兵庫県西宮市の「阪急西宮ガーデンズ」（二〇〇八）は一〇万七〇〇〇㎡。同じ二〇〇八年当時の各都道府県のSC・SM総店舗面積は、高知県が一四万五〇〇〇㎡、鳥取県が一六万七〇〇〇㎡、和歌山県が二〇万三〇〇〇㎡、山梨県が二〇万八〇〇〇㎡（社団法人日本ショッピングセンター協会 2009:41）。すなわち、ひとつの県全体のSC・SM総店舗面積に匹敵するような店舗面積が、ひとつの巨大SMの誕生によって突如出現したことになる。二〇〇六年には大規模小売店舗立地法が改定され、用途地域によっては大規模集客施設の出店を規制することになったため、巨大SMの出現は二〇〇〇年代を象徴する風景と言えるだろう。

このような巨大SM誕生の背景には、小渕・小泉内閣以降の規制緩和、グローバル化にともなう価格競争や外資系ディベロッパーの進出などに加え、タワーマンションや住宅地との一体型開発が挙げられる[★2]。例えばタワーマンション隣接型のSMは、タワーマンション入居者の日常的なショッピングの受け皿として機能し、大規模で何でも揃うSMが近接していることがマンション購入の動機のひとつにもなっている。

またSMが立地する敷地の履歴をたどると、巨大SM誕生のもうひとつの背景には、産業構造の転換があることがわかる。例えば、「ラゾーナ川崎プラザ」（二〇〇六）は東芝工場跡地、「ららぽーと新三郷」（二〇〇九）は武蔵野操車場跡地、「テラスモール湘南」（二〇一一）は関東特殊製鋼工場跡地に建設された。巨大SMの多くは、日本の高度成長を牽引してきた第二次産業の工場の広大な跡地に立地している[★3]。

だが、二〇〇〇年以降に巨大SMが次々と誕生したことは、奇妙でもある。総務省の『情報通信白書』（二〇一一年度版）によれば、インターネット利用者におけるインターネットショッピング利用率は、二〇一〇年で四六・一％に上る。二〇〇〇年からの一〇年間では一五％以上増加し、一五歳以上の三分の一が何らかのものを日常的にインターネットで購入している。ネットショッピングが普及するにつれ、リアルな店舗空間での買い物の需要は低下し、店舗面積は縮小の一途をたどるというのであれば理解しやすい。しかし、ネットショッピングの普及にもかかわらず、なぜSC・SMは巨大化していったのだろうか。本章ではさしあたり、その理由と手がかりをSMの建築空間としての仕組みを通して考えてみたい。人びとがわざわざ足を運んで買い物する以上、そこにはＳＭの建築空間でしか体験できない何かがあるにちがいないからだ。

そこで本章では、ＳＭ建築の外観の特徴と内部空間の仕組み、それらをめぐる身体やイメージの関係づけの論理を明らかにしたうえで、現代の情報社会におけるＳＭの建築空間の位相を探ることにしたい。

2　ＳＭの外観——自動車の速度と巨大看板建築

ショッピングセンターは、大量輸送手段としての自動車の出現に対する反響を表わす、数少ない新建築様式の一つである。それは、建物とこれに関連した用地の配合であり、ショッピングのためばかりでなく、その他の多くの活動のためにも、20世紀の生活に新しい環境を設定する。その建物群やこれに関連した用地は、現在の道路に沿ってならんでいるのではなく、それ自身の新しい計画パターンを構成する。この新しい環境は、歩行者にささげられる。(Gruen and Smith 1960＝1969: 50-151)

ＳＣ・ＳＭ建築の生みの親である建築家ビクター・グルーエンが「大切なことは、ショッピングセンターそのもの、その看板、その風景ならびにその建物群の総輪郭を総合的に見え易くすることである」(Gruen and Smith 1960＝1969: 37)と指摘したように、ＳＣ・ＳＭは自動車および幹線道路から視認しやすいように建っている。とりわけ敷地の地価が比較的安価な郊外のＳＣ・ＳＭは、高層の建物を建設する費用より、敷地面積が広くても低層の建物を建設するほうが費用を安く抑えることができる。そのため、ＳＣ・ＳＭには低層・水平型の建物が多い。

駅直結のSM開発により、駅の出口からペデストリアンデッキを通ってそのままSMの入り口まで動線が引かれた「駅前の新しい典型的風景」が全国各地で生まれているが、駅直結のSMといえども来客数の過半の交通手段は自動車である［★4］。日本ショッピングセンター協会によるSCの定義には「一つの単位として計画、開発、所有、管理運営される商業・サービス施設の集合体で、駐車場を備えるものをいう」（社団法人日本ショッピングセンター協会・ショッピングセンター用語辞典編集委員会 2010: iii、傍点引用者）と明記されており、SC・SMには駐車場から店内にアクセスする複数の入り口が用意されている。

図3-1◆SMの巨大看板広告
出典：イオンリテール株式会社「商業施設のご案内」パンフレット表紙、2012年

百貨店には、例えばライオン像が玄関前に置かれた「三越」など、デパートガールが出迎えてくれるような、玄関という正面の顔があるのに対し、SMには正面という構えが希薄である——SMのインフォメーション・デスクの多くは入り口ではなく、店内中央部に設けられている。百貨店と異なり、SMには一階部分にショーウィンドウもない。高層・垂直型の百貨店と異なり、低層・水平型のSMでは建物の壁面がのっぺりと横に広がり、歩行者の視線からは輪郭として建物の全貌を把握することが難しい。つまり、SMの建物は正面より側面が与える印象が強い。

巨大SMは、シンプルな色合いの無機質でのっぺりした大きな壁面に、ユニクロ、GAP、H&M、ZARA、東急ハンズ、LOFT、無印良品、ツタヤ、家電量販店など、テナントの巨大看板広告が貼りつけられているのが特徴だ（図3-1）。SMは内部空間のモール両側にテナントが並ぶため、外壁に窓が設けられることは少なく、外側からは遮断され、内側に閉じた構えをしている。

建築家のロバート・ヴェンチューリらは、ラスベガスの道沿いに建設された商業建築に関する調査のなかで、次のように指摘した。


だだっ広い空間は本来、ひとつの視点からではなく、一連のシーンとして動きながら見られるべきものなのだ。複合施設の側面は正面よりずっと重要である。というのは、遠方から近づく車からは、正面よりも側面の方を、より遠い距離から、より長い時間見つめることになるからだ。(Venturi et al 1972=1978:68)

SMの巨大看板広告は自動車の中から遠方からでも店舗にどのようなテナントが入っているか判別しやすいように設置されたものであり、SMの建物の側面が与える印象が強いのも、私たちが自動車に乗りながらその側面を見ている時間が長いことと関係している。SMの巨大看板やシンプルな色合いの壁面は、自動車で移動しながらでも遠方から目立つよう選択されたものであり、SMの外観は、自動車の速度に対応した建築物のスケールや視認性を備えている。

またヴェンチューリらは、自動車交通の発達を背景に、沿道において宣伝効果を高めるために形態的変化を遂げた建築物の類型として、「あひる」と「装飾された小屋」が出現するようになったと指摘した(同:119)。「あひる」とは、建築内部のプログラムと無関係な、彫刻のような象徴的形態をとる建築物を指す(図3-2)。「装飾された小屋」とは、ガソリンスタンドが典型例で、看板などの装飾が平凡な箱型の小屋とは離れたところに設置された建築物を指す(図3-3)。ヴェンチューリらの分類を踏まえるならば、SMは看板と建物が一体化し、巨大であるがゆえに「あひる」のような形態的インパクトをもつ「装飾されたあひる小屋」とでも呼ぶべき、巨大看板建築としてある［★5］。

上：図3-2◆あひる
出典：Venturi, Robert, Denise Scott Brown and Steven Izenour ([1972] 1977) *Learning from Las Vegas: The Forgotten Symbolism of Architectural Form*, The MIT Press.＝(1978) 石井和紘・伊藤公文訳『ラスベガス』鹿島出版会
下：図3-3◆装飾された小屋
出典：*ibid*.

3 分断される外部と内部

●家族する場所と「新しい公共」空間

ＳＭが主に自動車で訪れる客に対応した商業施設であるということは、顧客に家族連れが多いということと関係している。「主要ＳＣの来店客調査データ分析」（矢野経済研究所 2008-2010）によれば、アンケート調査対象者は二〇－四〇代の女性のみに限られたデータだが、「親・家族連れで行く」「主人・彼氏と行く」「友人・知人と行く」「一人で行く」「その他」の回答項目のうち、ラゾーナ川崎プラザ、ららぽーと豊洲、イオ

ンレイクタウン、阪急西宮ガーデンズともに、「親・家族連れで行く」との回答が最も多く、三〇－四〇％を占める。複数人で連れ立って行く客の割合で換算すると、約八〇％となり、一人で行く客は約一〇－二〇％にとどまる。

実際、SMに足を運ぶと、子育て世代のファミリー層をよく見かける。SMは、ベビーカーに子どもを乗せながらでも安全にゆっくり買い物ができる場所であり、ほとんどのSMには、アカチャンホンポのような乳幼児向けのテナントや、託児所代わりに子どもを預けることのできる、立体遊具やボールプールなどを備えた有料屋内遊具施設が入っている。またフードコートも、子どもが騒いだり、食べこぼしをしてもさほど迷惑に感じられない、家族連れに対応した飲食空間としてある。そのほか、SMにはシネマコンプレックスが併設されている店舗が多く見られ、必ずしも買い物することを目的とせずとも「ブラブラしにいく」消費空間となっている。このように、SMは家族連れが安心・安全という意味での快適性を享受しながら、買い物、食事、映画などを楽しんで一日過ごすことができる「家族する場所」としてある[★6]。またSMでは、とくに中高生のカップルもよく見かける。事前に「どこで何をするか」を考えなくとも、とりあえずSMに行けば、買い物、飲食、映画など、手持ちぶさたにならず、場合によってはあまりお金も落とさず長時間過ごすことができる。そのため、SMは中高生のデートスポットにもなっている。

家族やカップルのほか、友だち同士など、複数人で連れ立って訪れる客が多いということは、SMは単身者一人では行きづらく心理的抵抗を感じる場所でもあるということだ。一見どのような年齢層の顧客にも開かれているように見えて、SMはじつは世代的な多様性が低く、若者と高齢者を除く、単身者をゆるやかに排除した消費空間だと言える。

またSMの広場やホールでは、地域の祭り、展示会、コンサート、時には成人式や結婚式までもが行われている。第2章で〈コミュニティ〉の時代として述べられているように、すでに七〇年代からSCは、単なる商業施設を超えた、地域の中心《センター》および地域生活者のコミュニティの中心《センター》となるべく、医療機関や文化施設などの機能を取り込んで計画されてきたが、近年、従来は近所の公園や公共施設で開かれていたような祭りや地域生活者の交流の場がSMへとますます移行している。高齢者のなかには、SMの無料送迎バスを利用して朝からSMに出かけ、店舗内のデイサービスセンター、コインゲームのあるゲームコーナー、ベンチやソファなどで長時間過ごし、夕方頃に同じ無料送迎バスで帰宅する人が増えている[★7]。とくに単身高齢者はひとりで自宅にずっといるより、人のいる賑やかな空間に身を置いたほうが安心するのだろう。そのほか、近年は行政サービスコーナー、郵便局、医療機関、子育て支援センターなどが置かれたSMが増加しており、SMは単なる消費空間を超えた、地域社会のインフラとなりつつある。

例えば、イオンモールの会社案内には次のように書かれている。「SC開発とは、単に商業施設をつくることではなく、まちづくりであるとイオンモールは考えています。まち自体も、そこに暮らす人々も、きらきらと輝く活気あふれるまち。人々が愛着を持つ地域の中心にSCが存在し、人々や文化がふれあうなかで永続的に発展していくまちを理想としています。(中略)SCづくりのためには、地域の自治体や地域社会との連携や協力が不可欠です。これまでも地域と一体となり、新しい産業振興や都市整備の中核事業として位置づけられた開発事業などを数多く手がけてきました」(イオンモール株式会社 2011:7)と。

SC・SMは、商品を売る時代から、ライフスタイルを売る時代を経て、安心・安全を売り、地域の絆を売る時代へと変わってきたというわけだ(六車 2007:33)。二〇一一年の東日本大震災では、広域避難場所に指定されたSC・SMに被災地の地域住民が多数避難したほか、飲料、衣料、薬品などの支援物資や避難所で暮らす子どもたち向けの映画上映会などのプログラムをSC・SMが提供した(イオンモール株式会社

ＣＳＲ統括部・ＣＳＲ推進部 2011:16)。ＳＣ・ＳＭは、地域社会のインフラとなり、民間が提供・運営する「新しい公共」空間として機能しつつある。従来、行政が担っていた公共的機能を民間が担う「新しい公共」の潮流の一環として、ＳＣ・ＳＭに期待される役割は大きい。

しかしながら、「新しい公共」という理念には危うい側面もある。社会学者の市野川容孝らが指摘するように、中立的で対立のないイメージと結びついて受容されがちな「新しい公共」という枠組みには、企業もＮＰＯも市民団体も何でもいっしょくたにされて入ってしまい、その外部が不可視化されてしまう(市野川・宇城編 2013:317-319)。いわば、「新しい公共」という枠組みはそれ自体、内部に閉じられた壁面をもつＳＭのようなものとしてあるのだ。

図3-4◆アーキグラム「インスタント・シティ」
出典：http://www.archigram.net/

なるほど、「新しい公共」空間とＳＭを結びつけることはメタファーの次元での親和性がある。だが果たして、空間全体を総商品化するディベロッパーによって開発・運営されるＳＣ・ＳＭは、地方自治の主体たりうるだろうか。ＳＭのなかには、行政サービスコーナーや子育て支援センターなどのテナント料を無料にしているところもあるが[★8]、従来行政が運営していた機関をテナントとして抱え込むことが、ＳＭにとっては「地域の中心」として営業展開し、「地域社会との連携」を図りながら売り上げを伸ばしていくアリバイとなっている。

また、安価なプレハブで箱型のコンテナのようなＳＣ・ＳＭの外観は、イギリスの前衛的な建築家グループ「アーキグラム」のプロジェクト「インスタント・シティ」(一九六九)を髣髴とさせる(図3－4)。インスタント・シティとは、飛行船で田舎にやってきて、大都市の情報や商品をパッケージ化した装置を仮設でインストールし、一定期間経つと撤収するという「即席の使い捨ての都市」である。ディベロッパーによって市場の論理にもとづき提供・運営されるSMの「新しい公共空間」と、行政が提供・運営する公共施設とでは持続性が異なる。たとえ、まちづくりや地域の絆を謳うSC・SMといえども、経営状態が悪化すれば、即座に撤退していく様が建物の外観の構えに表れているものが散見される。

●速度の分断

Bignessにおいては、コアと外皮の距離が増し、ファサードからは内部で起こっているものが見えなくなる。ヒューマニスト的な「正直さ」は期待すべくもない。内部の建築と外部の建築はプロジェクトとして別物になる。前者はプログラム的かつ図像的なニーズを処理し、後者は、情報を遮断して都市にオブジェとしての見かけの安定性を付与する。(Koolhaas 1995＝2011 : 159)

建築家のレム・コールハースは、現代(とりわけグローバル資本主義社会)の建築において重要なことは、もはや質やコンテクストなどではなく「規模」でしかないとしたうえで、上記のように、「ある規模を超えると建築はBignessという資質を獲得する」(同 : 156)と述べた。自動車の速度に対応したシンプルな形態をとるSMの外観も巨大な壁で覆われたオブジェのようであり、その構えから内部空間の複雑性を感得することは難しい。SM建築の規模が拡大すればするほど、内部空間だけで自立・完結しやすいため、SMの内部へ向けられる「対内的視線」と外部へ向けられる「対外的視線」が乖離していく(石原 2006 : 142-143)[★9]。

外部の建築と、売り上げや滞在時間を最大化すべく意匠と演出に工夫を凝らした内部の建築では、コールハースが指摘するように断絶が生まれる。

さらに、ここで着目したいのは、SC・SMの外部と内部で、自動車の速度と歩行者の速度の分断があるということだ。グルーエンらが「自動車人口の増加がいま改めて歩行者の権利を認めねばならなくなった」(Gruen and Smith 1960＝1969:159)と指摘したように、SC・SMは車社会化の進む一九五〇－六〇年代以降のアメリカで、自動車から身を守り、歩行者が安心・安全な環境のなかで買い物ができ、かつ大量の商品を一括購入できるワンストップ・ショッピングの商業施設として発達してきた[★10]。「モール」という言葉は、歩行者専用の遊歩道や木陰の散歩道を指し、SMでは一定の歩行のリズムにもとづく徒歩空間が形成されている[★11]――SMでは走っている人をほとんど見かけない。

SMでは、出入り口やフードコート付近は靴底の汚れ、飲食物の食べこぼしなどの清掃コストの観点からタイルの通路が多いのに対して、それ以外のカーペットの通路は、長時間歩いても疲れにくく、歩く速度を遅くさせる効果があり、リビングにいる延長のような感覚を生む。また通路の途中にはベンチやソファなどの家具が設置されていることが多い。このことはSM内での滞在時間の長さにつながり、そのことが売り上げの増加にも結びつく。

自宅から自動車でSMに来店する場合、住宅のリビングのカーペット、自動車の車内に敷かれたカーペット、SMの店舗内のカーペットが、カーペットという次元では連続していることに気づくだろう。すなわち、速度という点では外部空間と内部空間で分断がなされているが、カーペットというインテリアを媒介として見れば、家というプライベートな空間からSMというパブリックな空間までが地続きなものとして経験されている[★12]。

4 フォーマット化するSMの内部空間

では中に足を踏み入れ、SMの内部空間をより具体的に見ていこう。すでに述べたように、SMには、家族連れ向けのテナント以外にも、ユニクロなどのファストファッション、東急ハンズ、LOFT、無印良品、家電量販店などのテナントが定番として入っている。イオンの場合は、ナショナルチェーン店、地元専門店、地域初出店となる専門店を三分の一ずつ混ぜることで店舗ごとに新奇性を打ち出して差異化を図っているが、SMのテナントには一定の均質性が見られる。これらテナントの組み合わせは、商圏のマーケティングにもとづいて選定される。ただし、本章で着目したいのはテナントの均質性ではなく、建築空間としての均質性、さらにはそのような物理的な建築空間の均質性を生み出す「行為や思考の支配的な型としての空間概念」(若林 2010a:94)だ。

SC・SMの計画・開発において空間デザインは、商圏の場所性、顧客の階層やライフスタイルに合わせ、例えばリッチ(高級感)/オーセンティック(歴史感)、ナチュラル(自然感)/カントリー(素朴感)/ポピュラー(庶民感)、モダン(近代感)/アーティフィシャル(人工感)/アーバン(都会感)などの指標から「テイスト」が選択される(菅原・山本ほか 2011:121-122)。

敷地の決定後、SMはマーケティングの指標にもとづくテナントの選定と、敷地面積、延床面積、建設総工費予算などの与条件を変数とし、それを各ディベロッパーがもつ社内の関数(データベース)に単純にかけ合わせることで半自動的に計画・開発される。その数字に合わせて、建築空間としてのスペックも決まる。

スペックが高いほど、階段やエスカレーター、照明、什器などが豪華になるというわけだ。換言するなら、ＳＭにはスペックにもとづくバリエーションの違いしかなく、基本的な空間のフォーマットはどの店舗も似通っており、ＳＭはコピー＆ペーストによって増殖しているといっても過言ではない。むろん、まったく同じＳＭは二つとして存在しないが、ＳＭの建築空間は第6章で詳述されているように、単一の容器のなかでの、資本の柔軟《フレキシブル》な蓄積によって、差異と多様性を許容する「均質な多様性」を帯びていると言えよう［★13］。

例えば、「イオンモール甲府昭和」には、地元の名産品であるワインのワインセラーをイメージしたデザインのレストラン街が、「イオンモール大牟田」には、炭鉱跡のレンガ造りや旧三井港倶楽部など、石炭の町として栄えた古き良き大牟田の町並みを表現した「ありあけコート」が、「イオンモール新居浜」には、瀬戸内の島々をイメージした庭園「せとうちガーデン」がある（イオンモール株式会社ＣＳＲ統括部・ＣＳＲ推進部 2011:4-9）。たしかに、これらは「中世ヨーロッパやアメリカ西海岸の街並みを再現しました」というような八〇－九〇年代のテーマパーク型商業施設に見られるような、敷地のコンテクストとは無関係な店舗とは一線を画す。敷地の歴史的連続性を踏まえた、その土地ならではの「ご当地もの」と言ってよいかもしれない。しかし、フォーマット化されたＳＭの空間構成は、ディベロッパーがもつ関数（データベース）としての規格化されたモジュール（寸法が系列化された建築部品）に変数をかけ合わせることによって半自動的に立ち上がるものであり、上記の事例はいずれも敷地である場所のコンテクストに合わせた表層の差異（シミュラークル）でしかない（東 2001:50-54）。

イオンモール（イオンモール）、三井不動産（ららぽーと）というディベロッパー如何にかかわらず、ＳＭは基本的な空間のフォーマットが類似しているため、初めて訪れた店舗でもしばしば既視感に襲われる。屋外にモールが設置されたオープン・モールと呼ばれるＳＭに対して、一九八一年にオープンした「ららぽーと船橋」以降、日本では「エンクローズド・モール型ガレリア（回廊）式」と呼ばれる、二層・三層のガレリア式ＳＭが普及した［★14］。1節で取り上げた巨大ＳＭはいずれもこのタイプに該当する。

ＳＭの基本的な空間のフォーマットは、通路＋ベンチ＋広場＋吹き抜け＋照明＋テナントのセットで構成されていると言ってよい。若林幹夫が、ＳＭは「周囲の空間に背を向け、その内側に『街路』のような通路とテナントの並ぶ〝街並み〟を擁している」（若林 2010b:73）と述べたとおり、ＳＭはその内側に街が折り畳まれたような空間を形成している。なるほどＳＭでは、売上高の最大化につながる「最大徒歩交通」(Gruen and Smith 1960＝1969:73)を保つべく、上記のセットに加え、ときに樹木や花、噴水や彫刻なども散りばめながら、「人通りも多く、色彩に富み、興奮を呼び、刺激的で、変化と興味に充ち」(Gruen and Smith 1960＝1969:159-160)た街路が演出されている。

しかし、ＳＭのモールは「『街路』のような通路」であって、都市の路地や街路（ストリート）とは異なる。というのも、ＳＭにおいては、都市の路地や街路にありがちな危険や闇や猥雑さが排除されているからだ。モールには路地裏などの「裏」という要素が欠如している。ゲームセンターも「不良」が溜まるような危険な場所ではなく、子どもたちだけで安心して遊べる健全な場所になっている。監視カメラの設置などにより、空間の監視・管理が進んでいるという点は双方に共通するものの、ＳＭでは安心・安全な空間が保証されており、テナントの商品陳列も通路にはみ出すことなく、整然としている［★15］。また一見、ＳＭでは自由に過ごすことができるように見えて、例えば、地べたに座り込むなどの「不適切」とされる行為は極力排除されており、暗黙の禁止のメッセージがＳＭの規範として作動している。ＳＭでは予測不可能な逸脱的な行為が生成する余地は少なく、内部空間の設計によって消費者の振る舞いや快楽がコントロールされた空間となっている。

いわば、モールは単なる安心・安全な通路であるにとどまらず、そこでの消費者の振る舞いがSMの売り上げを最大化するよう巧みに設計された装置でもあるのだ。その最も象徴的な例が、以下で詳述する「緩やかに湾曲しながら伸びた曲線型のモール」である。

5 モールの形態とその変遷

● 万博とモール

「緩やかに湾曲しながら伸びた曲線型のモール」は、いつ頃からSCに登場し、多用されるようになったのだろうか。それを突き止める前に、日本ショッピングセンター協会の月刊の協会誌『ショッピングセンター』(一九七三年八月 - 二〇〇一年三月)、『URERU』(二〇〇一年四月 - 二〇〇四年一〇月)、『SC Japan Today』(二〇〇四年一一月 - 現在)のバックナンバーをひもとくことにしよう[★16]。同誌には「海外のSC」に加えて、「日本のSC」という記事が毎月掲載されており、主にその年にオープンしたSCの写真、図面などの概要が紹介されている。本節ではSCの変遷を遡りながら、そもそも日本において「モール」という言葉がいつ頃から登場し、注目され始めたのか、モールという装置にどのような工夫がなされてきたのかを時系列に沿って明らかにしていきたい。

一九六九年から一九七二年にかけて全国のSCは四九店舗から三三一店舗へ、売上高は九二五億円から一万三二四〇億円へと増加し、小売業全体に占めるＳＣの売上シェアは、〇・七％から六・七％へと拡大した（鈴木 1974:26）。協会誌『ショッピングセンター』の創刊は一九七三年であり、日本のＳＣは七〇年代前半に第一次ブームを迎えた［★17］。

ここで日本のＳＣの原型が誕生した時期が、一九七〇年前後だということに注目したい。しばしば日本でもＳＭはディズニーランド（ディズニーワールド）に代表されるテーマパーク型の商業施設だと指摘され、その展開においてディズニーランドが与えた影響が強調される（速水 2012）［★18］。たしかにモータリゼーション、郊外化、アメリカ型の衣食住のライフスタイルなど、ＳＣが日本社会に埋め込まれていく過程におけるアメリカによる影響はきわめて大きい。しかしながら、日本のＳＣの進歩には、一九八三年に開園した東京ディズニーランドよりも、一九七〇年の大阪万博が大きな契機となったことを看過できない――大阪万博の準備段階ではアメリカのディズニーランドの視察も行われたが、そもそもディズニーランドは万博をモデルとして構想されたほか、一九世紀の万博は、百貨店、パサージュ、ショーウィンドウなどの登場をもたらした。

我が国の商業建築は、１９７０年に開かれた大阪万国博覧会の影響により、大いなる変貌をとげた。7年余の歳月をかけ、総力を結集した巨大な装置空間と、エクジビションは、今までにない新しい手法によるものであり、前後して出現した商業建築は、そのノウハウによるものが多く、新しい流れ、方向を示す一大センセーショナルなものとなったのである。

（中尾 1974:24）

ＳＣの建築空間の設計には、大阪万博で培われた、敷地周辺の交通計画、大量の人の流れをコントロールして回遊性を高める動線計画、建築内部で快適な人工環境を実現する環境工学、言語の壁を越えた案内板・標識のサイン計画、ベンチや照明に代表されるストリート・ファニチャーなどの多彩な空間演出の技術が応用された［★19］。

大阪万博の個々のパビリオン建築それ自体をSCの建築空間の祖型と見なすこともできる。と同時に、SCにおけるテナントの配置を、万博の敷地全体における個々のパビリオンの配置になぞらえることもできる。大阪万博では、パビリオンを敷地面積の規模別にA三万八四〇〇㎡、B一万六〇〇〇㎡－H一六〇〇㎡、I八〇〇㎡まで分類した（図3－5）［★20］。これはSCのテナント面積の割り出しと配分をする際の発想と同じである。また、実際には一日平均三五万人も訪れた大量の人を万遍なく敷地全体に行き渡らせる「サーキュレーションの平均化」を実現させるため、日本館やソ連館など集客力があり、敷地面積の大きいA－D規模の人気パビリオンを東西南北の端に配置した。詳細は後述するように、SCにおいてもできるだけ客を端から端まで回遊させるよう、テナント面積が大きく、客が頻繁に訪れるテナントをモールの両端に置くことでサーキュレーションの平均化とともに、売り上げの最大化を図っている。

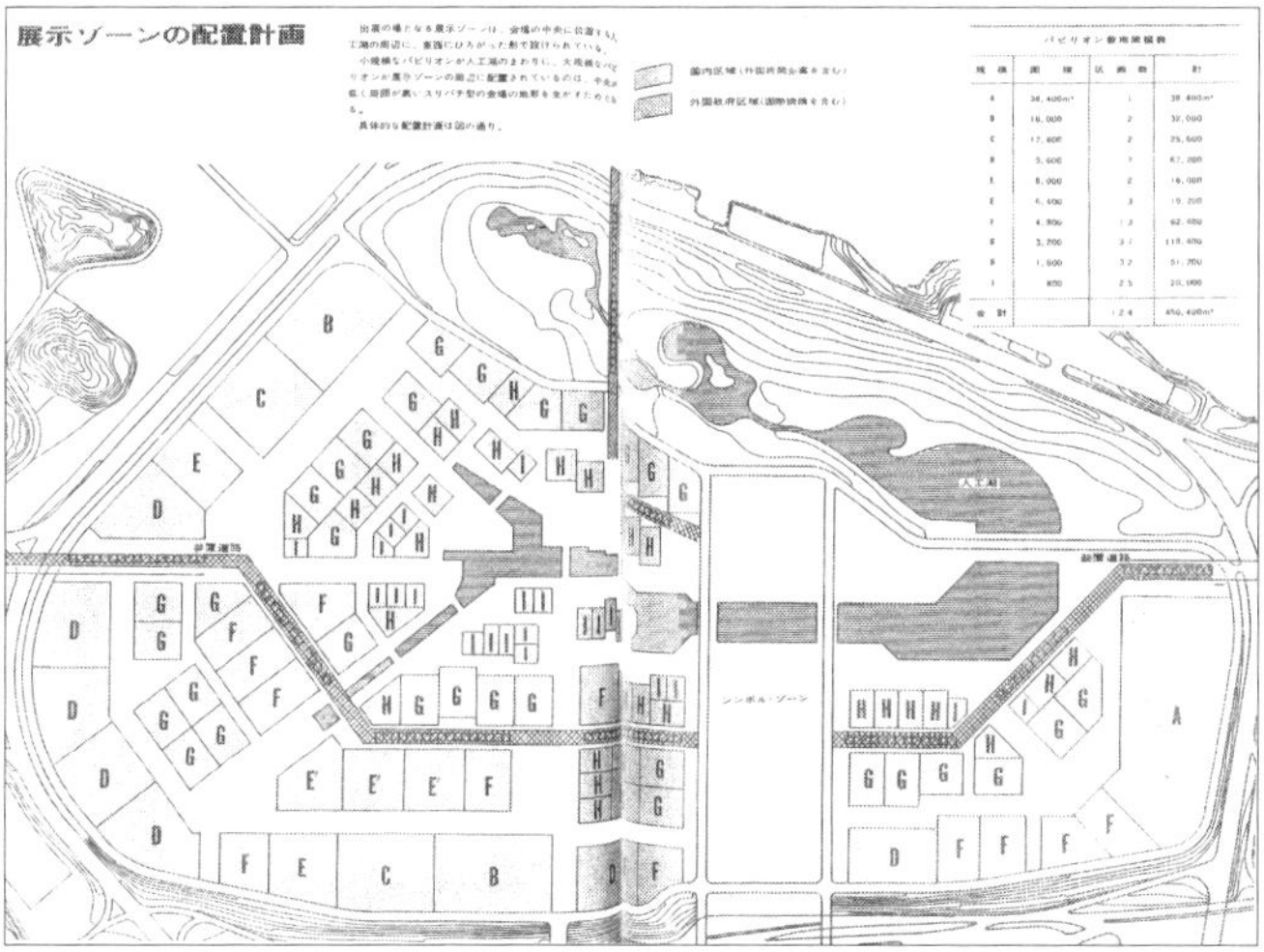

図3-5◆大阪万博「展示ゾーンの配置計画」
出典：財団法人日本万国博覧会協会『日本万国博覧会会報』vol.3、1967年

大阪万博の会場基幹施設計画を担当した建築家の丹下健三は、「お祭り広場」のある、縦に走るシンボルゾーンを「幹」、パビリオン間をつなぐ幹線を「枝」、個々のパビリオンを「花」にたとえた。そして幹と枝であるマスタープランは丹下が筆頭となって設計を担当し、パビリオンはそれぞれの建築家に自由に設計をさせ、万博会場を百花繚乱とする方針をとった(丹下 1970→2011:161-170)。この幹・枝としてのマスタープランと花としてのパビリオンの関係は、SMでいうモールとテナントの関係に当てはまる。SMにおいてもモールの動線や店舗内装のデザインルールなどのマスタープラン(＝深層)はディベロッパーや建設会社が設計するが、個々のテナントの店舗デザイン(＝表層)は基本的にテナントに任されているため、SMは全体として整然と秩序立った空間構成を保ちながら、個々のテナントの表情は百花繚乱のごとく賑やかな雰囲気を醸し出しているのだ[★21]。そのほか、大阪万博が千里ニュータウンという郊外の新興住宅地の開発と一体となって進行した計画であったという点も、ディベロッパーによる用地買収から始まり、ときに商圏となる住宅地との一体型開発を行うSCの開発手法と共通している。

●一九七〇年代——直線型／オープン・モール

東京と大阪近郊の代表的なSCがオープンした年は、下記のとおりである。七〇年前後の大阪に数が多い背景には、やはり大阪万博の存在が垣間見える。

一九六八年　香里ショッパーズプラザ(大阪府寝屋川市)
一九六九年　玉川髙島屋SC(東京都世田谷区)

一九七〇年　京阪モール（大阪市京橋）、中百舌鳥ショッパーズプラザ（大阪府堺市）
一九七二年　奈良ファミリー（奈良市）、くずはモール街（大阪府枚方市）、千里セルシー（千里ニュータウン）、
一九七四年　グリナード永山（多摩ニュータウン）、パンジョ（泉北ニュータウン）

第1章でも取り上げた「玉川髙島屋SC」（一九六九）は、百貨店（髙島屋）をキーテナントとした日本初のリージョナル型SCである（図3-6）。アメリカのSCをはじめ、モールといえば、通路の両側に専門店が並び、端もしくは両端に百貨店やスーパーなどのキーテナントが配置される平面的なレイアウトが基本型である（図3-7）。

ただし、当時の玉川髙島屋SCは、吹き抜けの中央広場を「モール」と呼んでいた（図3-8）[★22]。この事情を、玉川髙島屋SCのディベロッパーである東神開発の担当者の倉橋良雄は、次のように述べている。「このSCのモールは日本的に改良され、吹き抜けのモール（広場）と上階の街路をエスカレーターでつないだ立体的なもので、そこにできるだけ多くのお店が面するようになっている。アメリカでは平面的モールが可能だが、日本のように狭いところではムリで、土地がないことから編み出したチエである」（倉橋 1984: 72-73）と。玉川髙島屋SCは、池や噴水を設けた吹き抜けの広場であるモールを動線の基点とし、モールの周囲を直角に取り巻く通路に面して個々のテナントを配置することで客の視線にできるだけ多くのテナントを触れさせることを企図した。しかし、流通業界からは「販促のためには、ワンウエイコントロールで客をぐるぐる回すことが原則だがこれが守られていない。広場に入ってからどう回ったら良いのか客にはわからずウロウロすることになる」[★23]という声が聞かれるなど、客の動線をコントロールする装置としてのモールの機能が適確に認識、発揮されているとはまだ言い難かった[★24]。

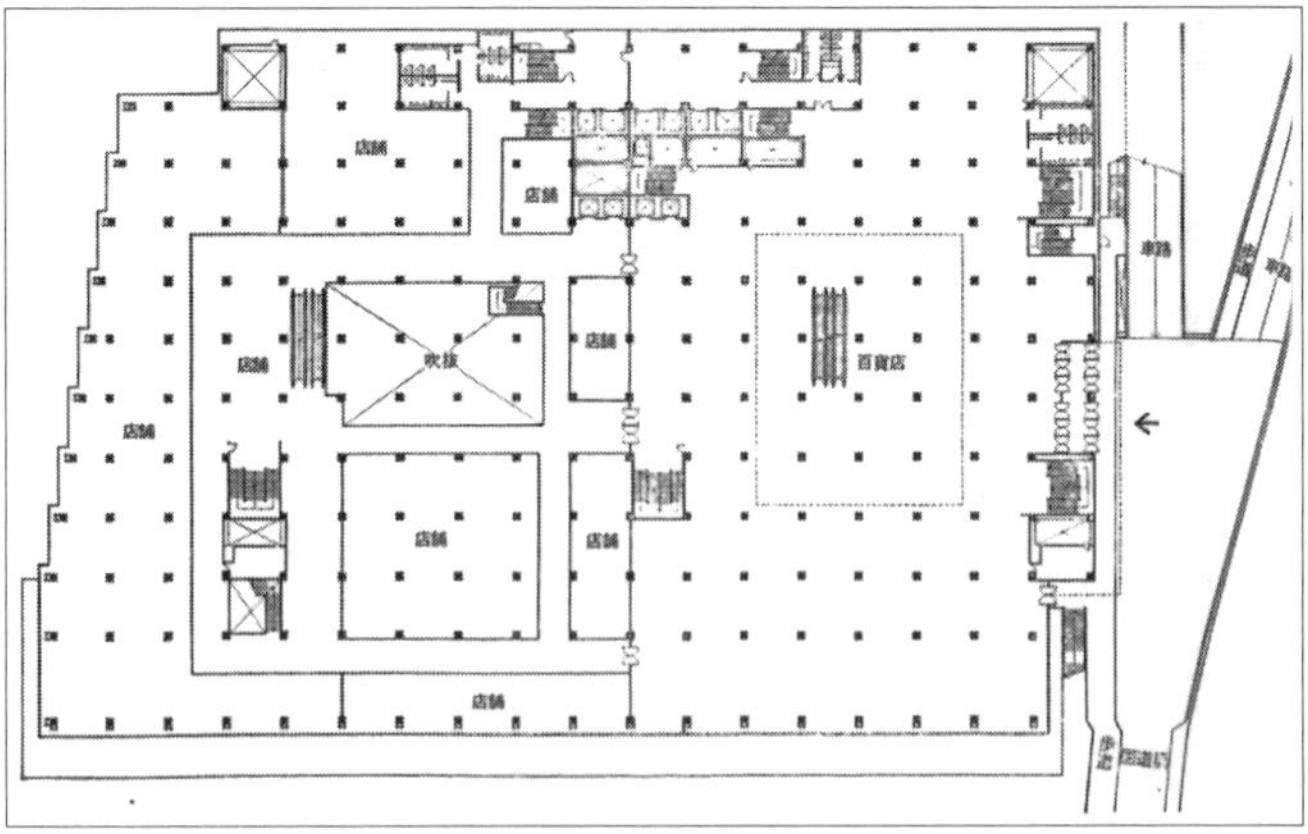

上右：図3-6◆玉川髙島屋SC 全景
　出典：『ショッピングセンター』1974年6月号
下：図3-7◆玉川髙島屋SC 2F 平面図
　出典：『新建築』1970年2月号
上左：図3-8◆玉川髙島屋SC モール
　出典：『建築界』1970年2月号

アメリカと異なり、公共交通機関(主に鉄道)の駅前と自動車の幹線道路が交わるところに立地展開した七〇年前後の日本のSCは、土地の狭さや地価の高さもあり、玉川高島屋SCの事例に見られるように[★25]、横に長く伸びるモールをもつSCは少なく、モールという言葉が指し示す空間構成や意味も十分に共有されていなかった。

一方、SCの名称に「モール」という言葉を日本で最初期に用いたSMは、「京阪モール」(一九七〇)と「くずはモール街」(一九七二)である。前者は京阪電車・京橋駅の高架下に開設された駅ビル型SCであり、ニュータウンの住宅地とともに開発されたリージョナル型SCの後者が、オープン・モールとエンクローズド・モールを併せもつSMの先駆けとなった[★26]。

くずはモール街は、大阪と京都を結ぶ京阪電車・樟葉駅前に立地し、敷地面積約八万六〇〇〇㎡、店舗面積約二万一〇〇〇㎡。ディベロッパーは京阪電鉄で、百貨店(松坂屋)と二つの量販店(ダイエー、いづみや)をキーテナントとして計画された。駅前から「太陽のモール」と名づけられたオープン・モール——駅前商店街のイメージと木陰のある散歩道が融合——が直線に伸び、六角形の中央広場から斜め約四五度に「花のモール」「緑のモール」と名づけられた二階まで吹き抜けのエンクローズド・モールが引かれ、モールの先や側面にキーテナントを含む六つの商業施設が建てられた(図3-9)。来外客の主な動線は駅前から中央広場まで伸びる「太陽のモール」であり、このレイアウトは中央口駅からお祭り広場まで直線の動線が引かれた大阪万博の縮小版として見ることができる[★27]。

アメリカでも、まずシアトルの「ノースゲートSC」(一九五〇)——アメリカで最初期にオープン・モールを導入したSC——やサンフランシスコの「ストーンズタウン・ガレリアSC」(一九五二)などのオープン・モールが発達し、やがてミネアポリスの「サウスデールセンター」(一九五六)——アメリカで最初期にエンク

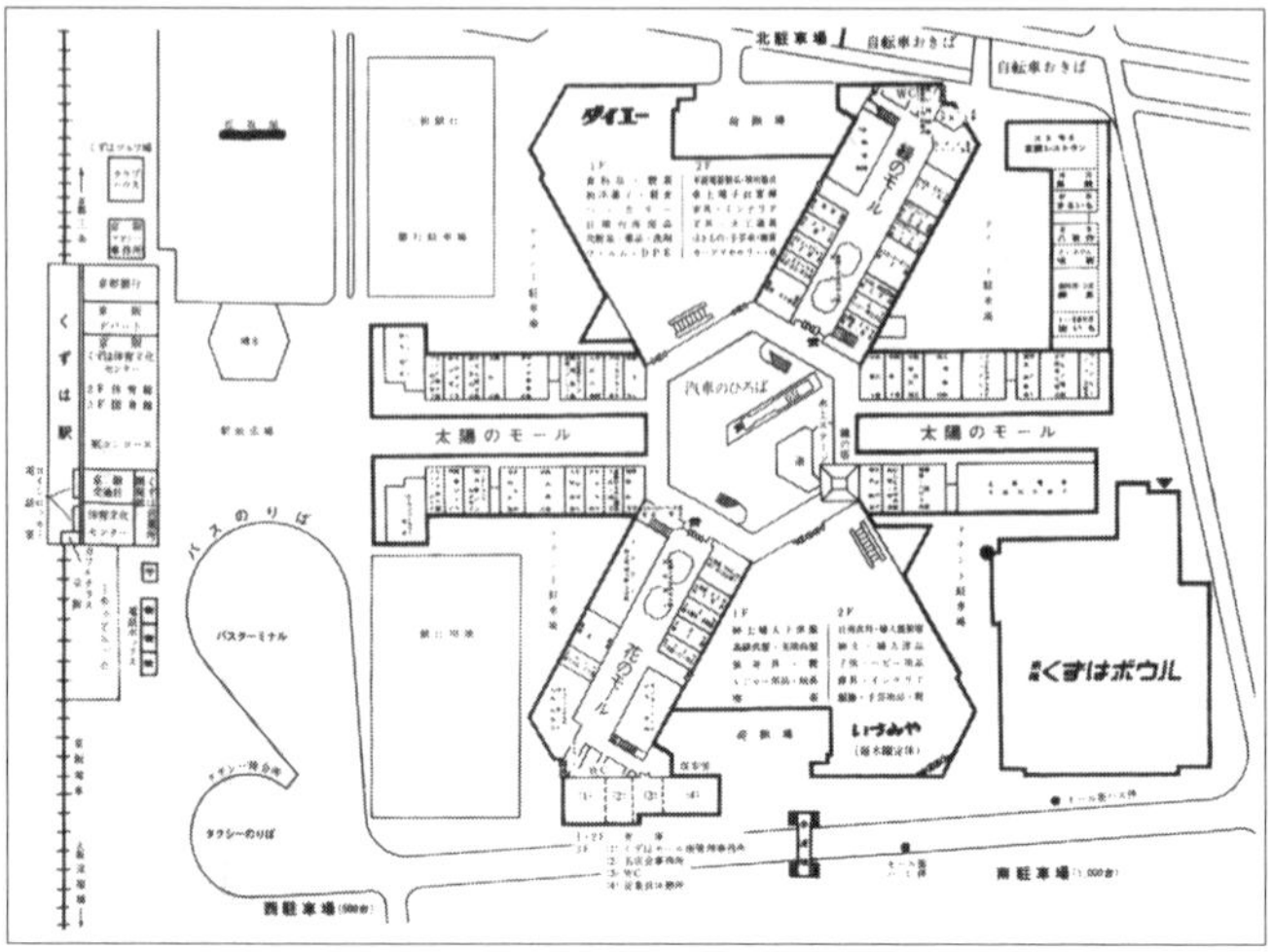

図3-9◆くずはモール街 平面図
出典：『ショッピングセンター』1975年4月号

ローズド・モールを導入したＳＣ――などのエンクローズド・モールに変化していったように（ショッピングセンター編集部 1981：59-60）、七〇年代の日本のＳＣのモールにも直線型のオープン・モールが多く見られたが、季節ごとの寒暖差が激しく、梅雨から夏にかけての高温多湿などの気候条件をもつ日本では、やがてエンクローズド・モールが主流になっていく。

オープン・モールからエンクローズド・モールへの変化の背景には、室内の熱や光をコントロールする環境工学の進歩があり、それにより、モールに屋根をかけ、自然光を取り入れた快適な人工環境が実現できるようになった。このようなＳＣの環境工学にも大阪万博のパビリオン建築で駆使された技術が応用されている。

オープン・モールであれ、エンクローズド・モールであれ、七〇年代のモールの多くは「玉川髙島屋ＳＣ」や「くずはモール街」に見られるように直線型である。くずはモール街は、二本のモールが縦と横で交差する十字モールの変形であり、この時期にしては珍しい形態をとっているが、七〇年代のモールは、「中百舌鳥ショッパーズプラザ」や「グリナード永山」のように、核テナントひとつに直線のモールが接続した一核一モールや、「奈良ファミリー」のように、核テナント二つを直線のモールが結ぶ二核一モールのダンベル型が主流を占めた（図3−10、3−11、3−12、3−13、3−14）。

七〇年代半ばになると、「SCにおける小売機能と建築設計の融合」（1976.11）という特集が組まれ、「モー

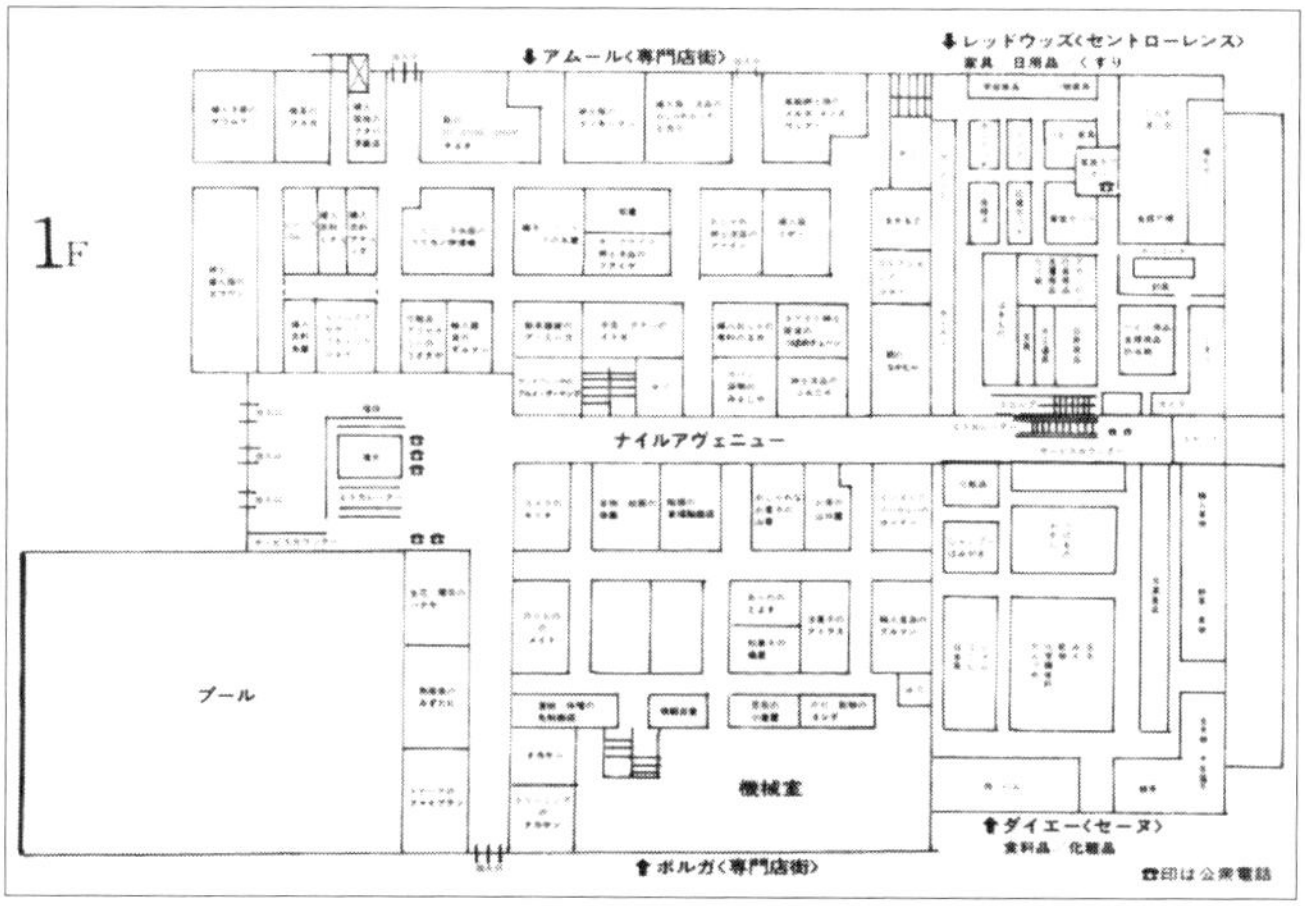

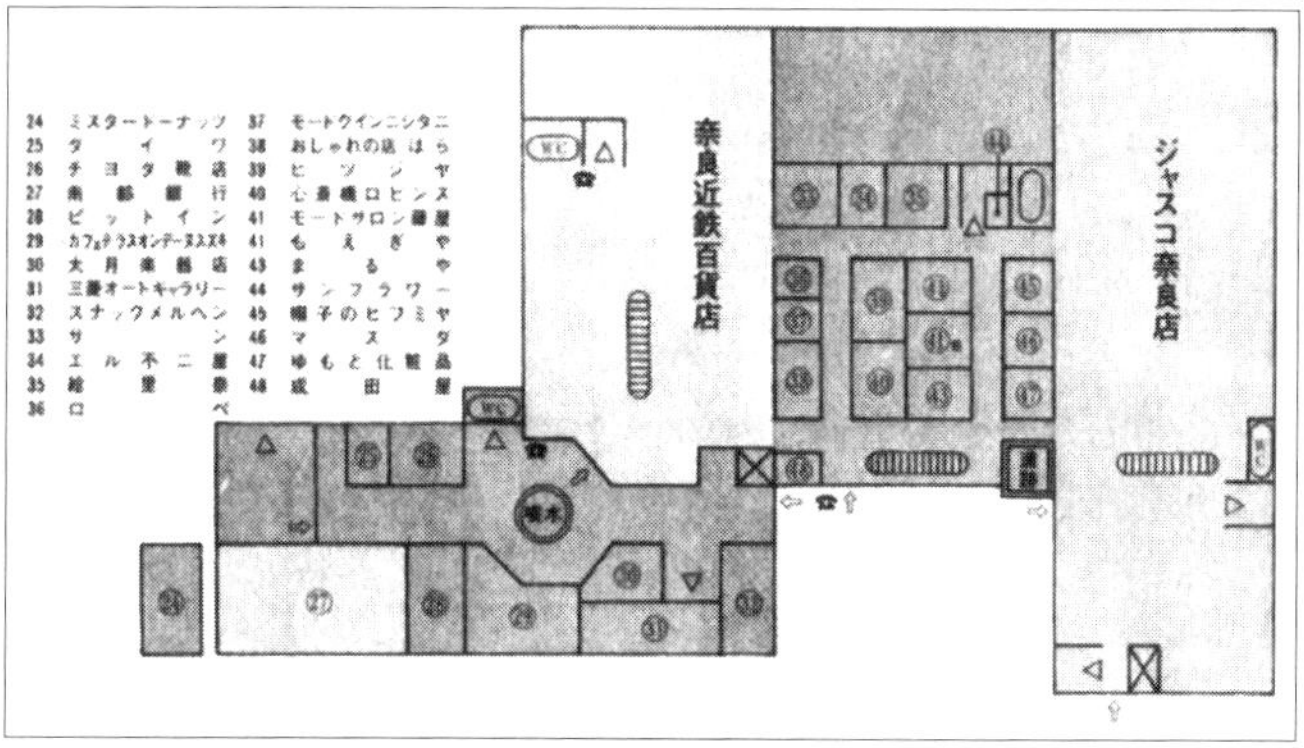

上：図3-10◆中百舌鳥ショッパーズプラザ 平面図
出典：『ショッピングセンター』1975年5月号
下：図3-11◆奈良ファミリー 平面図
出典：『ショッピングセンター』1975年3月号

ルの設計をＳＣ設計の中心に据えるべき」「モールはモールであって通路ではない」「モールは安らぎの場所」「モールはＳＣの心臓である」という言葉が並ぶなど、「ＳＣを内側から見た設計」が重視され始め、モールの目的と機能が注目されるようになった。モールの目的と機能は、「コミュニティ」と「商業」の二つに大別され、前者に関しては、(1)人が集まるための場所、しかも集まりやすく、集まるにふさわしい場所、(2)都市スペースとして必要なスケールとエレメントをもつ、(3)都市景観をくずさず、地域に溶け込むヒューマンスケールである、(4)文化的、芸術的な情操を高める要素をもつ、(5)休息、慰楽、情報、広宣の場である、(6)公共的性格をもって市民の生活に密着するなどの目的と機能、後者に関しては、(1)

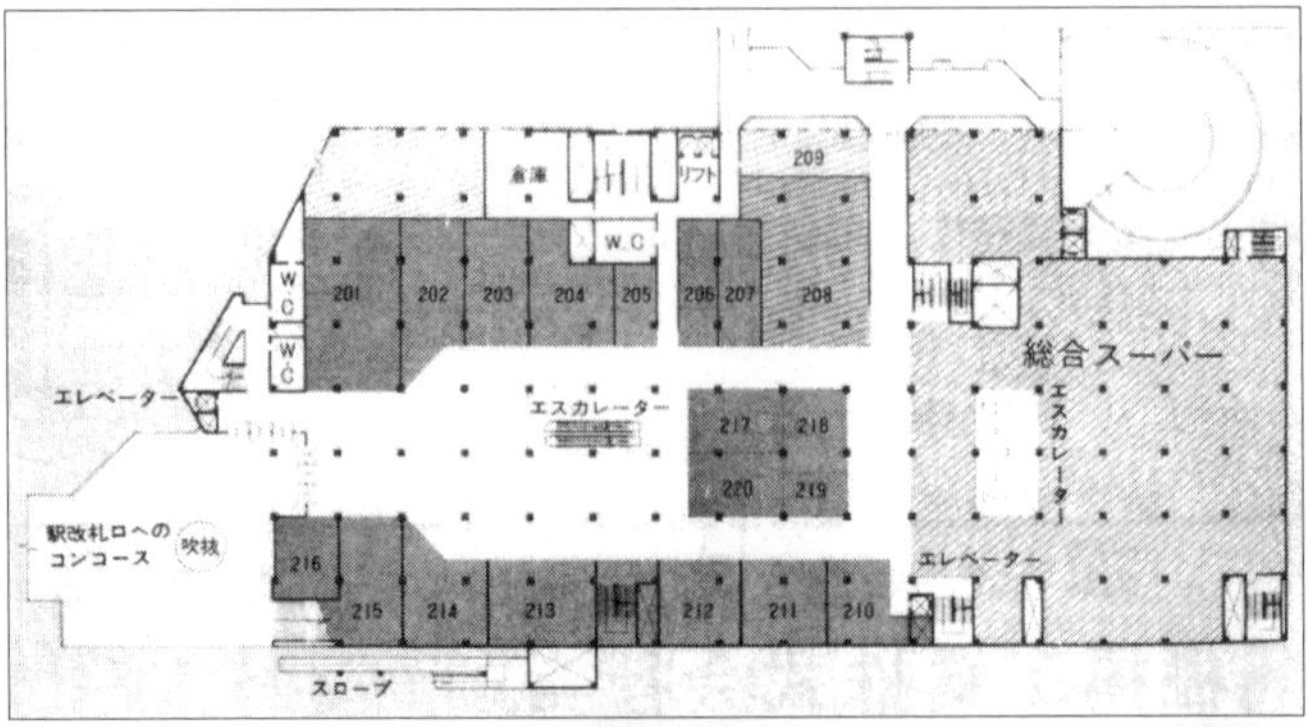

上：図3-12◆グリナード永山 平面図
出典：『ショッピングセンター』1974年12月号
中：図3-13◆玉川高島屋SC 直線型通路
出典：『近代建築』1970年2月号
下：図3-14◆中百舌鳥ショッパーズプラザ 直線型通路
出典：『ショッピングセンター』1975年5月号

魅力度を高め、顧客の吸引を図り、来店頻度を高める、(2)広場、モールを活かした業種構成と店舗形態により床価値を高める、(3)イベントや雰囲気により相乗効果を高める、(4)客の回遊性を図り、むらをなくす、(5)客の滞在時間を長くさせる、(6)個性を付加し、競合に打ち勝つなどの目的と機能が紹介されている(中尾 1976:31)。

また、三層吹き抜け構造を取り入れたサンノゼの「イーストリッジSC」(一九七二)の視察を踏まえつつ、「あるところは広く、あるところは狭く、あるいはなだらかな高低差をつけたり」(本荘 1976:26)するなど、モールの形態も直線型から変形型へ変化していくべきとの議論が出始めるようになった。

「特集 SCにおける快適なモールの条件」(1977.5)では、日本と海外のSCのモールの数々をグラビアで紹介しながら、モールの動線計画、サーキュレーション、アメニティ、テナントコントロール、照明などについての記述が数多く出るようになった。ただし、同時期のアメリカではSCと言えばモールを指し、「モールはSCの生命であり、SCの象徴」とされているのに対し、この頃の日本ではモールの「意義は認められながらも、いろいろな制約のもとにその存在が認知されているとはいい難い」(同:19)のが現状であり、法規上も単に「共通通路」とされていた。

このように、大阪万博で培われたモールの技術は、すぐに十分なかたちで実装されたわけではなかった。「70年の大阪の万博の影響で、その前後に本格的なモールをもつSCが生まれたのであるが、しかし、このモールが十分にその機能を果たし、活性化している例は数少ない」(池澤 1977:23)との課題が挙げられたように、しばらくは試行錯誤の期間が続いた。

そこで八〇年代のSC開発に向けては、SCのモールの演出計画に工夫を施すべきであるとして、海外のSCの事例からも積極的にその手法を学ぼうとした。協会誌では頻繁にアメリカやヨーロッパのSC視察研修ツアーの広告が掲載されている。海外視察のレポート記事も数多く掲載され、「自然の中で人々に安らぎを与えるモール」「芸術性をもったモール」「親と子のコミュニティの場としてのモール」「変化に富んだ空間体験をさせるモール」を作っていくべきだという報告も見られるようになった(伊藤 1977:31-34)。SCで販売する商品に大差がない以上、SCのモールの空間演出で差異化を図ることにSC業界の関心が向けられるようになっていったのである。

それにともない、モールに関する具体的な数字も登場するようになった。モールでは「疲れない、楽しい」ということが重要であり、そのためには単純なレイアウトがよく、四〇〇メートルが人が疲れを感じずに抵抗なく歩ける距離の限度であること、モールの長さは九〇-一二〇メートル、幅は九-一二メートルが好ましいことなど、歩行距離と時間、モールの長さや幅と人間の行動に関する知見が周知されるようになった(森本・松本 1977:35-39; 前田 1985:14-19)。

●一九八〇年代——ジグザクと蛇行性/エンクローズド・モール

そして八〇年前後になると、モールでの人の流れに緩急をつけると、客の購買行動につながりやすいという効果が指摘され、「蛇行性」というキーワードや実際にジグザグに折れ曲がったモールが登場し始めるようになった(荒木 1977:24-27)。ジグザグ状のモールは、より多くのテナントの店頭を正面から客に見せることができるメリットがある(図3-15)。

このような具体的な数字の登場、蛇行やジグザグ状のモールの台頭は、七〇年代以降の行動科学や人間工学の研究の進展にともなってもたらされたものである。直線型のモールは、客に距離が遠く感じられる抵抗感を与え、モールでの歩行意欲を減退させてしまうことがそれらの研究によって明らかになっていた。

「特集　SC通路を考える」(1980.8)では、「通路の役割とその設定基準」、「SC内通路幅についてのアンケート」に加え、「参考レイアウト図と通路幅」が掲載されている。SCの通路幅は、通路の通行客数(SCの扱い商品、テナント、売上予算、商圏人口、輸送機関、駐車場規模などをもとに算定したSC全体の客動員数)から割り出される。一般的なSCの通路幅は五－八メートルであるのに対し、SMと呼ばれる、モールを中核に据えたSCの通路幅は九メートル以上になる。九メートル以上になると、モールにベンチなどのストリート・ファニチャーを歩行者の妨げになることなく設置できる。ただし、上記アンケートに回答しているSCのメイン通路はいずれも五・五メートル以下で、この時期のモールはまだ現在の姿からは遠い。

一方、モールの長さは、欧米のSCで多用されている一二〇メートル前後が基準とされた。これは人間が歩く速度を五〇メートル／分とし、買い物時間を一〇分間と想定した距離として算出されている。一二〇メートルという数字は、人間の視覚識別距離が六〇メートルであることにも対応している。それゆえ、広場、階段、エスカレーターなどが設置される地点は、一二〇メートルのモールの中間付近になる。

とかく、モールは直線的であり、床材も連続的で単調です。そこで床材に変化を持たせ、模様をつけたり、モールをゆるやかな曲線にするのも、お客の緊張をほぐすための一つの方法です。直線は無機的で、機

図3-15◆ジグザグ状のモール
出典：『ショッピングセンター』1987年7月号

械的ですが、曲線は有機的で、人間味を感じさせます。いわば緊張から弛緩への移行です。

（加藤 1980：32、傍点引用者）

八〇年代に入ると、曲線や弛緩というキーワードが登場し、ＳＣがゆっくり時間をかけて滞在して買い物を楽しむ時間消費型の装置として位置づけられるようになっていった。実際、その名も「特集 モール」（1981.3）では、「時間を消費する装置」「プラザ性と回遊性」「モールに安らぎと楽しさを」といった言葉が並ぶようになった。

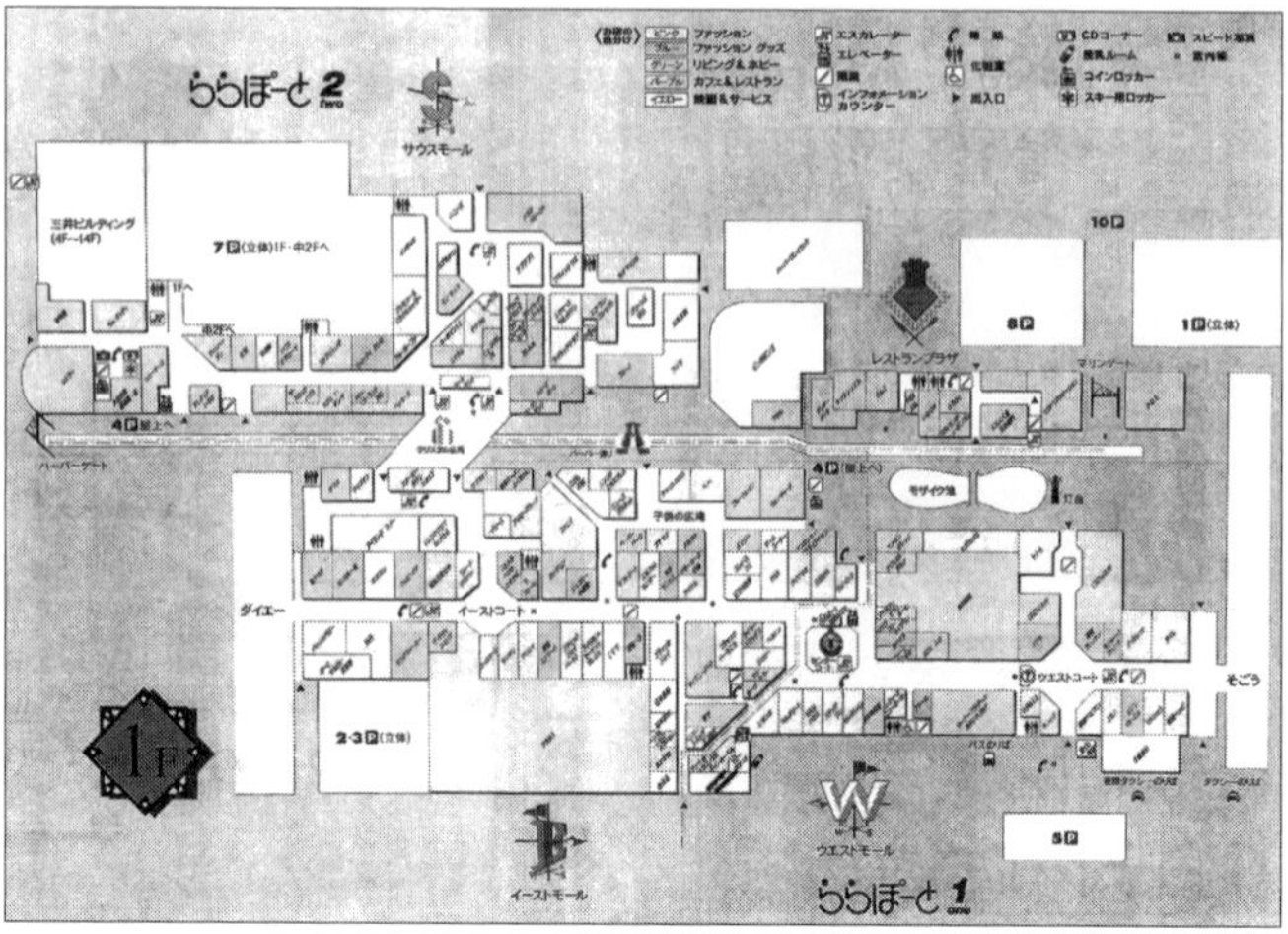

図3-16◆ららぽーと船橋 平面図（上のららぽーと2は1988年にオープン）
出典：『ショッピングセンター』1997年11月号

そして一九八一年に、そごうとダイエーをキーテナントとして、二層のエンクローズド・モールを設けた二核一モールで、現在のＳＭの基本型となる「ららぽーと船橋」がオープンする［★28］。早速、「特集 ららぽーと」（1981.5）が組まれ、「日本一の本格的ショッピングセンター誌上見学記」が掲載された。ららぽーと船橋のモールはジグザグ状に動線が引かれ、回遊性を高めていることがわかる（図3－16）。誌上見学記では、メインモールの長さは三〇〇メートル、幅は最狭で八・四メートル、高さ一四メートルのドーム型の吹き抜け天井から自然光が採り入れられ、アメリカのガレリア式

SCを髣髴とさせる明るい雰囲気が感じられると報告されている(同:24)。自然光の利用には、内部空間の熱や照度のコントロールに高度な技術を要するが、大阪万博以降蓄積されてきたそれらの技術が一定の水準に到達したことがうかがえる。天井からの採光によって半屋外の遊歩道を演出したららぽーとは、「望まれる『自然』を表現したモール」(波呂 1981:22-23)として歓待された。

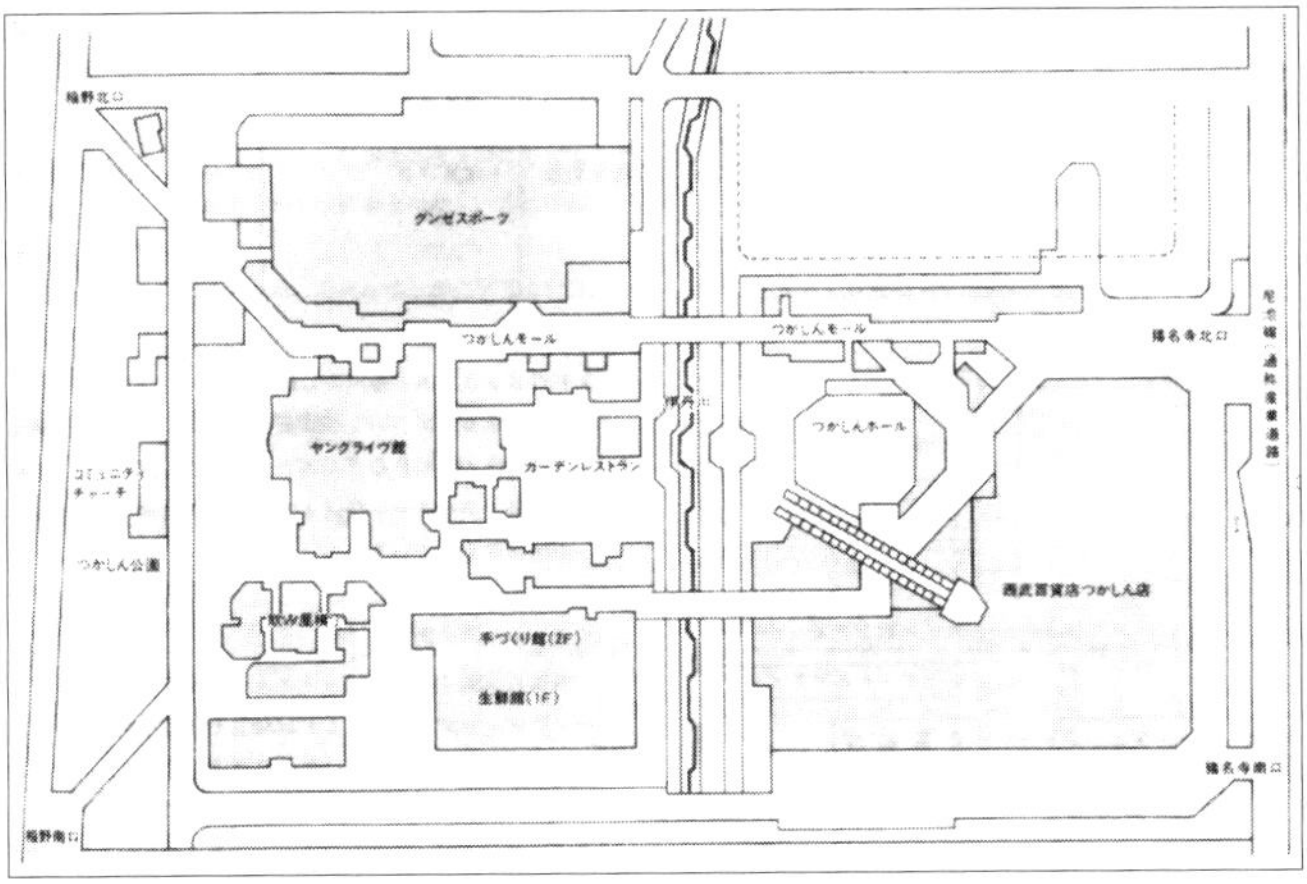

図3-17◆つかしん 平面図
出典:『ショッピングセンター』1986年10月号

八〇年代後半になると、「つかしん」(一九八五)の「生活遊園地=暮らしを創り・楽しむ街」、「ニットーモール」(一九八七年リニューアル)の「楽・遊・恋・夢に巡り合える"明日が見える・明日に会える"街」、「MYCAL本牧」(一九八九)の「街の中の、アーバンリゾート」など、より多くのSCが「街」をキャッチフレーズとするようになり、ホテルを併設するなどして複合型化するSCも現れた(図3-17)。それにともない、路地が入り組んだオープン・モールに、植栽、彫刻、ストリート・ファニチャーなどのほか、色彩の配色の工夫やランドスケープ・デザインを施し、中世ヨーロッパやアメリカ西海岸風の街並みを擬似的に再現したSCが数多く登場するようになった。社会学系の都市論が繰り返し論じてきたように、都市を物語性のある舞台装置として見立てて開発・演出する手法が

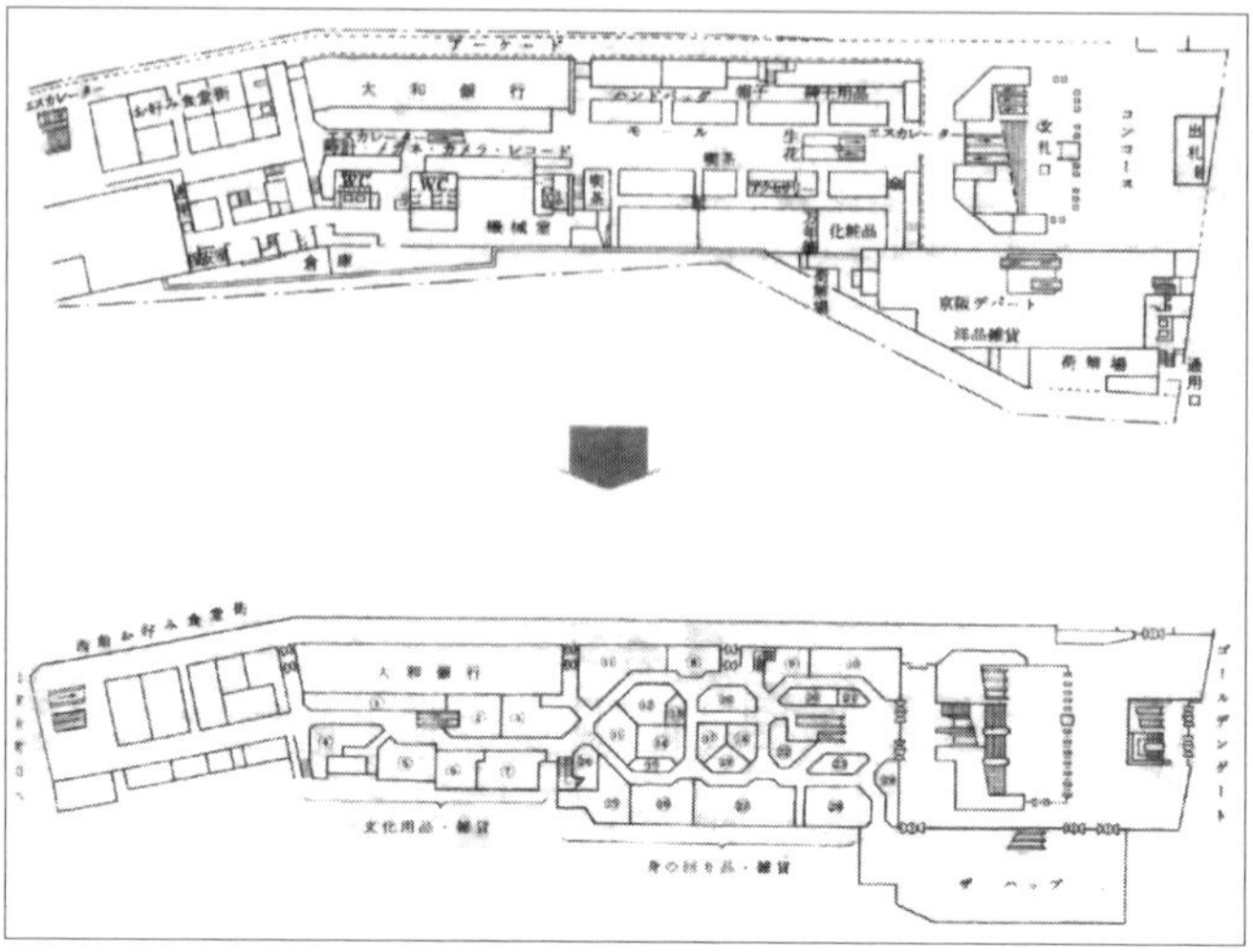

図3-18◆京阪モール リニューアル前／後 平面図
出典：『ショッピングセンター』1985年10月号

SCでも展開されたのである。

「70年代までに開発されたSCは、実につまらない。（中略）80年代に生まれるSCは、それぞれ趣向を凝らしたデザインでまとめられるようになり、見るだけで楽しくなる」（吉田 1987:34）と言われるなど、八〇年代の誌面には競合店との差異化が重視され、「デザイン」や「個性化」という言葉が躍るようになった。「特集 SC新空間の創造」（1987.1）、「特集 ショッピングセンターにおける特色づくり」（1987.7）では、「モール個性化」のさまざまなデザイン手法が写真を交えて紹介されたほか、「美しくなければ生き残れない」「SCは面白くなければはやらない」などのタイトル記事が掲載された。そこでは、画一的なモダン・デザインに代わる新感覚として「主流はポストモダーン・デザイン」などと、ポストモダンが差異化のためのデザイン手法として半ば矮小化されて紹介されることもあった（池澤 1987:24-28）。ここには、現在からの空間的・時間的「遠さ」を記号やイメージに引用、変換して消費空間に取り込むポストモダン文化の現れを見てとることができる。

以上、八〇年代前半は、蛇行性というキーワードが登場し、エンクローズド・モールの通路を「鈍角に曲げる」「ラウンド型に配置する」ことによって、ジグザク状ながらもラウンド型の動線をもつＳＣが徐々に見られるようになった（浜島 1987：31-34）。行動科学や人間工学の見地にもとづき、客の購買行動を差配する装置としてのモールの技術が向上していった。この変化は、この時期にリニューアルしたＳＣのリニューアル前後の図面を比較するとよりわかりやすい（図３－18）。一方、八〇年代後半には、表層のデザインに多額の資金が投入された豪華でハイスペックなＳＣは増加したものの、このことは逆にモールをめぐる空間の語彙や文法に進展は見られなかったことを示している。

●一九九〇年代――リニューアルによる拡幅と拡張

九〇年代前半は、八〇年代後半の流れを継承し、第２章で〈エンターテイメントの時代〉として詳述されているように、「特集 テーマパークにみる演出手法、モノの売り方」（1990.5）、「特集 ＳＣヒットイベント事例集」（1992.5）など、ＳＣをエンターテインメント、お祭り、非日常性、演劇性という観点から演出しようとする企画が続いた。例えばエレベーターは、単なる乗客の輸送という機能・効率優先ではなく、「乗って楽しい、見て楽しいエレベーター」を取り入れるべきだとして、配置の大胆さ、エレベーターの動き方を変えた演出、近未来的なメカニックスそのものの露出などが提案された（日本エレベータ協会 1990：55-63）。

その一方で九〇年代は、ＳＣの老朽化から、主に七〇年代にオープンしたＳＣのリニューアルが切実な話題となった。「特集 玉川髙島屋ＳＣ20周年リニューアルにみる環境変化対応策」（1990.1）を皮切りに、「特集 ＳＣリニューアルの実務」（1991.6）、「特集 ＳＣ活性化とリニューアル」（1996.6）、「特集 ＳＣリニューアルの実際」（1997.6）、「特集 ＳＣリニューアルの留意点」（1998.6）など、全国各地のＳＣのリニューアル記事が相

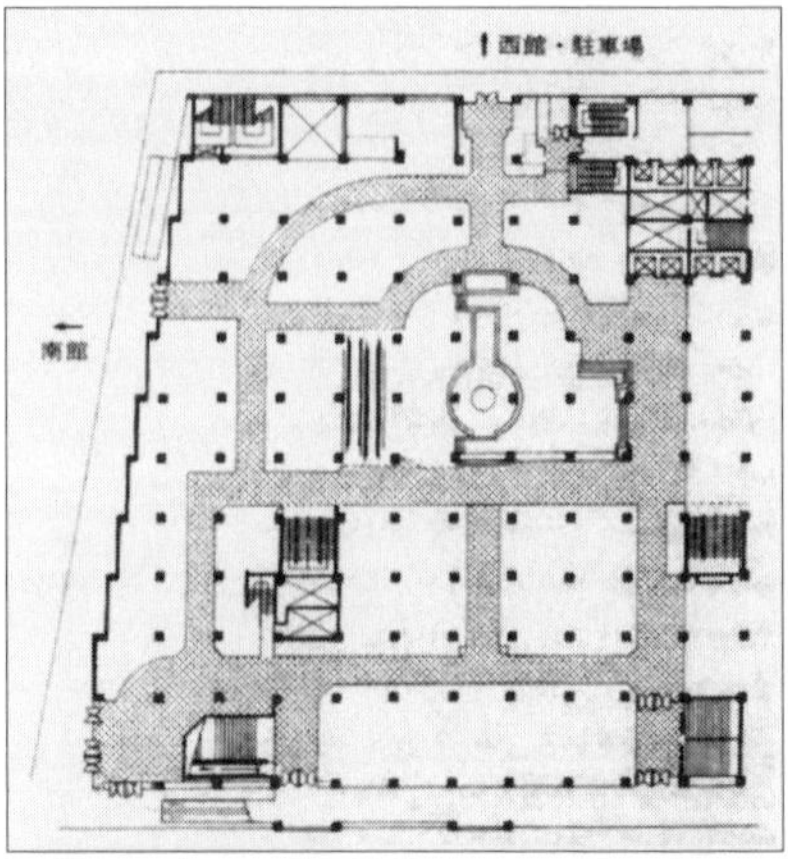

図3-19◆玉川髙島屋SC リニューアル後 平面図
出典：『建築技術』1992年5月号
図3-20◆玉川髙島屋SC アール動線
出典：『ショッピングセンター』1990年1月号

次いだ。

これらのリニューアルでは、多くのＳＣがリニューアル前から後で、モールの幅が大幅に拡幅され、形態も直線型から曲線型へ変化していることがわかる。例えば「玉川髙島屋ＳＣ」（一九六九↓一九八九）は、直線型のモールの「見通しがよくわかりやすい店内構成」という単調さから脱却するために、「心地よい迷路感覚」というコンセプトを導入した（図3−19）[★29]。動線は、半円や曲線の曲面形状を示す「アール」[★30]を用いることにより、「見通しと迷路の共存、アイストップをもつ街路、カーブの見え隠れ、緑廊・水廊の演出」（小川 1990:24）が重視された（図3−20）。空中庭園や噴水などの緑廊・水廊に関しては、多摩川に隣接するという場所性を鑑み、ランドスケープのデザイン手法が取り入れられている。

そのほか、千葉県柏市の「柏髙島屋ステーションモール」（一九七九↓一九九二）では、建物自体が幅二五メートル・長さ一〇〇メートルから幅五〇メートル・長さ二二五メートルと、二倍以上に拡幅・拡張した（図3−21）。大阪府泉北ニュータウンの「パンジョ」（一九七四↓一九九六）でも、リニューアル後に店舗面積が四万㎡以上と倍増した（図3−22）。これらのリニューアルされたＳＣの図面を見ればわかるように、直線型からジグザグ状の蛇行を経て、緩やかに湾曲するモールが徐々に出現するようになってきた。リニューアル記事には、「ゆとり」「快適さ」「くつろぎ」などの言葉が売り文句として並んでおり、リニューアルによって、モールを拡幅・拡張し、エンターテインメント設備の充填やストリート・ファニチャーの設置をすることで、SCが時間消費型消費の場として定着したことがわかる。

リニューアルに際しては、時間消費型のエンターテインメント機能をもたせると同時に、ローコストで改修工事を行うことも重視された。八〇年代頃までは百貨店を模範とした本物志向・素材志向と呼ばれる、床に大理石や磁器タイル、木はヒノキやケヤキを用いるなど、コストのかかる高級素材を用いた建物が多かった。それに対して、九〇年代はバブル崩壊後の景気の後退や消費の低迷を背景として、内装設計のマニュアル化、什器のパターン化、素材より色彩の統一などが重視され、建設費の低下、資材の規格化・簡素化などの合理化が進むようになっていった。

一方で、バブル崩壊は地価の下落をもたらし、九一年の大規模小売店法の改正による規制緩和と相まって、郊外の工場移転跡地などの遊休地を活用し、建設費を低く抑えかつ工期を短縮した低層の巨大SCを誕生させる下地を醸成した。大店法規制緩和後の主流は、「郊外化と大規模化、

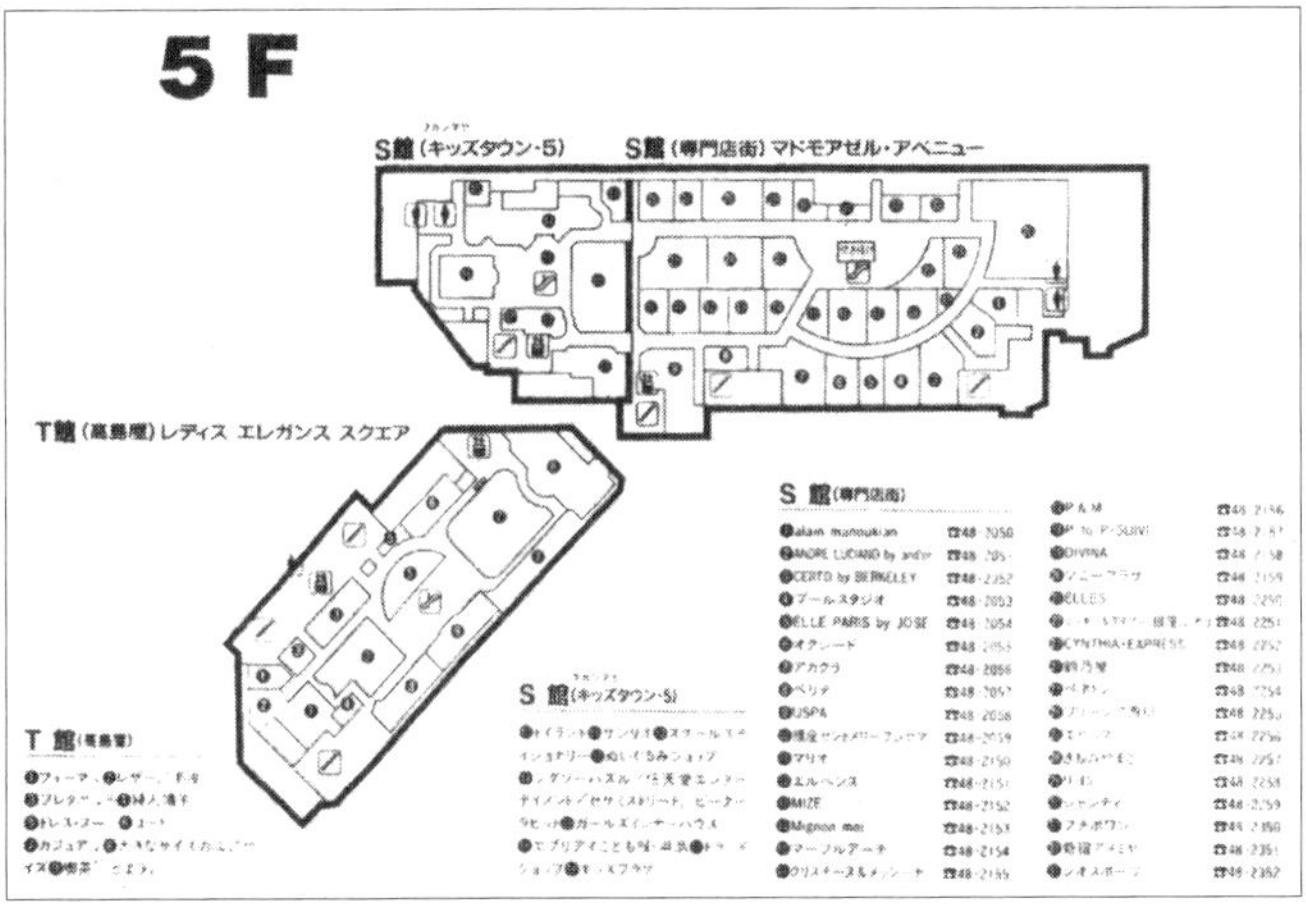

図3-21◆柏高島屋ステーションモール 平面図
出典：『ショッピングセンター』1992年6月号

工場跡地の活用」「巨大ＳＣ時代の到来」「将来的には10万坪が標準的な敷地面積」などと語られるほか(田内・小原・保坂・椿原 1991:38-43)、「特集 メガＳＣの開発状況を探る」(1997.8)に見られるように、ＳＣの巨大化が九〇年代のキーワードとなった。

このような大店法規制緩和後の巨大ＳＣの方向性を探るうえで、協会誌上において繰り返し参照されることになったのが、アメリカのミネソタ州ブルーミントン市の「モール・オブ・アメリカ」(一九九二)である。「世界のＳＣ」欄(1992.11)が初出で、五年後には詳細なツアー報告記事が掲載されるなど、その後も図面や写真が繰り返し誌面に登場した。賃貸面積二六〇万㎡というアメリカ最大の超巨大エンターテインメント型ＳＣとして話題を集めたモール・オブ・アメリカは、四層のフロアからなり、一辺約四〇〇メートル

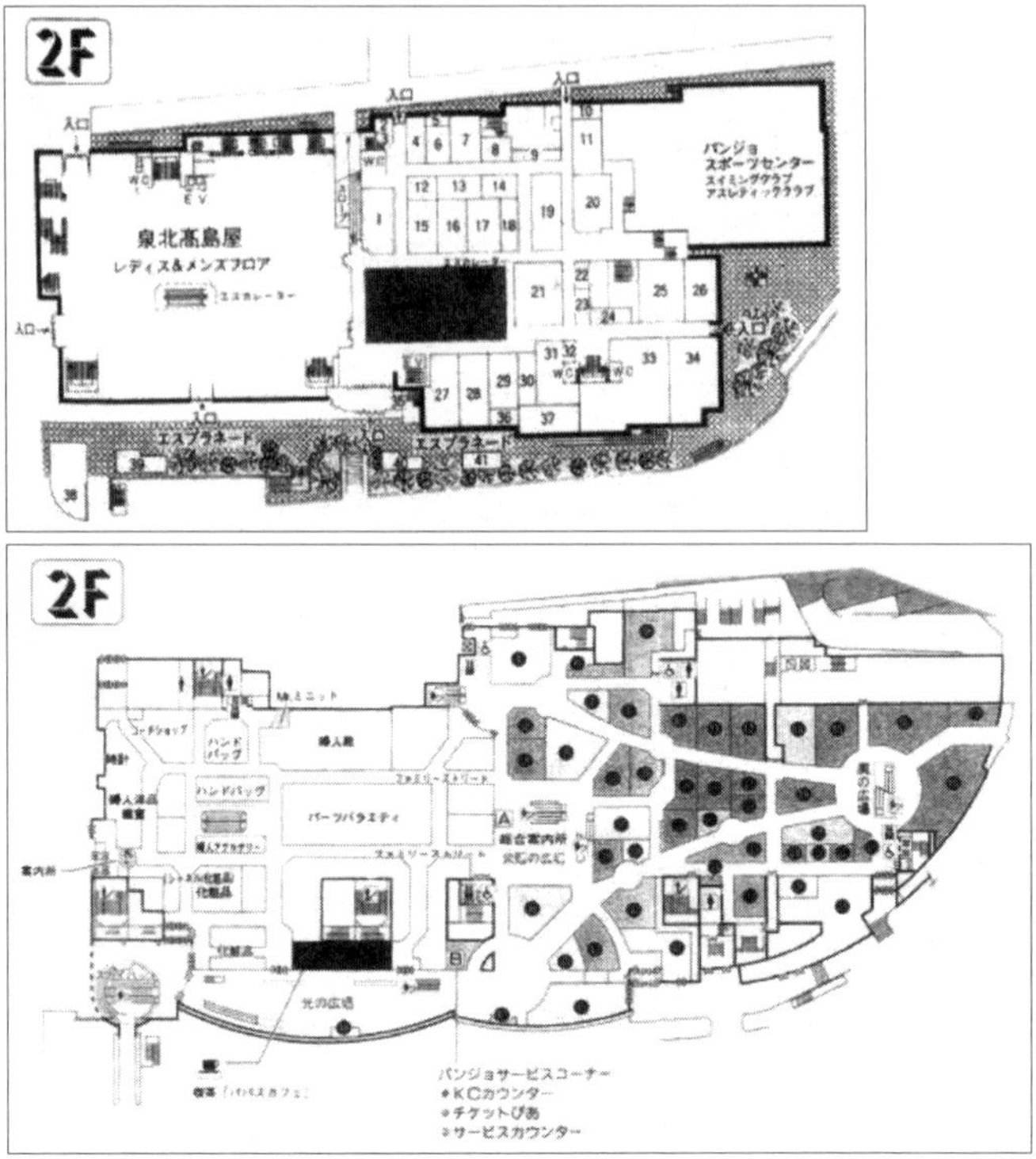

図3-22◆パンジョ リニューアル前／後 平面図
出典：『ショッピングセンター』1996年6月号

のモールの四隅にキーテナント四店、中心にファミリー向けのテーマパークが置かれている。そして、テーマパークの周りを四角形の四隅のキーテナントをつなぐサーキット型にモールの動線が引かれている(図3–23)。四つのモールはそれぞれ、ノース・ガーデン、ウエスト・マーケット、イースト・ブロードウエイ、サウス・アベニューと名づけられ、各モールのテーマがわかりやすく識別できるようになっている。「曲線と直線を巧みに融合させた導線をもつ」(ショッピングセンター編集部 1992:104) SMとして日本のSC業界の注目を集めたモール・オブ・アメリカからは、レディース、メンズ、趣味雑貨などの業種ごとにモールのゾーニングをするのではなく、それらをアトランダムに配置することで、「館内を歩いていると次はどんなお店が出てくるのかワクワクさせるようなテナントミックス」、「ゾーニング自体がある種のエンターテイメント性を感じられる構成」などが学ぶべき点とされた(泉 1997:71-72; 金野 1997:72-73)。

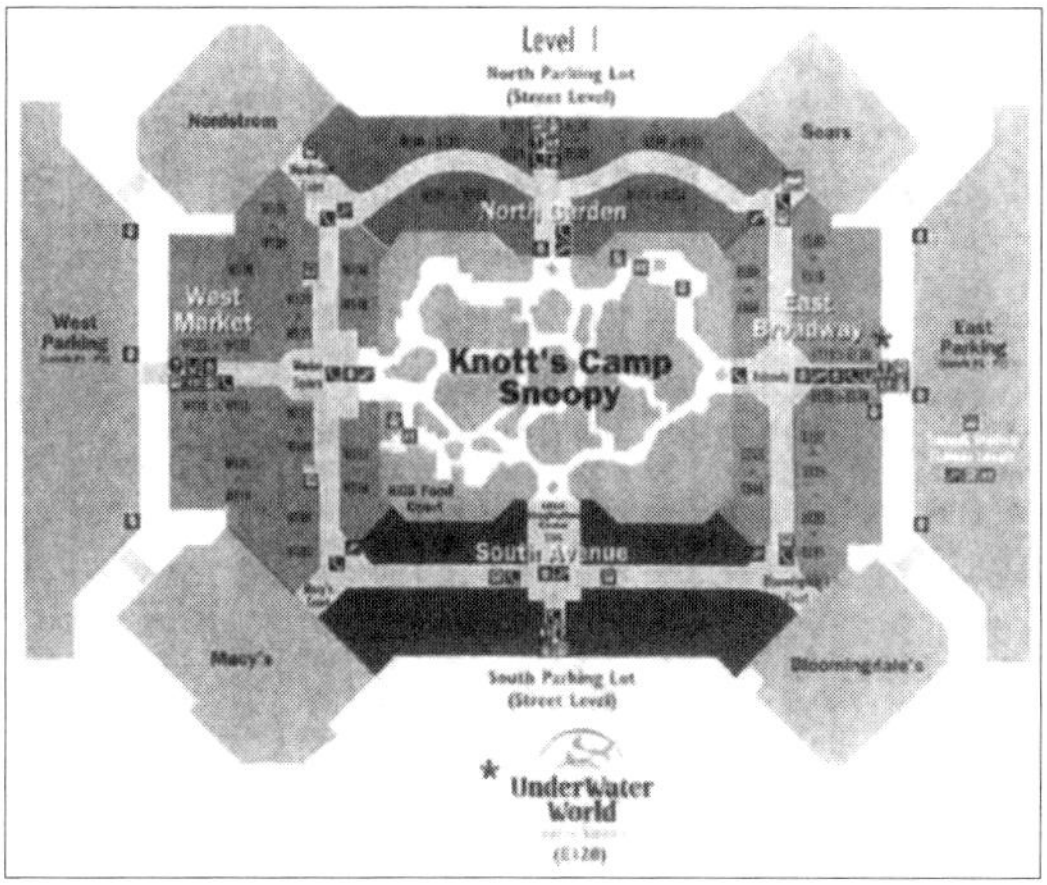

図3-23◆モール・オブ・アメリカ 平面図
出典:『ショッピングセンター』1997年11月号

　このモール・オブ・アメリカの設計に携わったアメリカの建築家ジョン・ジャーディは、日本でも九〇年代、曲線型で湾曲したモールへの形態の変化を特徴づけるSMの設計を手がけた。福岡県の「キャナルシティ博多」(一九九六)である(図3–24)。ロサンゼルス・オリンピックの施設計画や同じくロサンゼルスにあるユニバーサル・スタジオのユニバーサル・シティ・ウォークなどのデザイン

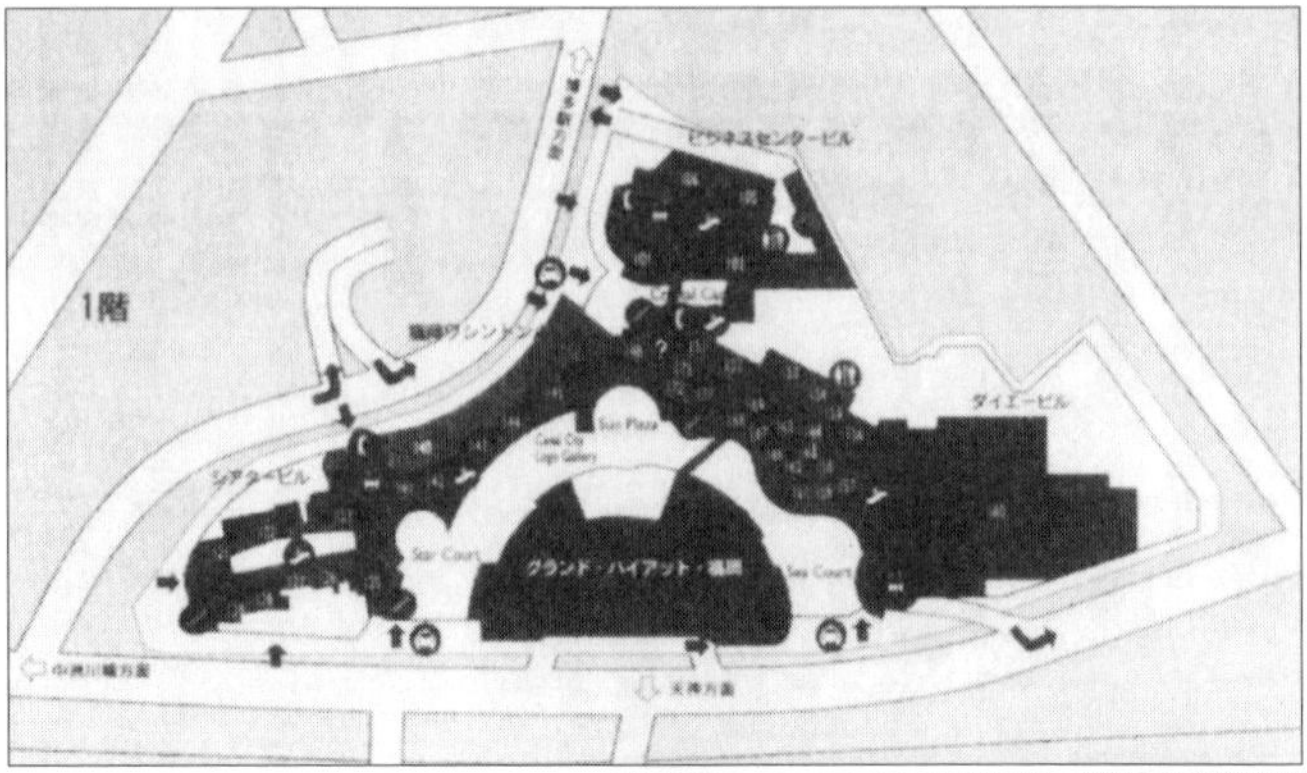

上：図3-24◆キャナルシティ博多 平面図
出典：『ショッピングセンター』1996年7月号
下：図3-25◆キャナルシティ博多 運河とサンプラザステージ
出典：『ショッピングセンター』1996年7月号

などでも知られるジャーディは、キャナルシティ博多以前では三重県の「マイカル桑名」(一九九五)、以後では「ウェストウォーク」(二〇〇三)などの六本木ヒルズ低層部商業エリア、大阪府の「なんばパークス」(二〇〇三)などの設計も手がけた。組織設計事務所やゼネコンが設計を担当し、署名性を帯びにくいのが通例のSC・SMにおいて、協会誌内外で名前が知られる稀有な建築家である(コラム3参照)。

キャナルシティ博多は、運河を敷地内に引き込み、曲面の建物に沿うように曲がりくねった半屋外のオープン・モールが、迷路のように入り組んだ空間を構成している。どこに何のテナントがあるかわかりにくく、あえて不便で複雑なレイアウトにすることで客の回遊性を高め、長時間滞在させることが意図されている。そして、運河に面した、中央の五層の吹き抜けの広場「サンプラザステージ」では、コンピュータ制御された噴水のショーが行われている（図3－25）。専門店とダイエーなどのキーテナントに加え、ホテル、映画館、劇場、アミューズメント施設、オフィスなどが複合的に開発されたキャナルシティ博多は、建物の中に湾曲したモールがあるというよりは、建物そのものが湾曲した形状をとることで、建物とモールが一体化したＳＭとなっている。

ここまで見てきたように、七〇年代から台頭してきたＳＣは、八〇年代から外国や過去・未来をモチーフとした擬似的な「街」を演出し始め、九〇年代に入ってからも、テーマパークの手法を取り入れたエンターテインメント化を進めていった。ではなぜ、競合店との差異化が重視され、非日常性や物語性を取り入れた舞台装置としてのＳＣがこの時期に増加したのか。

その背景には、地理学者のデヴィッド・ハーヴェイが「フォーディズムからフレキシブルな蓄積へ」と指摘したような、資本蓄積の新たな段階への移行にともなう都市空間の編成がある。やがてグローバリゼーションと接合していくように、七〇年代から、資本は国家や地域の枠組みを越えて、生産・流通・消費の循環や回転の速度を高め、「時間－空間の圧縮」を進行させた（Harvey 1989＝1999：364-366）。しかしながら、「時間－空間の圧縮」の進行は、空間の重要性を低下させるものではなく、むしろ空間的差異化や地理的集中の重要性を際立たせ、「消費の中心」としての場所をめぐる地域・都市間の競争を激化させた。この資本の循環過程にともなう地域・都市間競争における、人、モノ、情報を引きつける手段のひとつとして、ＳＣの開発が位置づけられ、過剰なまでの擬似的な「街」の演出や物語性を取り入れた舞台装置化が進められていったのである。これまで見てきた建築空間としてのＳＣの差異化やエンターテインメント化の戦略は、これら資本の循環過程にともなう都市空間の編成というマクロ的なコンテクストの具体的な現れとしてある。

●二〇〇〇年代——サーキット型、ハイブリッド型モール

そして二〇〇〇年代に入ると、九〇年代後半から兆候のみられたSCの巨大化・大型化の傾向が、二〇〇〇年の大店法の廃止を受けてますます加速した。開業年代別の一SCあたりの平均店舗面積で言えば、八〇年代は一万－一万五〇〇〇㎡、九〇年代は一万五〇〇〇㎡－二万㎡、二〇〇〇年代は二万－三万㎡へと推移した（文殊リサーチワークス 2008:115）。新規オープンしたSCの平均店舗面積は、二〇〇一年－二〇〇八年までの間に二万㎡以上増加したほか、1節で触れたように、一〇万－二〇万㎡を超える巨大SC・SMが次々と誕生した。

二〇〇〇年代は、SCに限らず、ユニクロ、コムサデモード、無印良品などのアパレル・雑貨の路面店や家電量販店の大型化、都心でのブランド旗艦店の建設などが進んだ。SCとしては、客の年齢層を選ばないマルチ・ターゲット、マルチ・カテゴリーである大型テナントは、「集客力に加えて客層の複合流を作り出す効果がある」として、一〇〇〇㎡を超えるような大型テナントの、モールにおける配置をいかに工夫するかがポイントとされるようになった（「特集 大型専門店がSCを変える!?」2001.9）。

そこでモール・オブ・アメリカがそうであったように、直線と曲線を融合させ、レディース、メンズ、趣味雑貨などのカテゴリー別にゾーニングするのではなく、さまざまな業種のテナントを交互に配置することで「モールに流れと溜まりのリズム」を生み出すなど、「始めから大型専門店の導入を前提としたモール設計がなされているかどうかが問われる」ようになった（小島 2001:27-30）。第2章で「モールとしてのSC」と述べられているように、巨大SC・SMにおいては長大なモールの設計が中核に据えられ、「SC＝モール」と見なされる所以である。SC・SMの巨大化は、単調な直線型のモールではなく、複数のキーテナントを

核として結び、曲線型の伸張した動線で客を回遊させるサーキット型のモールの増加をもたらした。

二〇〇〇年代にオープンした「ラゾーナ川崎プラザ」（二〇〇六）、「アーバンドック ららぽーと豊洲」（二〇〇六）、「ららぽーと横浜」（二〇〇七）、「イオンレイクタウン」（二〇〇八）、「阪急西宮ガーデンズ」

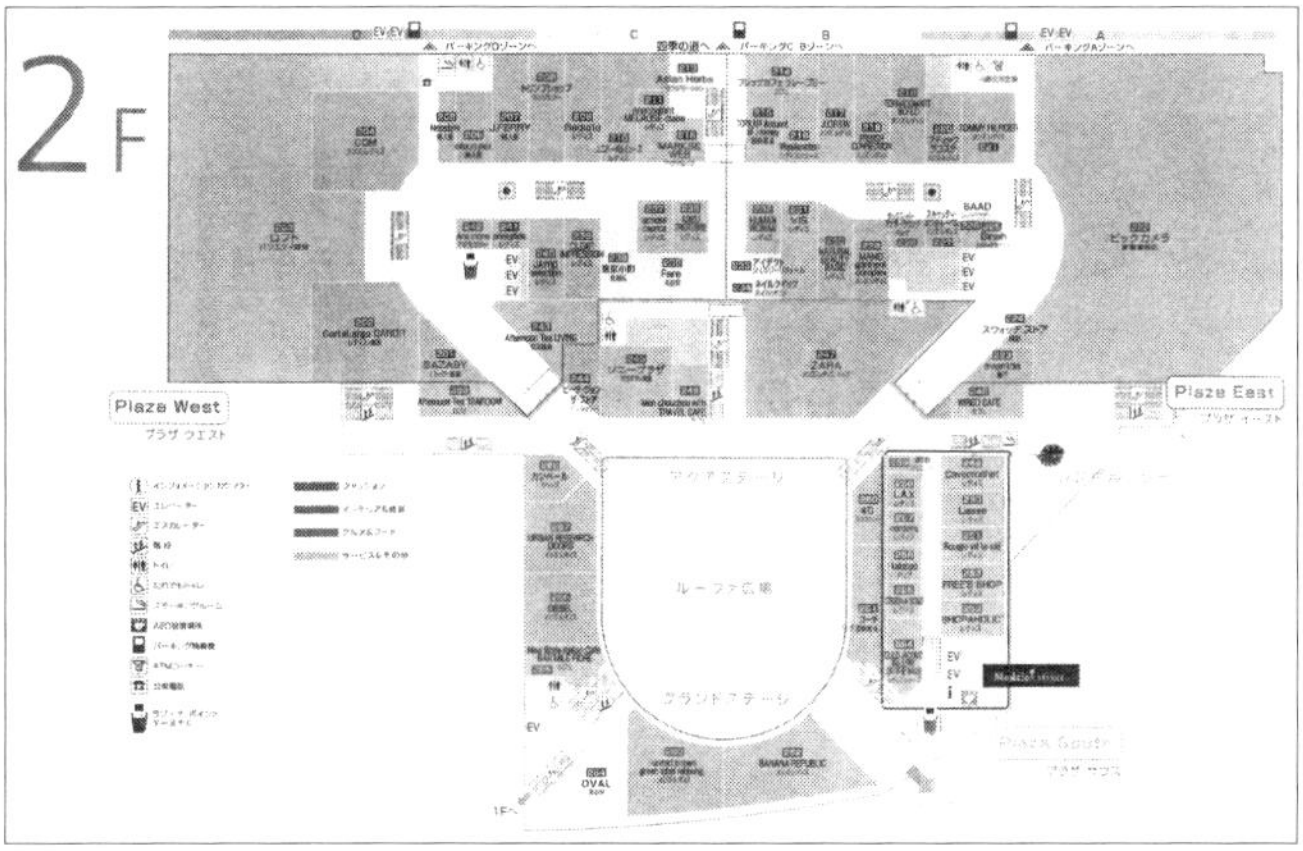

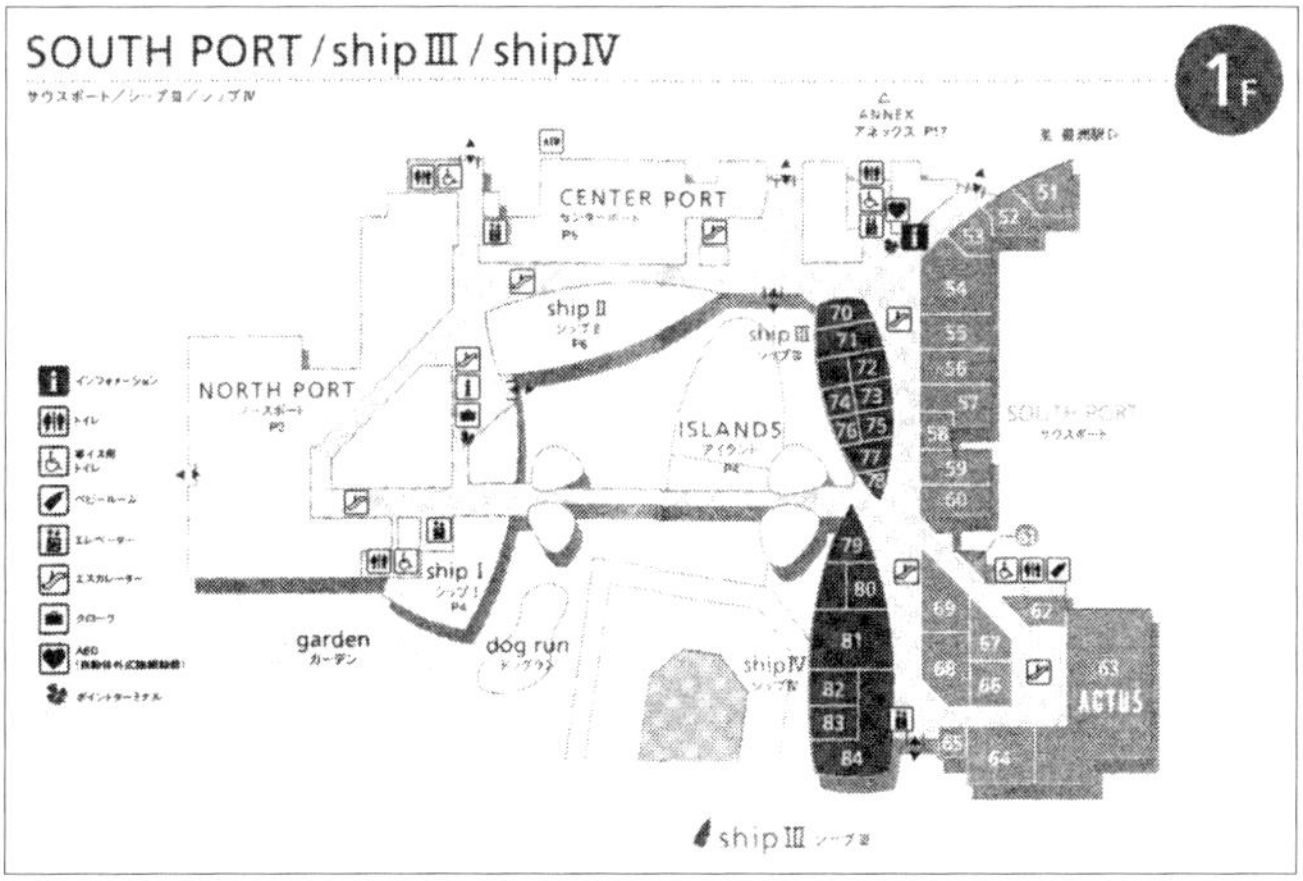

上：図3-26◆ラゾーナ川崎プラザ 平面図
出典：『SC Japan Today』2006年11月号
下：図3-27◆アーバンドック ららぽーと豊洲 平面図
出典：『SC Japan Today』2006年12月号

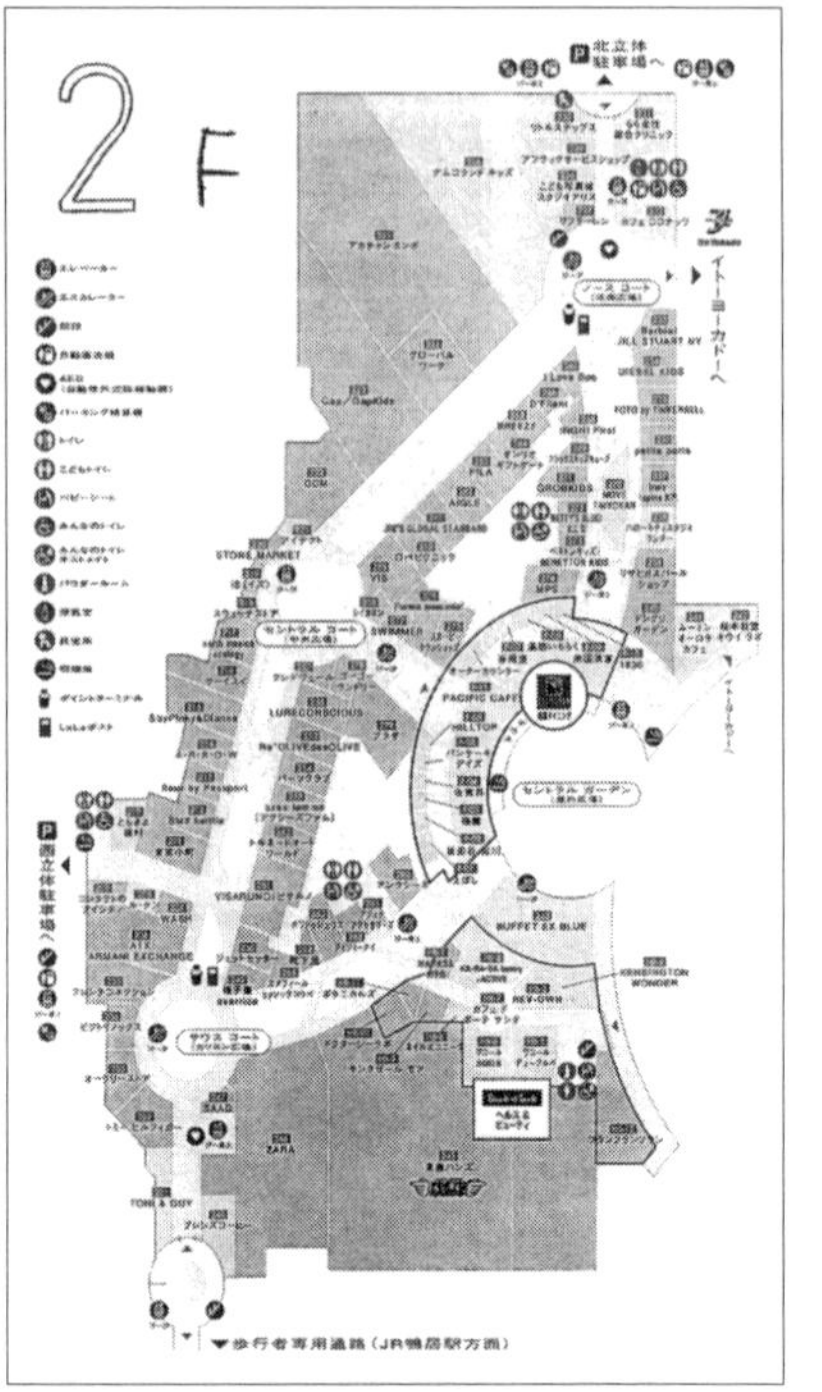

図3-28◆ららぽーと横浜 平面図
出典：『SC Japan Today』2007年5月号

(二〇〇八)などの巨大SMは、いずれもサーキット型のモールを備えている(図3−26、3−27、3−28、3−29、3−30、3−31)。モールの長さの標準は約四〇〇メートル強で、「kaze」と「mori」が動く歩道で接続されているイオンレイクタウンのモールにいたっては全長約一キロメートルもある。一見、四〇〇メートルというと長すぎると思われるかもしれないが、例えば、横浜の馬車道、イセザキモール、中野ブロードウェイなどの日本の代表的な商店街やアーケードも四〇〇メートルであること、原宿の表参道が約一キロメートルであることなどを鑑みると(高橋 1985:39)、日本のショッピングの歩行をめぐる慣習的な空間・時間感覚がSMに折り畳まれていると言えよう。

巨大SMの曲線型のモールは、人間の視認距離である一〇〇メートル先が見通せるあたりでカーブが描かれている(栗山 2012:76)。それ以前の小規模なSC・SMにも湾曲したモールは見られたが、湾曲している間口をもつテナントは比較的面積の大きな少数のテナントに限られていた。それに対して、二〇〇〇年代のSMは大量の比較的面積の小さなテナントがシームレスに連なり、長大な曲線型のモールを形成していることが特徴だ。「各店舗の間口を狭く、奥行きを深くすることで、同じ距離の中で見える店舗数を増やし、

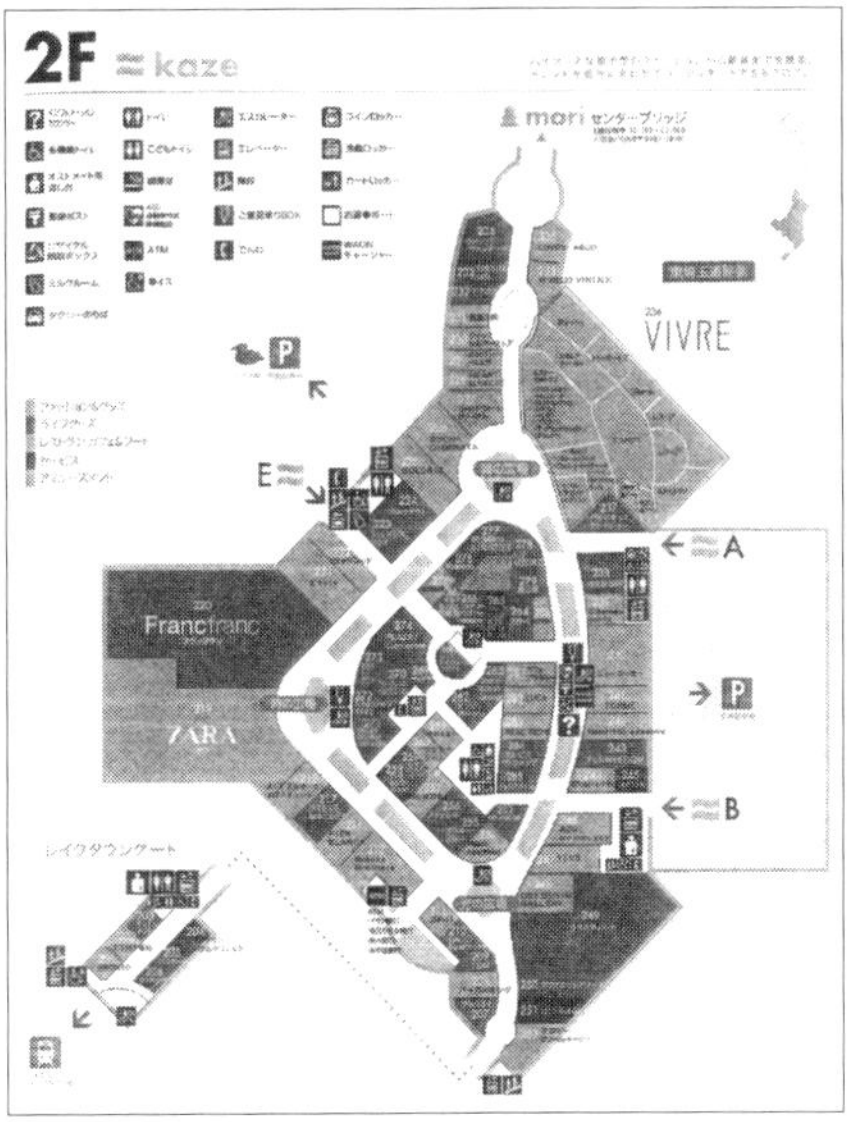

右：図3-29◆イオンレイクタウン kaze 平面図
　出典：『SC Japan Today』2008年12月号
左：図3-30◆同 mori 平面図
　出典：同

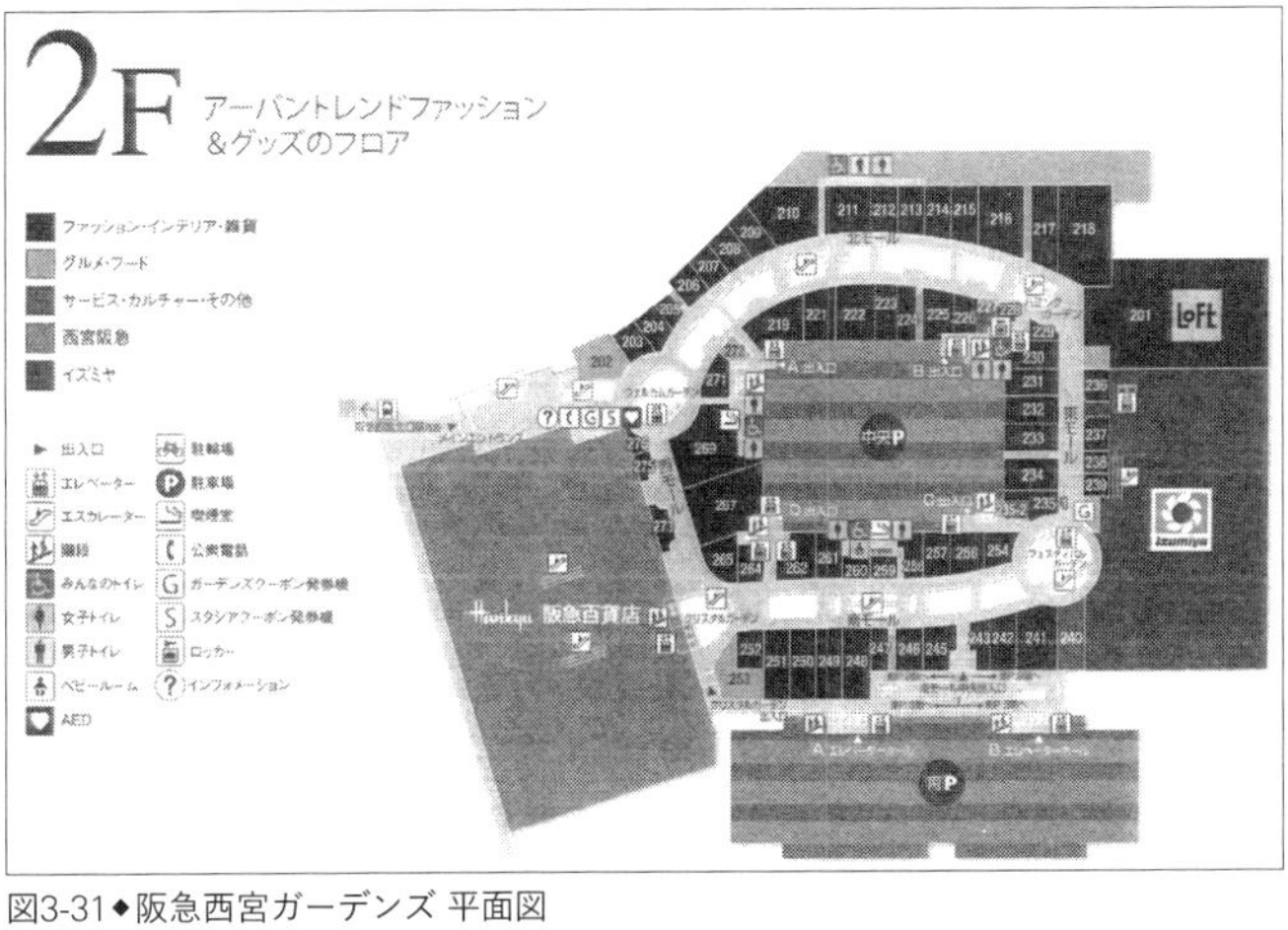

図3-31◆阪急西宮ガーデンズ 平面図
　出典：『SC Japan Today』2009年2月号

賑やかで歩いていて楽しいモールが出来上がる」(同:79)という。

一方、九〇年代までに見られたエンターテインメント型SCならではの体験価値は、ラゾーナ川崎プラザであれば、直径六〇メートルの「ルーファ広場」でのライブ・コンサート、ららぽーと豊洲であれば、親子で楽しめる職業体験施設「キッザニア」などに引き継がれているが、巨大SMの長大なサーキット型モールを回遊すること自体が、そこに足を運ばなければ味わうことのできない体験価値を付与するようになった。そして、これら巨大SMの内部空間では、客が長時間歩いて疲れを感じさせないために、床にはタイルに加えてカーペットを素材として使い分けることも定石となった。

二〇〇〇年代のSC・SMでは、巨大化・大型化の一方で、「特集 人にやさしいSC」(2003.2)に見られるように、ユニバーサルデザインやバリアフリーの観点から、車椅子やベビーカーでも買い物がしやすく、子どもや高齢者にも配慮した段差のないモールの整備が進んだ。床の素材のカーペットの採用は、子どもが転んでも怪我をしないための配慮でもある。

また八〇－九〇年代に多く見られたエンターテインメント性の高い、広域型の非日常的な消費空間として位置づけられるSCに代わって、三井不動産の三井ライフスタイルパークなど「ライフスタイルセンター型」SCと呼ばれる、コンパクトな圏域の近隣の顧客の日常生活に密着したSCが台頭するようになった。これまでのハイテンションな消費を喚起するSCではなく、「小ハレ気分」を満たすライフスタイルセンター型のSCの開発にあたっては、地域生活に溶け込んだコミュニティ・ライフスタイル志向や自然との共生などの環境志向を掲げるヨーロッパのSCが、アメリカのSCに代わって評価されるようになった(「特集 欧州流通事情」(2005.7-8)、「特集 ヨーロッパのSCづくりに学ぶ」(2007.7-8))。

例えば、玉川高島屋SCのディベロッパーである東神開発が開発した、東京都立川市の「若葉ケヤキモール」(二〇〇六)は、髙島屋の若葉町物流センター跡地の「土地ありき」で開発が始まり、商圏は半径二キロメートル、エリア人口は約九万人。そこに収まる住民の日常生活+αの消費欲求を満たすよう選定されたテナント構成は、玉川髙島屋SCより価格帯が抑えられている。これらライフスタイルセンター型のSC・SMは散歩を楽しむ近所の公園の延長として位置づけられ、第2章で〈エコロジーの時代〉として詳述されているように、自然との共生や調和、省エネルギーを重視し、植栽が豊かなオープン・モールとエンクローズド・モールの両方を兼ね備えたハイブリッド型のモールであることが特徴である。

以上、七〇年代以降のモールの変遷を整理すると、七〇年代までは直線型のオープン・モールが主流だったが、八〇年代にはジグザグ状に蛇行したエンクローズド・モールが増加し、SC・SMが時間消費型消費の場として見なされるようになった。八〇年代のモールは、SC・SMの店舗面積が小さいために鈍角でラウンド型を描くにとどまっていたが、九〇年代は、リニューアルや巨大化にともないモールが拡幅・拡張され、モールの曲線は滑らかに伸張した曲線を描くようになった。二〇〇〇年代は、巨大SMの誕生により、最初からメインモールの設計を中心に組み込んだサーキット型やハイブリッド型のモールの開発が主流となり、毛細血管のような細かい通路をもつSCから、大動脈のような長大で幅のある、「緩やかに湾曲しながら伸びた曲線型のモール」を中心に据えたSMへ変化していった。店舗面積の巨大化にともない、モールは客を飽きさせずに滞留させて時間消費型消費を喚起するための装置として形態的変化を遂げ、その演出技法を洗練させていった。

このようにモールの物理的な形態は年代ごとに変化をしていったとはいえ、協会誌の誌面で八〇年代半ば以降はモールの特集が組まれておらず、モールの演出技法や空間の基本的な文法の原型は七〇-八〇年代までに整っていた。そして、それらの原型が七〇年の大阪万博に見出されることはすでに指摘したとおりであ

上：図3-32◆ラゾーナ川崎プラザ ルーファ広場
出典：『SC Japan Today』2010年6月号
下：図3-33◆イオンレイクタウン レイクタウンゲート
出典：『SC Japan Today』2008年12月号

る。交通の結節点に計画し、歩行者動線や広場の整備によってエリア内の回遊性を高めるSC・SMの論理は、大阪万博のそれと重なり合う。大阪万博が「人類の進歩と調和」としてテーマに掲げた「人間と自然」「人間と技術」「人間と人間」の調和は、例えば「人間と自然」は、緑あふれるSC・SMや自然光が降り注ぐ吹き抜けのあるSC・SMとして、「人間と技術」は、エスカレーター、エレベーター、照明、駐車場として、「人間と人間」は、賑わいやコミュニティなどとして、SC・SMの計画・開発の変遷のなかで言葉を変えながら繰り返し言及されてきた。

「大屋根に包まれた街」をコンセプトとするラゾーナ川崎プラザのルーファ広場の光景にしても、エスカレーターで上って入るイオンレイクタウンの屋根が架かった「レイクタウンゲート」の光景にしても、大阪万博の大屋根とお祭り広場の光景とオーバーラップする（図3－32、3－33）。現代のSM建築は、大阪万博で培われたモールの技術のバージョンアップを積み重ねてきた先のかたちとしてある。

ただし、大阪万博とSC・SMの連続性は、単にモールの技術や空間構成の類似にとどまるものではない。「万博はそれを開催する社会に夢のような外部を付与し、そして社会はこの外部を解くべき「課題」

（＝流行）として消費していく」（貞包 1995:166）。万博の機能は技術の革新や商品の集積というスペクタクルによって、仮想的な外部を付与することで資本主義の更新・延命を図る「資本主義の祭り」でもあった（同:166）。と同時に、大阪万博は、戦後の日本が消費社会と接合することで万博のもつ特権性や外部性を消失させ、それ以降、万博の機能がSC、遊戯施設、テーマパークなどに取って代わられる分岐点であった。仮想的な外部とは出口ではない。消費社会とは出口のない自閉した世界である。万博の機能が変奏されたSCは、モール自体の物理的な形態や空間の文法に漸進的な変化を加えながら、そこに憩い、エンターテインメント、街、コミュニティ、自然との共生などの意味を仮想的な外部として上書きしていくことで自らの更新・延命を図ってきた。換言するならば、モールに投影される意味や欲望は時代ごとに変容したとしても、それらの意味や欲望をそぎ落とせば、人の流れを動線でコントロールして回遊性を高め、SC・SMの売り上げを最大化するための装置として発展してきたという点は変わらない。

さて、直線型から曲線型へと変化してきたモールの形態の変遷のごとく、多少話が迂回してしまった。次節では、二〇〇〇年代の巨大SMにおいてモールはどのような欲望に応じた形態をとり、そこでの身体の経験はいかなるものなのかを詳察することにしたい。

6 工学主義的空間による振る舞いのコントロール

二〇〇〇年代の巨大SMの「緩やかに湾曲しながら伸びた曲線型のモール」は、歩き続けるなかでその先の視界が徐々にシームレスに開けてくる。ガレリア式のSMでは、上下階のテナントも視界に入り、そ

図3-34◆ららぽーと横浜 モール
出典：『SC Japan Today』2007年5月号
図3-35◆イオンレイクタウン モール
出典：『SC Japan Today』2008年12月号

れらの気配が感じられる（図3−34、3−35）［★31］。そのため、上下階にどのようなテナントがあるのかが気になり、先へ進んでみたくなる。吹き抜けの天窓から注ぐ自然光も客に上層階への歩みを誘発する。また長大な曲線型のモールは直線型のモールとは異なり、全長を一気に把握できないため、距離が長く感じられず疲れにくい。

そして、モールの両端には、ユニクロ、無印良品、家電量販店など、面積が広く集客力のあるテナントが置かれている。これら集客力のあるテナントが磁石のように買い物客を引き寄せる「マグネット効果」によって、ＳＭの端から端まで客のサーキュレーションが平均化し、サーキット型のモールを時間をかけて回遊するよう促すのだ。サーキット型のモールは、初めての来訪客に、とりあえず店内を一周してみようという気を起こさせる。百貨店の場合は性別やカテゴリー別にフロアが分かれているために全フロアを歩こうとする人は滅多にいないが、それらのカテゴリーがフラットでテナントがシームレスに連なるＳＭでは、ついつい端から端まで歩かされてしまうのだ。

ＳＭ内での滞在時間の伸びは、売り上げの増加へとつながる。モールの途中には長時間休憩のできるソファやテーブルが置かれているほか、ＳＭの両端や中央部にはカフェがテナントとして入っていることが多く、歩き疲れた人びとがそこでお金を落とす。このようにＳＭでは、できるだけ人びとを長時間滞在させる「時間消費型消費」を促し、売り上げを最大化するための空間設計がなされている。

その一方で、インターネットの普及により、私たちは必要な情報を瞬時に検索し手に入れることが可能になった。消費行動において必要なものは時間を節約してできるだけ早く効率よく購入したいという欲求が恒常化するようになった。客は毎回ＳＭで長時間歩くことを望むわけではない。日常的にＳＭを訪れる人にとって、巨大なＳＭの端から端まで歩かされることは苦痛でしかない。それゆえ、多くのＳＭでは楕円形の動線に加えて、「時間節約型消費」の需要にも応えるショートカットのバイパスが設けられ、８の字型のレイアウトを形成している。すなわち、楕円形型と８の字型の混合レイアウトによって、時間節約型と時間消費型の選択可能性が担保された空間になっているのだ。

また館内マップの掲示板やパンフレットを見ると、テナントのロゴやピクトグラム（絵文字・視覚記号）の一覧が掲載されている。テナントは家電、インテリア、ファッション、レストランなどのカテゴリー別に色分けされているほか、トイレは男女のピクトグラム、レストランはナイフとフォークのピクトグラム、インフォメーションコーナーは「ｉ」や「?」のピクトグラムで表示されている。初めての来訪者でも、巨大ＳＭにおいて何がどこにあるかを迷わず、判別できるようにするためだ。実際、百貨店の館内放送でしばしば流れる迷子のお知らせをＳＭではあまり耳にしない。これらのロゴやピクトグラムは、年齢、言語の違いを超えて誰にでも情報を瞬時にわかりやすく伝達するサインシステムとして、人びとが行きたいテナントに効率よくたどり着くための時間節約型消費の媒介となっている。

以上のようなSMの動線、空間のレイアウト、サインシステムには、八〇年代のポストモダニズム建築に見られた舞台装置としての記号性や物語性を脱色し、人びとの振る舞いを空間によって即物的に操作・管理する形式が先鋭化した建築空間である「工学主義的空間」の論理が内包されている[★32]。

大量の人の流れを動線や空間のレイアウトによって効率よくコントロールするSMの工学主義的空間は、他のビルディングタイプでは空港にも共通して見られる[★33]。空港でも搭乗口、到着ロビー、手荷物受取場などにはピクトグラムが採用されており、世界中どこの空港でも基本的に迷うことがない。空港は貨物などのモノのフローと、人のフローを大量かつ等価に扱う空間だが、SMでも人は流通する商品と同列の扱いのもと、即物的にコントロールされている。

SMと空港は、サインシステム以外にも、郊外の広大な敷地に立地する低層の建築物である点、監視カメラなどによるセキュリティが強化されている点、国籍、言語、文化に関係なく消費者を受け入れる場所である点なども共通している(北田・南後ほか 2011)。羽田空港国際線ターミナルの「江戸小路」をはじめ、空港内のギフトショップやレストラン街がテーマパーク化するなど、空港自体がSM化していると言ってもよい。

ここまで見てきた工学主義的空間が消費空間として露骨かつ見事に設計されている場所は、国際空港の免税店だろう。多くの国際空港では、セキュリティ・チェックを受け、搭乗ゲートにたどり着くまでの間に免税店を必ず通過するよう動線が引かれている。乗客は一方通行の動線を歩きながら、強制的に免税店の間を回遊させられ、大量の商品を見させられ、ついついお土産などを大量に購入させられてしまう。

また、世界各国の主要都市では、海外からの観光客やビジネス客が言語間の障壁を気にすることなく、価格設定にも安心してショッピングを楽しめる消費空間としてのSMが急増している。例えばバンコクの「ターミナル21」(二〇一二)は、空港のターミナルをテーマにしたSMである。エレベーターの乗り降り口は「出発」「到着」と記してあり、ローマ、パリ、東京、ロンドン、イスタンブール、サンフランシスコなどとネーミングされ、それぞれの都市をイメージしたインテリアや装飾が施された各フロアへ降り立つ仕掛けになっている。空港≒SMとなっている顕著な例だ。そのほか、日本のイオンも「イオン北京国際商城SC」(二〇〇八)、「イオンモール天津TEDA」(二〇一〇)など、アジアへの進出を積極的に展開している。このように、SMはアジア、中東、ヨーロッパ、アメリカなどの国境をこれまた空港と同様に無化しつつ、ますますグローバルな都市風景のひとつとなっている(コラム4参照)[★34]。

言語的にもバリアフリーなSMがもつ「わかりやすさ」は、単にサインシステムの導入によってのみ担保されているわけではない。ここで、SMをひとつの「街並み」と見立て、ケヴィン・リンチが『都市のイメージ』のなかで指摘した「イメージアビリティ(わかりやすさ)」という観点からもSMを考察してみよう。リンチは、都市の視覚的形態としてのイメージアビリティは、パス(道)、エッジ(縁)、ディストリクト(地域)、ノード(結節点)、ランドマークという五つのエレメントによって構成されると説明した(Lynch 1960＝2007)。

これをSMに当てはめて考えてみるとどうなるだろうか。例えば「イオンレイクタウン」は、「kaze」「mori」「アウトレット」という三つのエリア＝ディストリクトで構成され、楕円形の動線のモール＝パスが交わるノードには、「翼の広場」「光の広場」「時の広場」などの広場がある。イオンレイクタウンに限らず、SMは内部空間と外部空間および周辺の敷地との境界＝エッジも明確であり、巨大な建築物の外観自体がランドマークとして機能しているほか、内部にもランドマークとなる時計、彫刻、樹木などのオブジェがある。このようにSMはリンチのいう五つのエレメントをすべて兼ね備え、イメージアビリティが最大限担保された「街」であると言え、「わかりやすさ」が徹底されている。

ただし、六〇年代にリンチが『都市のイメージ』で都市のイメージアビリティを重視したのは、背景にスプロール化していく無秩序な都市再開発に対する批判意識があったからだった。ではなぜ、現代のSMに「わかりやすさ」が求められるのだろうか。そこには六〇年代とは異なる意味でのイメージアビリティへの欲求があるにちがいない。

7 SMにみる情報空間の秩序と速度

それは端的には、インターネットやケータイの普及にともなう、瞬時に必要なものを検索して購入したいという欲求、すなわち時間を節約して効率よく買い物をする「時間節約型消費」へのニーズの高まりである。私たちはSMに訪れる際、つねに長大なモールを歩き、複数のテナントをのぞきながら長時間ショッピングを楽しむ時間消費型消費をつねに享受したいわけではない。例えばファストファッションの店で必要なものがあらかじめ決まっている場合、できる限り最短の距離と時間でその店舗にたどり着きたいと考えるだろう。SMに限らず、「食べログ」や「ぐるなび」などのサイトであらかじめ飲食店を検索し、周囲の店は見流して目的の店に向かうという行動も頻繁に見られる。

ネットの普及は、「見たいものだけを見ること」を可能にし、目的地まで瞬時に効率的にたどり着けるという消費感覚を一般化させた。SMは、その消費感覚を充足させる空間としてある。より精確に言えば、楕円形型と8の字型の混合レイアウトに典型的なように、時間消費型消費のみならず時間節約型消費の選択もできる空間であることはすでに述べた。

　同じくすでに見たように、ＳＭはカテゴリー別の店舗、フードコート、トイレなどのサインシステムが完備されており、どこで何が買えるか、食べられるかがすぐにわかる――サインシステムは、テナントのアトランダムな配置も補完している。ＳＭでは、見たことのない、そこでしか売っていない商品と遭遇することを強く期待するわけではない。むしろ、どこかで見たことのある、すでに知っている、それなりの商品への確実なアクセスが保証されているということのほうが重要なのだ。

　現在もなお、書籍、衣料、食品を中心にネットショッピングの市場は拡大し続けている。しかし、リアルな消費空間はあまねく衰退したわけではない。では、ＳＣ・ＳＭが巨大化、増殖し続けてきたのはなぜだろうか。その理由には、ネットショッピングでは担保されないＳＭのモールを遊歩する身体的快楽、巨大な建築空間のスペクタクル、実物をチェックしてから購入したい願望、買い物だけではなく食事や映画なども楽しむことのできるパッケージ化された消費空間の利便性などが挙げられるだろう。

　それらに加え、ここではＳＭがもつ膨大な量としての商品の集積に着目したい。わざわざＳＭに足を運んで、テナントの数が少なかったり、商品が売り切れていたりすれば消費者は満足しない。ＳＭは、「いつでも・どこでも・なんでも揃う」消費空間として前景化している。コールハースによるBignessの議論を敷衍するならば、消費者はＳＭを交通の利便性以外に、店舗面積という「規模」や商品の集積という「量」で選択しているということだ。ＳＭの建築空間でしか味わえない体験価値はあっても、そのＳＭの建築空間でしか享受できない体験価値が強く求められているわけではない。

　社会学者の北田暁大は、インターネットやケータイが普及した〈ポスト八〇年代〉において、渋谷などの都市は、記号空間としての象徴的価値を失い、もはや情報量や店舗の多さという数量的な相対的価値しかもたないと指摘した（北田 2002→2011：117）。この指摘は、SMにも／こそ当てはまるだろう。SMにおいても、いかに数多くのテナントと商品が集積しているか、その量が近隣のSMと比較してどれだけ多いかという数量的な相対的価値にもとづく評価が下される。

たしかに、〈ポスト八〇年代〉においても、SMを記号空間として演出するテーマパーク的手法は残存しており、「死後の生」を生きている。いまだに中世ヨーロッパやアメリカ西海岸の街並みなどをモチーフとする意匠を施した店舗は散見されるものの、それらの虚飾的な記号はもはや深く信じられてはいない。SMの擬似的なイメージによる空間演出へ向けられるまなざしや、SMの虚飾的な記号による空間構成を物語として「読む」態度は弛緩してしまっている。現代のSMにおけるまなざしのあり方や空間経験は、従来語られてきたような記号空間としてのSMの遊歩や快楽へ回収することはできず、これまでとは異なる位相へと変容している。

なるほど、北田は、「〈ポスト80年代〉的なまなざしを特徴づけている最大の特徴は、都市を文学作品やテレビドラマ（テクスト）のように『読む』のではなく、むしろCF（最も広告らしい広告）のように『見流す』という態度である」（北田 2002→2011：118-119）と述べた。そのうえで、都市を見流すまなざしのあり方をテレビの視聴形態のメタファーを用いて、「ザッピングするまなざし」と呼んだ。

しかしながら、〈ポスト九〇年代〉的（より限定的には一九九五年以降の）風景であるSMの内部空間におけるまなざしは、見流すという態度は同じだが、ザッピングのように断続的に切り替わるのではなく、秩序立って整然と並んだテナントの連続体を滑らかになぞるまなざしである。それはテレビではなく、PCやスマートフォンの画面をスクロールする感覚に近い。それゆえ、テナントが水平に連続するモールをスムーズに回遊し、歩みを進めるにつれ、テナントが視界をフローしていくまなざしのあり方をPCやスマートフォンの閲覧形態のメタファーを用いて、「スクロールするまなざし」と呼びたい。時間をかけてモールを回遊したい場合はスクロールの速度を緩め、お目当て(「お気に入り」)のテナントに行きたい場合はスクロールの速度を早めるというわけだ。

SMにおける「スクロールするまなざし」を、PCやスマートフォンのより具体的なソフトウェアを参照項とするならば、Apple社製品のiTunesに組み込まれた「Cover Flow」がよい例だろう。Cover Flowは、曲のジャケットや写真が正方形で表示され、それらをアルバムのページを指でめくるように選択し、音楽を再生できる三次元グラフィカル・ユーザーインターフェイスである。SMが「見たいものだけを見る」ことができ、時間節約型消費へのニーズにも適応しているように、Cover Flowもユーザーによってカスタマイズ可能で、人それぞれに最適化されている。Cover Flowでは、全部のプレイリストを平均的に視聴するのではなく、頻繁に同じ曲を聞くヘビーローテンションの曲が生まれることがある。このヘビーローテーションの曲をSMに当てはめると、マグネット効果をもつH&Mや無印良品をはじめ、それぞれの客が頻繁に足を運ぶテナントに相当すると言えるだろう。

また、大量の商品が集積し、テナントのカテゴリー別にサインシステムが整備されたSMはさながら「情報アーカイヴ」のようであり、各テナントのロゴは、その情報アーカイヴを検索するためのアイコンとして位置づけられる。それゆえ、Cover Flowにおける曲のジャケットや写真は、テナントの連続体であるSMの場合、ロゴの連なりとして見立てることができよう。ただし、Cover Flowではすべての画像のサイズが均一で直線に並ぶ。それに対して、SMでは個々のテナントの間口や面積は異なる。それゆえ、SMでの「スクロールするまなざし」は不均等なサイズのロゴが連続してシークエンス=Cover Flowを形作る。具体例として、「テラスモール湘南」(二〇一一)の店内で配布されているフロアガイドのフロアマップを見

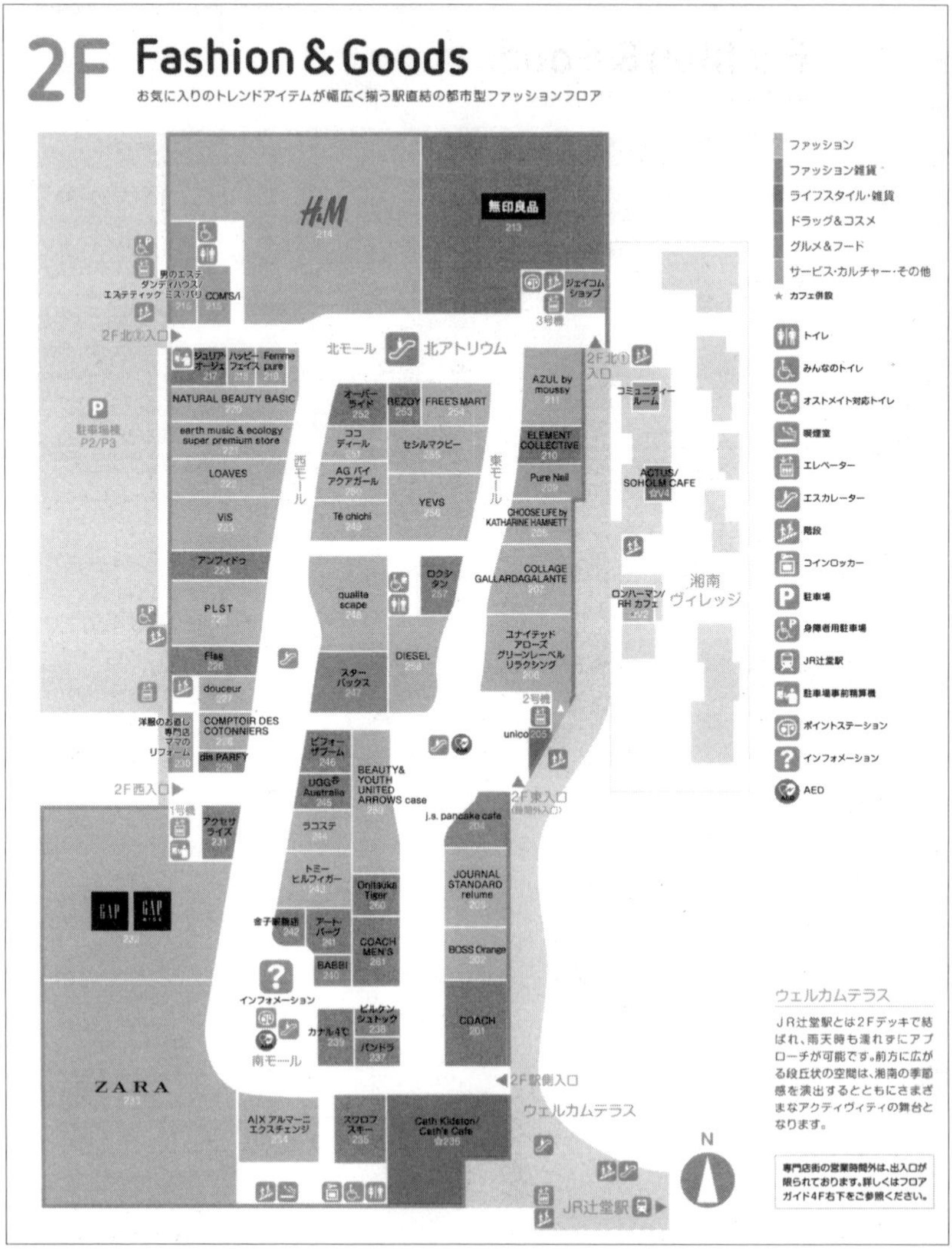

図3-36◆テラスモール湘南 フロアマップ 2F

てみよう（図3－36）。二階の上端にはH&M、無印良品、下端にはGAP、ZARAという定番のテナントがある。両端にマグネット効果をもつテナントを配置することで、客にモールを回遊させようとするサーキット型モールであることがわかる。モールの中央部には、歩き疲れた客を狙って、スターバックスなどのカフェが配置されている。客の振る舞いを空間のレイアウトによって物理的にコントロールし、売り上げを最大化することを狙ったSMの工学主義的空間設計のお手本のようなテナント配置である。

ちなみに、テラスモール湘南は最寄駅であるJR辻堂駅から直結しており、改札口を出て直進すると二階入り口から店内に入る動線が引かれている。そこで、フロアマップ下側の入り口から入り、8の字動線のショートカットを使わずに時計回りで二階を一周した場合の「スクロールするまなざし」の経験を表現してみよう。

図3－37は、テラスモール湘南二階のフロアマップをCover Flowの形式へ、各テナントをそれぞれのロゴへ置き換えた図である［★35］。すべてのテナントのロゴが均一のサイズで直線に並び、マグネット効果や集客力のあるテナントのロゴが前面に出ている。PCやスマートフォンであれば、このようなかたちで全体を一望かつ俯瞰できるが、実際にテラスモール湘南のモールを歩いているときの「スクロールするまなざし」はどうだろうか。

第一に、テナントの面積が個々に異なることに着目し、ある二〇代女性のテラスモール湘南二階でのスクロールするまなざしを見てみよう。図3－37の基本形に、大阪万博のパビリオンのように各テナントの面積を1から10（小から大）に分類した物差し（図3－38）を横軸の目盛りとしてつけ加えると、図3－39のように変形する。ある二〇代女性がよく見る／訪れるテナントが前面に出て、そのロゴの横幅がテナント面積に比例して大きくなっている。

上：図3-37◆Cover Flowの形式への置き換え
中：図3-38◆テナント面積の物差し
下：図3-39◆ある20代女性のスクロールするまなざし：面積

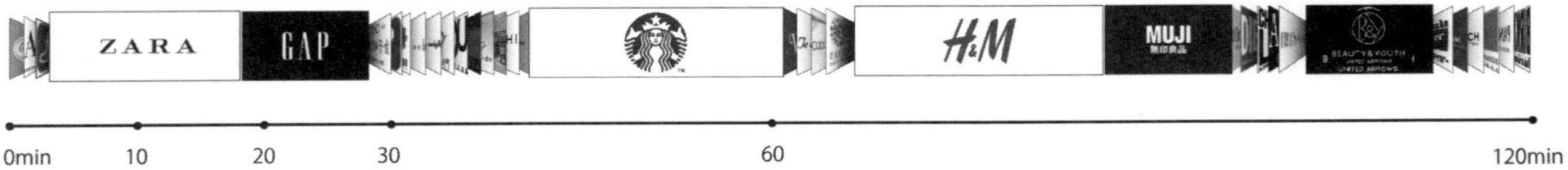

上：図3-40◆ある20代男性のスクロールするまなざし：時間消費型消費
下：図3-41◆ある20代男性のスクロールするまなざし：時間節約型消費

上：図3-42◆ある20代女性のスクロールするまなざし：面積（モール動線）
中：図3-43◆ある20代男性のスクロールするまなざし：時間消費型消費（モール動線）
下：図3-44◆ある20代男性のスクロールするまなざし：時間節約型消費（モール動線）

図版作成：川原のり子＋藤方信基＋山本怜奈（桑沢デザイン研究所）

第二に、それぞれのテナントでの客の滞在時間が異なることに着目し、ある二〇代の男性のテラスモール湘南二階でのスクロールするまなざしを、一二〇分の時間消費型消費と三〇分の時間節約型消費に分けてみると、図3－40と図3－41になる。実際の滞在時間を横軸の目盛りとしてつけ加え、その長さに応じてロゴの横幅が伸張している。ただし、テラスモール湘南のモールは直線型ではなく、ところどころ湾曲、蛇行している。そこで、ある二〇代の女性と男性がそれぞれ歩いた動線やテナントの間口の傾斜角度を横軸の変数としてさらに加えると、図3－39は図3－42に、図3－40と図3－41はそれぞれ図3－43と図3－44のように変形する[★36]。

また、Cover Flowのほかに、AppleのウェブブラウザSafariには、「Top Sites」という機能がある。頻繁に閲覧するウェブサイトが登録され、閲覧回数順にウェブサイトのトップページが表示されるシステムだ。Cover Flowと同様、このシステムもSMにおける空間認識とシンクロする。

図3-45◆Top Sitesの形式への置き換え

日常的に同じSMを利用する客でも、店内のすべてのテナントやその配置を把握している人はほとんどいないだろう。だが、SMの外壁に貼られた巨大看板広告のロゴにあるような有名どころのテナントが、どのフロアのどこに位置しているかはイメージできる人は多いにちがいない。SafariのTop Sitesのトップページを、SMで頻繁に利用するテナントのロゴで表示すると、客にとってSMは図3－45のようにイメージされるのではないだろうか[★37]。Top Sitesの各段＝SMの各フロアに、ロゴが並んだものとして。

ただし、建築空間としてのSMと情報空間としてのSMは二項対立的に捉えられるべきものではない。私たちの建築空間の知覚や認識のあり様はつねにすでにさまざまな情報メディアによって媒介され、拡張されている。空間と社会についての若林の議論を敷衍すれば、SMの空間とは、現代の情報社会に支配的な空間概念やイメージという理念的・想像的な位相、建築形態という物質的な位相、情報メディアに媒介された行為を通じた空間の経験や再生産という遂行的な位相が互いに参照し合いながら社会的な現実を構成している(若林 2010a:93)。

さらに言えば、SMに見られる建築空間と情報空間との関係はアナロジーで語るべき次元にとどまるものではなく、SMを訪れる私たち客もデータとして扱われている。例えば、イオンモールは「イオンカード」、ららぽーと系列のSMは「三井ショッピングパークカード」などのクレジットカードを発行している。これらのクレジットカードを使用して買い物をすると、何月何日何時何分にSM内のテナントAでどのような買い物をしたのか、その何分後にテナントBでどのような買い物をしたのか、そのつど、商品の内容と金額がデータベースに記録されていく。クレジットカードを通じて顧客の振る舞いや行動履歴が情報に還元され、一元的に管理されているのだ。滞在時間、来店回数、平均単価などの情報もデータベースに次々と記録されていく。いわば、クレジットカードを用いてSMで買い物をすればするほど、巨大建築空間の背後で、購買履歴のデータベースという、もうひとつの巨大情報空間が構築されていくことになる。

なかには、ケータイの電波状況を追跡・解析することで、来店客数、顧客の店内での滞在時間、頻繁に立ち寄る場所とあまり寄りつかない場所などの傾向を可視化するシステムを導入したSMもある[★38]。このシステムにより、テナントAで買い物をした客のうちの何人がテナントBに寄るかを把握することができ、テナントAとBの位置関係が客動線として効率が悪いと判断した場合、テナントの配列を組み換える

図3-46◆O-kini Cityの三次元CG（千里国際情報事業財団）
出典：『ショッピングセンター』1995年9月号

ということも行われる。SM内での買い物という行為が情報に還元されることで、物理的な建築空間のレイアウトへもその情報がフィードバックされているのだ[★39]。このように、SMの建築空間と情報空間は互いに別個のものとしてあるのではなく、重層的関係を帯びている。

垂直型の空間構造である百貨店に対して、水平型の空間構造であるSMはインターネットの空間秩序との親和性が高い。また百貨店の平場と異なり、間仕切りで独立し、整然と規則正しく並んだSMのテナントは、売り上げが悪ければ容易に交換・入れ替え可能なものとしてあるという点ではスマートフォンのアプリのようなものとして機能しているとも言えよう[★40]。テナント、フードコート、トイレなどのサインシステムも整備されており、必要な情報をすぐに検索できるという点ではSM自体が「インフォグラフィックス的空間」[★41]としてある。

このようにSMにはインターネットやスマートフォンを媒介とした空間秩序や速度の現れを見てとることができる。九〇年代、インターネットの情報空間は、「ウィンドウ」「デスクトップ」「壁紙」のように、物理的な建築空間のメタファーを用いながら普及した。まだ「ヴァーチャル・ショッピング」と呼ばれていた九五年頃のネットショッピングのシステムでは、SCや商店街の三次元画像が表示され、それらを散策するようにPCショップ、カメラショップ、花屋などへアクセスしながら買い物することで臨場感を出そうとする「電子モール」の仕組みが試行されていた(「特集 SCとマルチメディア」1995.9、図3-46)。しかし、現代のSMではその関係が反転し、ネットを媒介とした空間秩序や速度を内包した〈ポスト九〇年代〉的風景が広がっている。六〇-七〇年代以降、自動車の速度に対応して建築形態の変化を遂げてきたSMは、現代では自動車に加え、インターネットやスマートフォンの速度が重奏した消費空間として立ち現れている。

8 おわりに

日本でSC・SMは六〇年代後半以降、モータリゼーションによる郊外化と所得水準の向上を背景として普及し始めた。その後、大阪万博を契機として洗練された、モールをはじめとする工学主義的空間のテクノロジーは、SC・SMの設計にも余すところなく駆使され、二〇〇〇年代によりいっそう先鋭化した。現代のSC・SMは、大阪万博以降の日本の商業建築がたどり着いたひとつの到達点であると言っても過言ではない。大阪万博で掲げられた人間と自然、人間と技術、人間と人間の調和は、SC・SMの建築空間の発展において流通や消費空間へと翻訳され、時代や社会の欲望を貪欲に取り込みながら、その姿かたちを変えてきた。換言するならば、SC・SMの日本社会における発展は、大阪万博のテクノロジーが現実化、日常化し、私たちを取り巻く空間として自然なものになっていくプロセスでもあった。

大阪万博の企画立案に携わった社会学者の加藤秀俊は、SCに関して七〇年当時、次のように述べていた。「さまざまな物資は、いま日本列島からオーバーフローしつつあるようにさえ感じられるのだ。ショッピング・センターは、その洪水のなかにある小さな貯水池のようなものなのかもしれない」（加藤 1976:210）と。加藤が指摘した「物質の洪水」はその後、水量を増し続け、SC・SMはその「物資の洪水」を処理する空間として、「小さな貯水池」から、まるでダムのように「大きな貯水池」へと変貌していった。だが、巨大化した現代のSMは、豊かさが量と結びつけられた「物資の洪水」の反映ではもはやなく、人や商品も情報として等価に扱い、それら膨大な情報量を処理する情報アーカイヴとしてある。モールは、情報のフローとストックを、人であれば回遊と滞留というかたちで差配する工学主義的な装置なのだ。

SMはサインシステムに加え、検索やスクロールなど、情報空間に支配的な空間認識や経験のあり方を拡張しながら建築形態という物質的位相に定着させている。そのようなSMでの経験に快適性を感じるのは、単に安心・安全で清潔な空間であるからだけではなく、インターネットやスマートフォンが自然なものとなった私たちの時間・空間感覚との親和性が高いからにほかならない。むろん、SMは建築空間と情報空間が重層的関係を取り結んでいるにすぎず、あくまで情報空間とは異なる。無限に更新、拡張可能な情報空間と異なり、SMの空間は有限で、敷地や壁によって切断されている。低層・水平型のSMにおいて、長大で湾曲したモールが永遠と続くかのように感じられるのは、高層・垂直型で幅の狭い通路しかもたない百貨店との差分として知覚されているにすぎないとも言えるだろう。

また、ネットショッピングは、購買・閲覧履歴から商品を自動的に抽出・表示する「リコメンド」機能などによって消費者の欲望を先取りし、消費者を、見させられ、選ばされる受動的存在へと変えつつある。それに対し、SMでは工学主義的空間によるコントロールによって消費者が見させられ、歩かされている受動的な存在であると同時に、自らSMに足を運び、物理的に距離の長いモールを歩くという身体的関与によって能動的な存在であるかのように振る舞わせてくれる。SMはたしかに商品の量という数量的価値が担保されていることも重要だが、そのような能動と受動のあわいを遊歩する快楽ゆえに、結局欲しいものが何もなかったという徒労感や肉体的疲労、騒がしい子連れ客などの共在する他者の存在もそれなりに許してしまえるような、だらっとしたゆるい空間なのである。緩やかに湾曲しながら伸びたモールのように。

註

★1——一九七四年に施行された大規模小売店舗法(大店法)は、店舗面積三〇〇〇㎡以上(特別区・指定都市は六〇〇〇㎡以上)の第一種大規模小売店、店舗面積五〇〇㎡以上の第二種大規模小売店の出店を規制することにより、中小小売業者の事業活動機会の保護を目的とした法律。二〇〇〇年に、地域社会と大型店との融和の促進を目的とし、出店規模の審査を基本的に行わない大規模小売店舗立地法(大店立地法)が施行され、大規模小売店舗法は廃止された。

★2——SMとタワーマンションは、セットで開発されるパターンが多い。例えば「アーバンドック ららぽーと豊洲」(二〇〇六)は、石川島播磨重工業と三井不動産が協同で推進する「商業・住宅の大規模複合型ウォーターフロント開発」の一環として、五二階・三二階の二棟のタワーマンション、中・高層住宅、公園、美術館などと一体となって開発された。「イオンレイクタウン」は、越谷市の特定土地区画整理事業の一環として、都市再生機構が開発主体となって面的に整備された住宅地、調整池、公園、駅などと一体となって開発された。

★3——工場跡地へのSCの出店は七〇年代から見られ、第二次産業から第三次産業への転換が背景にある。

★4——私鉄をはじめとする公共交通機関が発達している日本では、郊外のロードサイド型SC・SMの多いアメリカと異なり、駅前に立地するSC・SMが多い(北田・南後ほか 2011)。『SC JAPAN TODAY』二〇〇六年七月・八月号では、「ジャポニスムSC」として、ターミナル型SC、地下街型SC、高架下型SC、都心型ファッションビル、組合型SC、住宅ビル内型SCの系譜が整理されている。

★5――近年はグローバリゼーションによる都市間競争や観光戦略を背景に、著名建築家の設計によるアイコニックな形態の「あひる」型のSMが世界各国の主要都市で増加している(Xie 2011; Krauel 2012)。

★6――「主要SCの来店客調査データ分析」(矢野経済研究所 2008-2010)では、来店目的を「ブラブラしに行く」と回答する客が、約五〇-六〇%を占める(複数回答可)。

★7――さのちあき(2010)「開店前から行列も ゲームセンターが高齢者の遊び場に」『週刊文春』二〇一〇年一二月二三日月号、五一頁。

★8――例えば「イオンモール大和」の子育てに関する相談・援助を実施している「こどもーる」は、神奈川県大和市の「つどいの広場事業」として位置づけられており、テナント料は無料(大和市役所 2007)。

★9――外部を遮断し、内部に閉じた構えは、郊外のSC・SMに顕著である。都心に立地するSC・SMには、周辺地域の回遊性を考慮し、外部に開かれた動線をもつ店舗が多い。

★10――アメリカではSCという名称が用いられる以前は、「パーキングセンター」という名称が用いられていた(Gruen and Smith 1960=1969:12)。

★11――古くは、ロンドンのバッキンガム宮殿からセント・ジェームス公園に沿って伸びる並木道が“The Mall”という名称であるほか、ワシントンの国会議事堂からワシントン記念塔へ向かう広大な緑の軸線も“The Mall”と呼ばれる(高橋 1985:10)。

★12――建築計画学者の岩佐明彦は、車依存の進む地方都市において、住戸から自動車に部屋着のまま乗り込んでSMの駐車場に入り、シームレスに店内へ入って行く行為に見られるような、郊外全体が車という長い廊下でつながり、住戸から外部を経由しない空間の仕組みを「インドア郊外」と呼んでいる(岩佐明彦 2008:38)。

★13――レム・コールハースは「Bignessのみが、単一の容れ物の中で出来事の無差別な増殖を維持していける。それは、特異性を矯めるのではなく、むしろ強調しつつ共生させるような大きな実体の内部で、それらの独立性と相互依存性をともに組織化していく戦略を展開する」(Koolhaas 1995=2011:163)と述べている。原広司による「均質空間」の概念(原 1975→2007)は、コールハースが指摘する、独立性と相互依存性を共存可能にするBignessの概念と接続可能である。

★14――ガレリアという言葉は、世界最古のアーケードとされるミラノの「ガレリア・ヴィットリーオ・エマヌエーレII世」に由来する。

★15――テナントがリース契約した範囲を示す区画線「リースライン」の設定によって、整然と秩序立ったテナントの並びが実現されている(栗山 2012:165)。

★16――創刊の初年度である一九七三年のみ隔月誌。八〇年代のバックナンバー資料の収集に関しては、財徳薫子氏の協力を得た。記して感謝いたします。

★17――『別冊中央公論 経営問題』(九巻一号、一九七〇年三月)では、「一九七〇年は〝ショッピングセンター元年〟として、「ショッピングセンター元年――胎動する流通新地図」と題した特集が組まれており、玉川髙島屋SC、伊勢丹、西武、三越、ジャスコ、ダイエー、いづみやなどの社長・常務が、「ショッピングセンター時代とわが社の戦略」というインタビュー記事で回答を寄せている。

★18――ディズニーランド(ディズニーワールド)の延長線上に現代のSMを位置づける論調は、Ritzer(2005=2009)などにも見られる。ジョージ・リッツアは、商品やサービスのために買い手と売り手の間でなされる金銭の交換をめぐる過程として「ショッピング」を位置づけ、それはSMだけではなく、競技場、大学、病院、博物館などにも拡散していると指摘している(同:29-30)。

★19――大阪万博におけるサイン計画やストリート・ファニチャーは予想来場者数の滞留と流動のシミュレーションにもとづき、動線上の配置が決定された(西沢 1983:232)。なかでも、大阪万博から本格的に導入され、その後、屋内外で計画的に設置されるようになったストリート・ファニチャーは、配置の仕方や順序によって、モールに統一感、連続性、リズムなどの効果を生む(同:180)。

★20――財団法人日本万国博覧会協会「展示ゾーンの配置計画」『日本万国博覧会会報』第三巻、一九六七年、四四―四五頁。

★21――大阪万博における丹下健三という建築家の位置は、SMではディベロッパーに取って代わられたと言えよう。

★22――玉川髙島屋SCは、オープン・モールかエンクローズド・モールかの分類でいえば、後者に当てはまる。建築設計を担当した松田平田坂本設計事務所は、「ショッピングセンターの型としては、オープンモール型ではなく、クローズドモール型となった。即ち、屋根をかけた、全天候型中庭である。その頃、アメリカへ行くチャヤンスがあり、諸々のショッピングセンターを見学したが、一番新らしいショッピングセンターと称するのが、矢張り屋根をかけたクローズドモールと称するものであり、最新型で、今后《ママ》はすべてこうなる、と説明された」(松田平田坂本設計事務所 1970:104)と記しているように、玉川髙島屋SCのモールはエンクローズド・モールの先駆けであるとは言えるものの、「全天候型中庭」という言葉が用いられているとおり、横に伸びる通路のような形状をとってはいなかった。

★23――「緊急立体特集 玉川高島屋ショッピングセンターを採点する!」『販売革新』一九六九年一二月号、一〇七頁。

★24――SCでは、できるだけ多くの客に店内を歩かせ、専門店を回遊させるためにキーテナントは店内の奥に配置することが定石となっている。しかし、玉川髙島屋SCの場合、結局は奥にキーテナントである髙島屋を置くことになったものの、計画過程では、髙島屋を駅に近い一番手前に置くか、奥に置くかで髙島屋側と東神開発側で揉めたという(倉橋 1984:51)。このようにまだ七〇年前後は、「マグネット効果」をもつキーテナントとモールの配置に関するノウハウが定着していないことがわかる。ちなみに、髙島屋側は、キーテナントが繁盛しなければ専門店も繁盛しないという理由から、駅に近い手前への配置を主張した。それに対し、東神開発側は、当時百貨店は一八時までしか営業できないという百貨店法があったため、年中無休で夜は二一時まで開店したいSCとしては、百貨店の休業日や閉店後に手前が閑散となる事態は避けるべきであると主張した(同:51-52)。

★25――玉川髙島屋SCの計画において、アメリカのSCよりも、スウェーデンのSCの視察が大きなヒントになっていることは日本のSCの立地展開を鑑みるうえで重要である。東神開発の担当者である倉橋良雄は、一九六二年の欧米のSC視察で訪れたアメリカのSCは、自動車の普及率や土地・駐車場の広さなどから「まだ日本に持ってこれる状態ではない(中略)日本では20年かかるなという感じを持ちました」と振り返るのに対し、ストックホルムのSCである「ファルスタ」と「フエリンビー」が、地下鉄の駅やバスターミナルの隣りに立地し、来客数のうち自動車と公共交通機関利用が半々であったことに着目し、「『これなら日本でも5年経てばできる』という確信を持ちました」と語っている(奥住・倉橋・鈴木 1990:35-36)。玉川髙島屋SCオープン当時の自動車利用での来客は、全体の約三割。

★26――地下街型SCでは、名古屋駅桜通口の「ユニモール」(一九七〇)がある。

★27――この構図は、現在のSMにも引き続き適用されている。例えば「ラゾーナ川崎プラザ」は、JR川崎駅から直線に動線が引かれ、広場を経由してSMに入る構図になっている。

★28――「らら」は、躍動しはずむ心のリズムや生活の楽しさを表現する〝ラ・ラ・ラ〟からとり、「ぽーと」は、人や商品情報などあらゆるものが集まる港を意味する。ららぽーとは、その両方を合わせた合成語。『ショッピングセンター』一九八一年五月号、二三頁。

★29――石渡強治（1992）「玉川髙島屋ショッピングセンター――郊外型ショッピングセンターのリニューアル」『建築技術』一九九二年五月号増刊、一一九頁。

★30――円の半径を意味する「radius」の頭文字に由来する設計用語。

★31――ガレリア式のSMは、上下階の客も視界に入り、客同士が見る／見られるの視線のやり取りを緩やかに享受する劇場のような空間効果ももつ。床によってフロアを完全に仕切るのではなく、上下階の気配を視覚的に感得させる空間構成は、チューブ状の柱をもつ「せんだいメディアテーク」（伊東豊雄建築設計事務所、二〇〇〇）のような現代建築にも共通している。SMやせんだいメディアテークの建築空間における上下階および人間の距離関係は、SNSなどの情報空間における人間関係の距離感とも近似している。

★32――工学主義的空間の例としては、セキュリティの強化によって異質な他者を排除するマンションやオフィス、店内の椅子を硬くして客の回転を早くさせるマクドナルドなどが挙げられる。工学主義的空間は、法学者のローレンス・レッシグの言葉を借りれば、人びとの行動や振る舞いを規制する物理的環境を指す「アーキテクチャ」と言い換えてもよい。レッシグは、情報社会における権力の類型として、規範（慣習）、法律、市場、アーキテクチャの四つを挙げた（Lessig 2000＝2001）。

★33――SCにおける飛行場・外国的なるものの意味論については、第4章を参照。

★34――新興国におけるSC・SMは、日本の大正・昭和初期の百貨店の位置づけに近く、ハレの場や啓蒙の場となっている。

★35――図3－37から3－45は、川原のり子・藤方信基・山本怜奈による作成。三名は、筆者が桑沢デザイン研究所で担当した平成二二年度の講義「スペースメディア論Ⅲ」の受講生であり、「ファッション／量販店のインフォグラフィックス」の課題の延長として作成してもらった。記して感謝します。

★36――これらの図版は、二階のみを回遊することを想定として作成したが、むろん上下階を行ったり来たりする場合も考えられる。その場合でも、PCやスマートフォンの構造と同様、スクロールに、リンクやジャンプという動作を加えて表現することが可能である。

★37――図3-45の縦横比は、テラスモール湘南の平面図の縦横比にもとづき、一対一・八九としている。『商店建築』二〇一二年六月号、一九三頁を参照。

★38――カリフォルニア州テメキュラの「プロムナード・テメキュラ」(一九九九)、バージニア州リッチモンドの「ショート・パンプ・タウン・センター」(二〇〇三)など。CNN Moneyウェブサイト(<http://money.cnn.com/2011/11/22/technology/malls_track_cell_phones_black_friday/>)、二〇一一年一一月二二日配信を参照。

★39――実際の店舗を訪れると、スマートフォンにクーポンの表示やポイントの課金がされるNTTドコモの「ショッぷらっと」など、「O2O(Online to Offline)」の動きも広まっている。

★40――経営学者の北島啓嗣は、SCとテナントの関係は、パソコンとOSの関係と類似しており、SCとパソコンの設計思想には共通性があるとしたうえで、次のように指摘している。「ショッピングセンター(SC)は、製品でいうオープン・モジュール・アーキテクチャの店舗設計である。これは、「組み合わせ(モジュラー)型」すなわち部品・モジュール、ここでは「イン・ショップ」形式のテナントのインターフェイスが何らかの意味で標準化していて、既存部品を寄せ集めれば多様な製品ができるタイプである。ディベロッパーが、建物を建てて、そこを区画設計し、特定のインターフェイスをもって部品(個別店舗~イン・ショップ)を入れる。その部品は容易に取り替え可能である。しかし、それを構成する個別店舗間での相互の調整は行われない。それゆえに、小売業の経験・ノウハウを持たないディベロッパーであってもSCの設置、運営が可能である」(北島 2009:100-101)。

★41――インフォグラフィックスとは、インフォメーションとグラフィックスをかけ合わせた言葉。ダイアグラム、チャート、表、グラフ、地図、ピクトグラムなどの総称。

参考文献

東浩紀(2001)『動物化するポストモダン――オタクから見た日本社会』講談社現代新書。

藤村龍至(2009)「グーグル的建築家像をめざして――『批判的工学主義』の可能性」『思想地図』三号、ＮＨＫ出版、七七－一〇九頁。

Gruen, Victor and Larry Smith (1960) *Shopping Towns U.S.A.: The Planning of Shopping Centers*, Van Nostrand Reinhold Company. = (1969) 奥住正道訳『ショッピングセンター計画――ショッピングタウンＵＳＡ』商業界。

原広司(1975)「文化としての空間――均質空間論」『思想』六一四－六一五号。→(2007)「均質空間論」『空間〈機能から様相へ〉』岩波現代文庫、一九－一〇〇頁。

Harvey, David (1989) *The Condition of Postmodernity*, Blackwell. = (1999) 吉原直樹監訳『ポストモダニティの条件』青木書店。

速水健朗(2012)『都市と消費とディズニーの夢――ショッピング・モーライゼーションの時代』角川ｏｎｅテーマ21。

市野川容孝・宇城輝人編(2013)『社会的なもののために』ナカニシヤ出版。

イオンモール株式会社(2011)『会社案内』イオンモール株式会社。

イオンモール株式会社ＣＳＲ統括部・ＣＳＲ推進部(2011)『イオンモールＣＳＲレポート――未来への報告書２０１１』イオンモール株式会社。

石原武政(2006)『小売業の外部性とまちづくり』有斐閣。

岩佐明彦(2008)「郊外空間の生む生活スタイル」『建築雑誌』一二五巻一六〇三号、日本建築学会、三八－三九頁。

加藤秀俊(1970)「ショッピングセンターへの断章」『ＳＤ』一九七〇年二月号、五－八頁。→(1976)「ショッピング・センターへの断章」『空間の社会学』中公叢書、二〇三－二一七頁。

北田暁大(2002)『広告都市・東京――その誕生と死』廣済堂出版。→(2011)『増補　広告都市東京――その誕生と死』ちくま学芸文庫。

北田暁大・南後由和・速水健朗・東浩紀(2011)「ショッピングモールから考える――公共、都市、グローバリズム」『思想地図β』一号、コンテクチュアズ、五四－七七頁。

北島啓嗣(2009)『オープン・インテグラル・アーキテクチャ――百貨店・ショッピングセンターの企業戦略』白桃書房。

Koolhaas, Rem (1995) "Bigness, or the problem of Large," Rem Koolhaas and Bruce Mau, *S, M, L, XL*, The Monacelli Press, pp. 495-516. = (2011) 八束はじめ訳「Bigness――あるいは大きさLargeの問題」、八束はじめ・URBAN

PROFILING GROUP『ハイパー・デン・シティ――東京メタボリズム２』ＩＮＡＸ出版、一五六－一六四頁。

Krauel, Jacobo (2012) *Shopping Malls Now*, LinksBooks.

倉橋良雄（1984）『ザ・ショッピングセンター――玉川高島屋ＳＣの20年』東京経済新報社。

栗山浩一（2012）『成功するＳＣを考えるひとたち』ダイヤモンド社。

Lessig, Lawrence (2000) *Code and Other Laws of Cyberspace*, Basic Books.＝（2001）山形浩生・柏木亮二訳『ＣＯＤＥ――インターネットの合法・違法・プライバシー』翔泳社。

Lynch, Kevin (1960) *The Image of the City*, MIT Press & Harvard University Press.＝（2007）丹下健三・富田玲子訳『都市のイメージ（新装版）』岩波書店。

松田平田坂本設計事務所（1970）「玉川高島屋ショッピングセンター」『近代建築』一九七〇年二月号、九七－一〇四頁。

文殊リサーチワークス（2008）「『ＳＣ白書２００８』にみるショッピングセンター業界のいま」『月刊レジャー産業資料』二〇〇八年八月号、綜合ユニコム、一一四－一二一頁。

六車秀之（2007）『ショッピングセンター成功のためのライフスタイルセンターの構築』同文舘出版。

西沢健（1983）『ストリート・ファニチュア――屋外環境エレメントの考え方と設計指針』鹿島出版会。

Ritzer, George (2005) *Enchanting A Disenchanted World: Revolutionizing the Mean of Consumption*, 2nd edition, Pine Forge Press.＝（2009）山本徹夫・坂田恵美訳『消費社会の魔術的体系――ディズニーワールドからサイバーモールまで』明石書店。

貞包英之（2005）「消失する万博・消費される問い――一九七〇年、大阪万博について」、北田暁大・野上元・水溜真由美編『カルチュラル・ポリティクス１９６０／７０』せりか書房、一五六－一七二頁。

社団法人日本ショッピングセンター協会（2009）『ＳＣ白書２００９――急速に進む需要収縮に挑戦するＳＣ産業』日本ショッピングセンター協会。

社団法人日本ショッピングセンター協会（2011）『ＳＣ白書２０１１――地域再生とＳＣの役割』日本ショッピングセンター協会。

社団法人日本ショッピングセンター協会・ショッピングセンター用語事典編集委員会編（2010）『ショッピングセンター用語辞典（新版）』学文社。

菅原正博・山本ひとみ・大島一豊・野口淳（2011）『コミュニティ・ブランディング――新世代ショッピング・センター』中央経済社。

高橋志保彦（1985）『ショッピングモールの設計計画』彰国社。

丹下健三（1970→2011）『建築と都市――デザインおぼえがき（復刻版）』彰国社。

Venturi, Robert, Denise Scott Brown and Steven Izenour ([1972] 1977) *Learning from Las Vegas: The Forgotten Symbolism of Architectural Form*, The MIT Press. ＝（1978）石井和紘・伊藤公文訳『ラスベガス』鹿島出版会。

若林幹夫（2010a）『〈時と場〉の変容――「サイバー都市」は存在するか？』ＮＴＴ出版。

若林幹夫（2010b）「モール化する世界」、遠藤知巳編『フラット・カルチャー――現代日本の社会学』せりか書房、七〇－七七頁。

Xie, Yeal (2011) *Shopping Malls*, Design Media Publishing Limited.

大和市役所（2007）『平成19年度事務事業評価表』大和市役所。


引用・参照した協会誌の署名論文（年代順に掲載）

鈴木克也（1974）「ショッピングセンターの成立条件」『ショッピングセンター』一九七四年一〇月一日号、二五－二八頁。

中尾久（1974）「モール雑感」『ショッピングセンター』一九七四年一二月号、二四－二六頁。

――（1976）「ショッピングモールの設計」『ショッピングセンター』一九七六年一一月号、二九－三二頁。

本荘次男（1976）「体験的モール考」『ショッピングセンター』一九七六年一一月号、二六－二八頁。

池澤寛（1977）「80年代のＳＣにおけるモールの役割――米国ＳＣによる事例研究」『ショッピングセンター』一九七七年五月号、二〇－二三頁。

伊藤一徳（1977）「海外ＳＣにおけるモール演出技法」『ショッピングセンター』一九七七年五月号、三一－三四頁。

森本勲・松本孝夫（1977）「ＳＣにおける快適なモールの条件」『ショッピングセンター』一九七七年五月号、三五－三九頁。

荒木俊司（1977）「公開性、回遊性、蛇行性を基本テーマとして――錦糸町ステーションビル改造」『ショッピングセンター』一九七七年一〇月号、二四－二七頁。

加藤高邦（1980）「通路の役割とその設定基準」『ショッピングセンター』一九八〇年八月号、三〇－三三頁。

ショッピングセンター編集部（1981）「モールの変遷」『ショッピングセンター』一九八一年三月号、五九－六四頁。

波呂一徳（1981）「望まれる『自然』を表現したモール」『ショッピングセンター』一九八一年三月号、二二－二三頁。

前田利昭（1985）「時間のなかで変化するメインモール」『ショッピングセンター』一九八五年一二月号、一四－一九頁。

池澤寛（1987）「主流はポストモダーン・デザイン」『ショッピングセンター』一九八七年一月号、二四－二八頁。

吉田育ノ進（1987）「美しくなければ生き残れない」『ショッピングセンター』一九八七年一月号、三四－三六頁。

浜島実（1987）「モール空間は、デザイン過剰であってはならない」『ショッピングセンター』一九八七年七月号、三一－三四頁。

小川隆一（1990）「環境型ＳＣづくり」『ショッピングセンター』一九九〇年一月号、二二－二四頁。

奥住正道・倉橋良雄・鈴木義雄（1990）「特集座談会 玉川高島屋ＳＣ成功の要因は立地選定、長期計画、オペレーションetc…」『ショッピングセンター』一九九〇年一月号、三五－三六頁。

日本エレベータ協会（1990）「エレベーター・エスカレーターを使った楽しさの演出」『ショッピングセンター』一九九〇年九月号、五五－六三頁。

田内幸一・小原耕治・保坂英二・椿原久光（1991）「シンポジウム 大店法規制緩和後のＳＣの方向を探る」『ショッピングセンター』一九九一年三月号、三八－四三頁。

ショッピングセンター編集部（1992）「世界のＳＣ モールオブアメリカ」『ショッピングセンター』一九九二年一一月号、一〇一－一〇四頁。

泉恵美（1997）「ＳＣ海外クリニックに参加して」『ショッピングセンター』一九九七年一一月号、七一－七二頁。

金野仁彦（1997）「モール・オブ・アメリカを視察して」『ショッピングセンター』一九九七年一一月号、七二－七三頁。

小島健輔（2001）「大型専門店導入のキーポイント」『URERU』二〇〇一年九月号、二七－三〇頁。

矢野経済研究所（2008-2010）「主要ＳＣの来店客調査データ分析」『SC JAPAN TODAY』二〇〇八年六月号、八四－八五頁、二〇〇八年七・八月号、一〇〇－一〇一頁、二〇〇九年一〇月号、四六－四七頁、二〇一〇年六月号、七〇－七一頁。

column 4

ロンドンオリンピック2012とSM

広大な工場跡地への巨大SMの進出は、日本に限らず、グローバルな広がりを見せている。たとえば二〇一二年のロンドンオリンピックが開催されたロンドン東部のストラットフォードでは、オリンピックを契機に最寄駅にメインスタジアムなどの競技施設群や住宅地と併せて、ヨーロッパ最大級のSM「ウェストフィールド・ストラットフォード・シティ」が建設された。

ストラットフォードは、かつて鉄道工場や貨物操車場が広がり、移民や低所得労働者が多く住む工業地帯で、廃棄物、土壌汚染、治安などの問題が深刻な地域であった。これまで行政が半ば放置していたこれら広大な地域を一挙にスラム・クリアランスする手段としてオリンピックによる都市再開発が用いられ、集客装置のひとつとしてSMが計画されたのである。メディア・イベントとして世界の注目を集めたロンドンオリンピックに象徴的なように、巨大SMの開発は、海外でも都市再生の常套手段となっている。

ウェストフィールド・ストラットフォード・シティは、店舗面積約一七万五〇〇〇㎡。エンクローズド・モールとオープン・モールのハイブリッド型のSMである。エンクローズド・モールは、キーテナントである両端のマークス&スペンサーと百貨店ジョン・ルイスを結びながら、扇の弧を描くようにモールの動線が引かれている。また四層のガレリア式で、上下階を吹き抜けで見通すことができ、テナントにはお馴染みのユニクロ、Forever 21、GAP、H&M、ZARAなどのほか、最上階にはカジノも入っている。オープン・モールには、プラダやオメガなどのラグジュアリーブランドが軒を連ねる。

オリンピック期間中はモールと公共交通機関のターミナルの間にも、一〇〇メートル走世界記録保持者のウサイン・ボルトを広告塔に起用したVISAの垂れ幕が並び、橋はコカ・コーラの広告で丸々ラッピングされるなど、「空間の総商品化」が徹底されていた。そもそもスポーツの世界的な展開は、資本主義やグローバリゼーションと分かち難く結びついているが、それらの結びつきがSMという具体的な消費空間を通して如実に具現化されていた

——オリンピックは万博とともに近代特有の祝祭空間であり、見世物である肉体／オリンピックと展示品／万博ともに最新のテクノロジーが介在している。

店内に足を踏み入れると、世界各国のユニフォームを着た選手団や多種多様な人種の観光客がモールを歩いていた。なかでも印象的だったのは、フードコートとパブリック・ビューイングの光景である。満席で人が溢れんばかりのフードコートには、小さい子ども連れの客から高齢者までがひしめき合っていた。ケンタッキーなどの世界共通のファストフードといえども、隣りに座ったヒンドゥー教徒らしき客は手を油まみれにしながらチキンを細かく解体し右手のみで食べるなど、その食事の仕方には文化の差異が現れていた。一方、競技がスクリーンにリアルタイムで映し出されるパブリック・ビューイングでは、素晴らしいプレイに国や勝敗に関係なく拍手が送られ、頻繁に大きな歓声が上がっていた。

このようなSMのフードコートやパブリック・ビューイングでは、多様な国の人びとが行き交いつつも、お互いについてはさほど関心をもたず、偶然その場に居合わせただけの一時的で匿名的な関係が生じているにすぎない。そのような場は、空港を髣髴とさせる。基本的に国籍や人種にかかわらず人びとを受け入れる空港は、ネーション・ステートの外部にあり、「どこでもない場所」としてある（大澤・多木 1994:195）。SMで経験される解放感は物理的な空間の広さのみならず、空港のように、自らの同一性を規定する属性から自由で匿名的な存在になれることにも起因している。ただし、SMは空港とは異なり、地域住民の日常生活に溶け込んだ場としてもある。ウェストフィールド・ストラットフォード・シティもオリンピック会期後は、周辺住民の日常的なショッピングの場として機能している。SMは「どこでもない場所」と「ここにしかない場所」の間に位置している。（南後由和）

大澤真幸・多木浩二（1994）「エアポート」『10＋1』第二号、INAX出版、一八七－二〇二頁。

第4章

多様性・均質性・巨大性・透過性
——ショッピングセンターという場所と、それが生み出す空間

若林幹夫
WAKABAYASHI Mikio

パサージュは外側のない家か廊下である——夢のように
(Benjamin 1982 = 1994 : 48)

1 解体と均質化

社会学や文化研究では、SC・SMが、それまで各地に存在していた風土や歴史に根ざした地域の社会と文化を解体して、それらを一律に均質で画一的な社会に置き換えているといった批判が、今日しばしばなされている。ここまでの諸章でも論じてきたように、SCやSMは、物的な装置と意味論的操作、そして遂行的な行為と関係を通じて社会的な場と時間を生産しようとするのだが、そのようにして生産される〈SC的なもの〉がそれ以前の文化や社会を解体しているのではないか、という批判である。

三浦展の「ファスト風土」についての議論は、現代日本におけるそうした批判の代表的なもののひとつである。

大型店の出店規制が事実上解除された近年、日本中の地方のロードサイドに大型商業施設が出店ラッシュとなり、その結果、本来固有の歴史と自然をもっていた地方の風土がまるでファストフードのように、全国一律の均質なものになってしまっているのではないのか、というのが「ファスト風土」という言葉に込めた意味である。いうまでもなく、それは風土の「マクドナルド化」Mcdnaldization（ママ）である。

（三浦 2006：14）〔★1〕

これは三浦が編集・執筆した『脱ファスト風土宣言』の中の文章である。三浦はそこで「ファスト風土化」の問題点を八点にまとめているのだが（三浦 2006：14）〔★2〕、そのなかには「世界の均質化による地域固有の文化の喪失」や「繰り返される破壊による街の使い捨て」、「地域文化の空洞化によるアイデンティティ危機から生まれるナショナリズム」といったものが含まれる。

……今世界で起きていることは、コカコロニザシオン〔Coca-Colonization＝世界中の人びとが同じようにコカコーラを飲むという形での文化植民地化：引用者註〕だけではない。世界のナイキ化であり、アディダス化であり、ギャップ化であり、ショッピングモール化である。世界中を均質な消費市場にしようとする圧倒的な力が働いている。

（三浦 2006：15-16）

同じ本の中で、都市・地方計画研究の服部圭郎も次のように指摘している。

ファスト風土に支配されてしまった地域においては、もはや中心市街地や商店街が存在する余地はない。地域文化、地域アイデンティティが不要なファスト風土においては、時間、距離、料金、サービス量といった定量的で機械的な指標でしか地域は認識されなくなる。そのような状況下では、その地域らしさを発露しているような中心市街地や地域に密着しているような商店街は、ファスト風土の景観の構成要素としては不適切であり、むしろ邪魔になるのだ。

ファスト風土が求めるものは、地域との関係性から断絶された、画一的なマニュアルのもとでアルバイトによって運営されるようなナショナルチェーンの店舗群であり、風土性から遊離したユビキタスな都市デザインである。そして、それらは地域性が色濃く残っている中心市街地ではなく、新しい記号的景観から構成される郊外において展開していく。

(服部 2006:42)[★3]

こうした「ファスト風土化」が展開する条件として服部は、大規模なSCの立地を可能にする法制度の整備と、SCが広域のマーケットを対象とすることを可能にする道路整備および自動車の普及を挙げている(同:43)。大規模なSCが人びとを広域から引きつけるとき、その地域は固有の文化やアイデンティティを失い、定量的で機械的な指標によってしか認識されない場所――それを三浦の言う意味で「均質な」場所と呼んでいいだろう――になる、というわけだ。

日本に先行してSC・SMが成立・展開していったアメリカ合衆国では、すでに一九六〇年代から類似の批判がなされていたらしい。当時のアメリカでは、「多くのデザイン批評家は、チェーンの店の羅列、二番煎じの内装、多様な街路活動の不在などを例に挙げて、SCの画一性をくり返し批判し」ていたという(Frieden and Sgalyn 1989=1992:91)。

SC・SMは、それまでの社会で地域ごとに異なるものとして存在していた風土や文化、それにもとづくアイデンティティを、どこでも同じようなチェーン店、画一的なマニュアル、グローバルに展開する巨大資本の商品やブランドによって解体して、価格のような定量的で機械的な指標のみが意味をもつ均質な市場に組み込んでゆく。今日、ＳＣやＳＭにしばしば向けられるのは、そのような批判である。

ＳＣ・ＳＭにそうした均質化や画一化を推進する側面があることは事実である。だが、それによって均質化や画一化の危機にさらされているという地域社会のほうは、本当に歴史や伝統に根ざした文化やアイデンティティをもった、均質でも画一的でもない場所だったのだろうか？　商店街のパン屋や菓子屋や食料品店で売っていた／いるパンや菓子は、どこの商店街でもほぼ同じ大手食品メーカーの製品ではなかったか。電器店と言えば家電メーカーの系列店で、選べる商品の種類はＳＣやＳＭに入っていることもある家電量販店よりも少なくはなかったか。そもそも多様性というなら、大規模で多様な業種やテナントを揃えたＳＣ・ＳＭのほうが、たいがいの商店街よりもずっと多様なはずだ。にもかかわらず、多くの人が商店街に多様性を感じ、ＳＣ・ＳＭや大規模量販店に均質性や画一性を感じるのは、なぜなのか？

確かに商店街では、現代のＳＣであればキーテナントであることの多いスーパーマーケットでひとまとめに売られている食品が、八百屋、果物屋、肉屋、魚屋、酒屋、米屋等々の専門化した個人店舗で売られているから、店舗の種類は多様になる。また、それらの店舗はＳＣ・ＳＭのテナントのような巨大な空間の中の区画されたスペースではなく、たとえマンションの一階部分が街路に面した店舗になっている、いわゆる「下駄履きマンション」だったとしても、「店舗」としての建物の個別性と独立性をもっている。商店街はＳＣ・ＳＭとは異なり巨大なひとつの空間を区画することによってではなく、個別の建物や店舗物件が複数集まるところにできているという点でも「多様」である。さらに、それらの店舗にはそれぞれ店主や店員がおり、それらの人びとの人柄や、彼らと客の個別的な関係性――「おまけしとくよ」とか、「また来るよ」とか言い合うような関係性――が、店と客との関係を多様で個別的なものにしてもいる。

それに対してSC・SMでは、商店街で個別の店舗に分かれている食品や日用雑貨の多くは、ブランド品を除けばキーテナントとして入っているスーパーマーケットのなかにまとめられる一方で、服飾や雑貨関連の店舗は大都市の繁華街には及ばないにしても、たいていの商店街よりもたくさんの店舗があり、さまざまなブランドや商品が揃っている。電気製品や本や文具も、そうした店舗が入っている場合には地域の電器店や書店や文具店よりも多様な商品が販売されている。その一方で、先に述べたようにSC・SMでは〝店舗〟は建物内の〝スペース〟にすぎないという点ではどれも〝同じ〟で、そこに入った店舗は入れ替え可能である――実際にSC・SMでは頻繁に店舗の入れ替えやリニューアルがある――という点では〝等価〟である。また、個人商店ではないそれらの店舗には「企業」の顔はあっても「店主」の顔はなく、店員も個別の人格としてではなくマニュアル上の「役割」――文字どおり「ロールプレイング」――として顧客に接している。こうしたSC・SMのあり方が、商店街に比べてSC・SMに均質的な様相を与えている。

このように、既存の商店街とSC・SMの間には、「多様性」と「均質性」と呼びうるような差異がある。だが、右に述べたことからもわかるように、それは単純に一方が「多様」で他方が「均質」であるということではないし、そこで言われている「商店街の多様性」が「SC・SMの均一性」よりも好ましいということが、そこから結論できるわけでもない。現実には多くの人が地元の商店街よりもSC・SMに引きつけられていることも[★4]、それによっては説明できないし――まさかSCを展開するディベロッパーの〝わるだくみ〟のせいではないだろう――、多くの商店街がなぜ「モール化」を目指すのかもわからない。

こうしたことについて考えるためには、「SC・SMは地域や社会を均質化するか否か?」という問いとは異なる仕方で、SC・SMがその施設のなかに、そしてまたその周囲の地域や都市や社会に何を、どのようにもたらしているのかを、別の仕方で問い、考えなくてはならない。

2 均一な多様性

> 程度の差はあるが、新しい消費手段の多くは別の地理的区域で同じ環境を再現し、本質的に同じかきわめて類似した商品とサービスを自らの環境で提供しようとしている。シカゴにあるギャップとそこで販売されている衣料品はニューヨークやサンフランシスコにあるギャップとそこで販売されているものと基本的に同じである。（中略）ショッピングモールのデザインは都市によって異なっていることもあるが、そのなかにあるチェーンストアや、それが提供する商品とサービスは、諸都市間でとてもよく似ている。その結果、米国の消費手段およびそれが提供している商品とサービスがますます均一化している。これは米国人が多様な商品を多量に入手できないということではなく、基本的に同じ豊富さがますます行き渡っているということである。米国の消費は多様性と均一性、あるいは「均一な多様性」を特徴としている。
>
> (Ritzer 2005＝2009：325、傍点引用者)

これは「マクドナルド化（McDonaldization）」という概念の創唱者で、消費社会批判で知られるアメリカの社会学者ジョージ・リッツアの言葉である。「新しい消費手段」と呼ばれているのは、広範な商品とサービスの消費を可能にする手段であるような環境、単にモノの消費を可能にするばかりでなく、人びとを消費に仕向け、あるいは消費を強要する場所のことだ(同:14)。

SCやSMは、現代を代表する「新しい消費手段」のひとつである。そして、ここに書かれた「米国」を「日本」に、「シカゴ」「ニューヨーク」「サンフランシスコ」を「東京」「大阪」「名古屋」に置き換えても、私たちはそのままそれを受け止めることができそうだ。たとえば、International Council of Shopping Centersが選定・表彰した世界各国――二〇一一年刊行の第三三版では、タイ、トルコ、アメリカ合衆国、セルビア、日本、グアテマラ、カナダ、メキシコ、アルゼンチン、オーストラリア、フランス、フィリピン、パナマ、チリ――のSC・SMの写真集『Winning Shopping Center Designs』(図4－1)を見ると、SC・SMのそうした既視感が、現代の世界においてまさにワールドワイドに展開していることがわかる(International Council of Shopping Centers 2010)[★5]。それらは「優れたもの」として選ばれたのだから、他の「普通のSC」よりも優れた、個性的なものであるはずなのだが、それらは互いによく似ており、それらのどれも〝どこかで見たことがある〟という印象を与え、しかもぱっと見たところどれがどこの国のものかもわからない。それらは確かに、「別の地理的区域で同じ環境を再現」しているのだ。

図4－1 ◆『Winning Shopping Center Designs』

実際に各地のSC・SMを訪れてみると、それらに出店している数多くのテナントには、SC・SM間でかなりの重複があることに気がつくだろう。多くのSC・SMにはユニクロやZARAやH&MやGAPなどのファストファッションのテナントがあり、ABCマートがあり、ムラサキスポーツがあり、島村楽器があり、Loftがあり、サーティワン・アイスクリームがあり、スターバックスがあり、そしてその他の似たようなさまざまな店がある。

それに加えて、多くのSC・SMが核店舗としてスーパーマーケットをもつことや、シネコン、エステサロン、ゲームセンター、フードコートなどが多くのSC・SMに含まれることも、それらのテナント構成を相互に類似したものにしている。そんな同じ、あるいはよく似た店舗や施設が、三層ガレリア式や、両端の核店舗をモール＝遊歩道で結ぶダンベル構造を基本的構造とする、「ショッピングセンター様式」と呼んでもよい類型化された構造をもつ建物内に配置されている[★6]。その結果、私たちはどのSC・SMに行っても、〝どこかで見たことがある〟、〝こういう場所を知っている〟という既視感を抱いてしまう[★7]。

だがそれは、ただ互いに似ていて、均一なだけではない。先のリッツアからの引用に傍点で示したように、それは多様なものがどこでも同じようにあるという「均一な多様性」なのだ。リッツアの指摘の重点は明らかに「均一性」の側に置かれているが、現代の社会にSC・SMがもたらしたものを理解するためには、それが「均一な多様性」であることがむしろ重要である。

そうした「均一な多様性」の一例を、本章末に掲げた表4－1（230－235頁）で見てみよう。これは、柏市にある比較的大規模なSMであるモラージュ柏（店舗面積二万四〇〇〇㎡）に入っているテナントと、関東圏の他のいくつかのSC・SMのテナントとの間にどのくらい重複があるかを二〇一二年九月の時点でまとめたものだ。表中のSC・SMは、私たちが二〇〇九年から二〇一二年にかけて実際にフィールドワークに訪れたものを中心に選択している。また「モール化した商店街」として、序章でも触れた川越のクレアモールも対象とした。モラージュ柏という、比較的大規模とは言え「巨大」とまでは言えず、また、さほど大規模にSC事業を展開しているわけではないディベロッパーが運営・管理する「中堅」とも呼べそうなSMを基準として選んだのは、イオンモールやららぽーとなどのとくに巨大な店舗を選んだ場合には、その規模とブランド力によって必然的に重複するテナントの数が多くなるだろうと考えたからである［★8］。
表4－1に示されるように、モラージュ柏に入っているテナントのうちのかなりが、他のSC・SMでもテナントとして営業している。右に述べたように、もっと大規模なSC・SM同士なら、テナントの重複する割合はより大きなものになるだろう。SC・SMに出店しているテナントは全国的に展開しているものも数多く、路面店ではなくもっぱらSC・SMのみで展開しているものも多い［★9］。また、テナントとしては違っていても、ファッションの系列・スタイルが重複するものまでチェックすれば、「似たような店」の割合はもっと高くなる。

このように、客観的に重複した部分をもつだけでなく、類似したさまざまなテナントやブランドが似たような空間に配置されることで、SC・SMはその内部にさまざまなテナントをもち、多様な商品やサービスを提供しながらも相互によく似た場所、私たちの多くにとって〝すでに知っている〟という感覚をもたらす場所になっている。表4－1に示したように、SC・SMにはじつにたくさんの、多様なテナントがある（たとえば国内最大級のSMであるイオンレイクタウンを基準にすれば、テナントの数はこれよりはるかに大きくなる）。この「均一な多様性」の空間で私たちは、銀座や新宿や渋谷や原宿のような都心の繁華街には当然及ばないにしろ、それまで地元の中心市街地の商店街では経験できなかった多様な店舗、ブランド、商品に出合うことができるようになったのである。そもそもSC・SMを訪れる人びとにとっては、それが他のSCと似ているかどうかよりも、そこに自分が行きたい店があるか、買いたいブランドや商品がどれだけあるかが重要なのであって、それがよそのSCに似ているかどうかなど、彼女ら／彼らのほとんどは考えないだろう。そしてまたそこに、1節の最後で触れた地域の商店街のような「多様性」や「個性」があるかどうかということも、彼女ら／彼らにはどうでもよいことであるはずだ。そこで求められているのは店や店主・店員の多様性や個性なのではなく、「均一な多様性」の中から欲しいものが手に入るところであるということなのだから。

3 多様に開かれた閉じた世界

レッドロブスターも牛角も、ディスカバリー・センターのなかにある。ディスカバリー・センターというのは、典型的郊外型巨大ショッピングセンターで、あたしが九歳、コウが七歳の春にオープンした。ダンチから学校に向かうバス通りを左折し、車で数分走ると、件《くだん》のラブホテルに囲まれた高速インターがあり、それを過ぎてさらにすすむと、ディスカバリー・センターがある。スーパーマーケットと、ファッションビルと、レストラン数軒、ディスカウント系日用雑貨品店、カー用品店、美容院と本屋、カラオケボックスが入っている。

(角田 2002→2005:30)

これは東京郊外のニュータウンの団地を主要な舞台[★10]とした角田光代の小説、『空中庭園』の中の文章である。各地にチェーン展開するレストランや量販店を主要なテナントにしたこのディスカバリー・センターは、作品中の架空の存在だ。だが、角田が登場人物の語りを借りて「典型的郊外型巨大ショッピングセンター」と述べるように、それは現代日本の各地の郊外に立地するSC・SMの平均像のようにも読めるので、そうしたSCやSMのある街に住む読者は、容易にこのSCを頭の中でイメージすることができる。

興味深いことに、実際にはレッドロブスターも牛角も、大規模ＳＣにはさほど出店していない。だから多くの読者は、レッドロブスターと牛角のあるＳＣを必ずしも知らないはずだ。にもかかわらずこの記述がごく自然に読めてしまうのは、レッドロブスターや牛角のような全国展開するチェーンの店舗が入っている場所として、私たちがＳＣを理解しているからである[★11]。同じように私たちは、右の引用で店舗名は挙げられていないスーパーマーケットやファッションビル内のテナントやレストランやディスカウント系日用雑貨品店やカー用品店や美容院や本屋やカラオケボックスを、たとえば「イタリアントマト」とか「ダイソー」とか「オートバックス」とかいうように、自分たちが知っていたり、何となくイメージしたりする「ＳＣによくありそうな店」と重ね合わせて理解してしまう。こうした読み方が可能になるのは、現代日本のＳＣがリッツアの言う「均一な多様性」——どこにでもあるようないろいろな店があること——を示しているからである[★12]。

だが、小説の語り手であるこのダンチの町に住む女子高生によれば、「ディスカバリー・センター」という大仰な名のこのＳＣは、その町に暮らす人びとにとってただの商業施設なのではない。

> ディスカバリー・センターは、この町のトウキョウであり、この町のディズニーランドであり、この町の飛行場であり外国であり、更正施設であり職業安定所である。
>
> （角田 2002→2005：31）

それが「更正施設であり職業安定所である」のは、近隣の高校を卒業した「将来の見通しのない子どもたち」（同）のアルバイトや主婦たちのパートの雇用を創出する場所であるからだ。流通と消費の空間であるＳＣは当然のことながら、そこで働く人びとの労働の空間であり、とりわけ郊外や地方都市では重要な雇用創出機関である。

では、それがトウキョウやディズニーランドや飛行場や外国であるというのはどういう意味なのだろうか？

「東京」ではなく、「トウキョウ」。それは現実に存在する東京という都市ではなく、その都市の名と共に人びとがイメージする〈東京的なもの〉だろう[★13]。そしてこの場合〈東京的なもの〉とは、東京で享受しうるような消費生活、東京の繁華街のデパートやファッションビルに入っているような店舗やブランドのことだ。ディスカバリー・センターは、そこに行けば東京の繁華街のダイジェスト版のサンプルのような店や商品や空間のある場所、東京の消費生活を換喩的[★14]に表象する場所として描かれている[★15]。もちろんダイジェスト版のサンプルである以上、それは東京の繁華街のデパートや専門店の縮小コピーのようなものでしかない。だがしかし、実際の東京と「この町のトウキョウ」たるSCの間の距離は、たとえば、かつて東京の銀座にならって全国の町々に生まれた「〇〇銀座」と実際の銀座との間の距離よりもはるかに近い。各地の銀座通り商店街は、それぞれの町で一番繁華な通りではあったかもしれないが、そこにある店のほとんどは地元の商店やデパートで、本物の銀座と同じ店などほとんどなかったはずだ。それに対して現代の「この町のトウキョウ」には、ユニクロやH&MやZARAやGAP、ロフトや紀伊國屋書店、ブルックスブラザーズやアルマーニ・エクスチェンジ、スターバックスコーヒーなど、銀座や新宿や渋谷や池袋といった都心のデパートやファッションビルに出店していたり、独立店舗として路面店を展開していたりする店々が実際に入っている。SCという施設と業態は、都心の流通・消費環境と郊外や地方の流通・消費環境を重なりの多い相互浸透的なものにして、両者の間の敷居を低くしているのだ[★16]。

また、それがディズニーランドであるのは、ディズニーランドで売っているような全国的あるいは全世界的に市場展開するかわいらしいキャラクター商品をそこで買うことができるからだけでなく、買い物以外にも映画やゲームや飲食、場合によっては併設されたアトラクション施設でのアトラクションやさまざまなイベントなどを楽しむことのできる、総合的なレジャー空間としても存在しているからだろう[★17]。とくに買いたいものがなくとも、そこに行けば何かをやっていて、それなりに美味しいものを食べ、時間を過ごすことができる場所としてのSCは、都心のような大規模な繁華街のない郊外においては遊園地や公園のような機能を果たしている。

では、それが飛行場であり、外国であるのはなぜなのか。本書第3章でも指摘されているように、現代の飛行場がSM的な施設を併設するようになったことはもちろんだが、ここで言われているのはおそらくそのことだけではない。飛行場とは遠く離れた異郷、とりわけ「外国」へと飛び立つことができる場所だ。多くのSCにはZARAやH&Mのようにそもそも海外資本のテナントやブランドが数多く入っているし、輸入の商品を売る店も多い。「日本初上陸」を謳った出店もしばしばある。表4-1を見てもわかるように店舗の名前にはローマ字が多く使われ、英語やフランス語などの外国語を用いた店名が多い。

現代の日本人の多くにとって海外旅行の目的のひとつは買い物である。現地の専門店だけでなく、ハワイのアラモアナセンターのようなSMで買い物をすることも多いし、旅行の行き帰りにはモール化した飛行場の構内で免税品を買い込んだりもする。そこにある店や売られている商品の一部は、「この町の飛行場であり外国」であるSCにもあるものだ。SCは外国とつながった場所、外国の断片が散りばめられた場所であり、買い物という点に関しては外国旅行と同じような経験ができるような空間なのだ。明治から昭和戦前の日本のインテリたちは、丸善をはじめとする輸入書店や輸入文具店、洋品店にあこがれの欧米世界をのぞき見たが[★18]、現代の大衆はSCにおける消費を通じて、ショッピングの対象としての外国と出合うのである。日本のSC・SMが「消費の先進国」であるアメリカ合衆国のSC・SMをモデルとしてスタートし、それ以来いつも先行者としてアメリカに対する「遅れ」の意識のなかで展開してきたことは、第1章・第2章でも見てきたとおりである。そのことによってSC・SMは、消費者にとっても外国へと開かれた窓でもある場所になるのだ。

トウキョウであり、ディズニーランドであり、飛行場であり、外国であるようなSCがいまや全国の、そして世界の各地にあること。それはリッツアの言う「均一な多様性」が、けれども多くの人びとにとって魅惑的な異郷のような「ここでないどこか」であること、その意味で私たちが生活する都市や社会が「ここ」と「ここでないどこか」との間の差異を内包した、均一ではない構造的な差異と落差を内包し、産出する空間であることを意味している。

確かにSCは互いによく似ていて、同じようなさまざまな物を売っている。その意味でSCはこの社会に——そしてこの世界に——「均一な多様性」の広がる巨大な閉じた消費の世界を作り出した。ここで「閉じた」というのは、そこで出合う店舗や商品が同一だったり類似していたりするということだ。だが、その巨大で閉じた消費の空間は、「この町」を超える東京や全国や世界と共通する内容や形式をもつという意味では、巨大な開かれた空間であり、消費する欲望と主体性が解放される空間でもある。この「開かれた閉じた世界」で物を買う私は、それが提供する「均一な多様性」の中から選び取った特定の物によって私の欲望を満たし、「私の暮らし」を作ってゆく。このとき、SCがそこで表象し、発信する消費の世界がいかに「均一」で、特定の店舗やブランドやスタイルに「閉じて」いても、私たちがそれらの中から選択した商品によって作り出す「私の暮らし」と、私が購買しない／しえない大量かつ多様な商品によってSCが発信し、表象する「あるべき暮らし」のイメージの間には、「この町」と東京やディズニーランドや飛行場や外国との間にあるのと同じくらい大きな落差がいつもある。その大きな落差を見せつけるようにして、トウキョウへ、ディズニーランドへ、飛行場へ、外国へと、SCは人びとを誘惑しているのだ。

4 巨大で柔軟な空間

SCのこの「開かれた閉じた世界」を可能にするのは、それが三浦やリッツアが論じるのとは違う意味で、〝巨大で均質な空間〟として存在しているからだ。それは、次のような建物が理念とし、かつ現実化しようとする均質性である。

外見的には、多様に彩られているこれらの建物には、次のような共通性があり、その共通項が実は建物の空間的な性格を決定しているのである。(1)構造体は、鉄とコンクリートを主材にして、柱と梁をジャングルジム状に組み合わせた立体格子である。立体格子の水平面に床が張られ、外側にガラス面が張られる。(2)どこかに鉛直移動のためのエレベーターや階段がまとめられる。(3)室内は様々な要素、例えば光、温湿度、音、風の動き等について、人工的に気候調節される。建築技術的な特性はこれくらいなもので、極めて単純である。けれども、その結果としてあらわれてくる空間は、他の建築の空間や自然空間とは全く異なった基本原則をもっている。それを略記すると次のようになる。(a)建物内のどの位置も、ほとんど同質の環境条件をもっている。また、外界の変化、朝夕あるいは季節の変化などによって影響されない恒常的な気候をもつ。(b)建物の内部を拘束するのは床面とガラス面(そしてわずかな鉛直移動部分）しかないから、適当に室内を区切ることによって、自由に領域編成できる。各々の領域は気候条件だけでなく、形、諸設備等のうえでも等価である。（c）建物は同じような寸法関係でできているので、生産するにもまた使用上でも、極めて合理的である。もちろん他にも特質がないわけではないが、おおむね上記三点がこの種の建物に共通する原則である。もちろん建物は現実的な生産物であり、三つの原則が徹底している程度はまちまちである。これらの特質は、この建築形式が出現する以前の過去の建物の性質とは著しい対比をみせる。

（原 1975→1987：28-29）

これは建築家の原広司の「均質空間論」のなかの文章である。一九七五年に発表されたこの文章で原が具体的に想定しているのは、ＳＣやＳＭではない。二〇世紀のとりわけ後半に、「一挙に世界中の主要都市に出現した、まさに国際的な建築様式」で、「いまではもっともありふれた建物の様式」である、「ガラスのカーテンウォールにつつまれた高層建築」、日本であれば丸の内や新宿副都心に建ち並んでいるような、いわゆる〝超高層建築〟である（同：28）。この種の建物には「物理的な均質性と、意味上の均質性」が不可欠で、「一日は全ての位置による〈物理的かつ意味上の：引用者註〉偏差を排除して、必要なら改めて位置の特性を作り出す方針をとる」ことで、「自由に仕切ることができる」空間を作り出す（同：29）。また、「ひとつの建物の内部において場所性が捨象されているばかりか、建物を建てる場所を選ばないという意味で、本来自然のもつ場所性をも排除している」（同：30）。こうした建物が理念として描く「場所の等質性を最も主要な特性にもつ空間の概念」を、原は「均質空間」と呼ぶ（同：32）。原によれば、このタイプの建築はミース・ファン・デル・ローエが一九一九年と二一年に発表したスケッチに示され、やはりミースが設計したシーグラム・ビルなどにより現実化されていった。

日本ショッピングセンター協会の総覧では、丸の内ビルディング（丸ビル）や新宿野村ビル商店街、新宿センタービル商店街などが、SCと見なされている。これら均質空間の理念を体現した、いまや「古典的」とも呼ぶべき近代的な都市建築やその一部がSCでもあることは、均質空間とSCの親和性を示している。だがより重要なことは、原が述べる均質空間の特徴は、私たちがここまで対象としてきた現代のSC・SMの建築空間にもほぼ当てはまるということだ。それらは、空調や照明によって外部の天気や気候とは無関係に快適な環境を建物内で均一に実現していて、任意の仕切りによってテナントの入るスペースを自由に変えることができ、集客上の立地条件さえ満たしていれば、世界のどこにでも建てられる。なるほど、多くのSC・SMでは吹き抜けや広場、中庭などを設けることで、オフィス空間にはない変化を空間に与えている。三層ガレリア式に典型的に示されるように、通路《モール》の部分とテナントの部分の区別や、在庫管理や調理のためのいわば「舞台裏」の存在を考えれば、SC・SMの建物全体が均質であるとは言えない。にもかかわらず総体としてその空間は、右に述べたような均質空間の理念を現実化している。

SC・SMは、多数のテナントがひとつの施設の中に集合することが可能な、巨大で均質な空間が作り出されることによって可能になる。SCはそこに入ったテナントが物やサービスを提示し、販売する空間である以前にまず、ディベロッパーがそうしたテナントに店舗のスペースを賃貸で提供する空間、「店舗のための店舗」（Underhill 2004＝2004：4）として存在する。そこには複数のテナントが任意に入ることができ、それらを組み合わせたり、入れ替えたりすることが可能な空間、それによって資本の柔軟《フレキシブル》な蓄積が可能となる、柔軟《フレキシブル》な空間が必要である［★19］。そのようなフレキシブルな空間を準備するのが、建築的な意味での均質空間なのだ。

おそらくはそれがあまりに自明であるために、原は明確に述べていないが、多様な用途に柔軟に対応できるこうした柔軟な空間としての均質空間が現実化するためには、一定以上の大きさが必要である。理論上は均質空間の理念を実現したきわめて狭小な建物を考えることはできるけれど、それが一定以上の大きさをもたない限り、均質空間はその物理的かつ意味上の均質性を社会的な活動や利用に有意味な形で実現できないからだ。

古典的なオフィスビルの多くは高層化によって均質な空間を垂直に巨大化している。それらは一般住戸に比べれば水平方向にもきわめて大きいけれど、それをさらに垂直方向に伸ばし、眺望以外の階ごとの差異をなくすことによって、多様な用途に開かれた巨大な均質空間を作り出しているのだ。それに対して、現代のSC・SMは通路部分に沿って水平方向に広がった均質空間を現実化しており、さらに多くは吹き抜けによって各階を貫通する空間の広がりと見通しを与えることで、古典的なオフィスビルが現実化する均質空間よりも感覚的に巨大な現れの空間を生み出している。広々とした見通しのよい空間を歩いてゆくことを可能にする均質性。視覚と運動において空間の広がりを体感させる、水平的に広がる均質空間が生み出すこの属性を、ここでは〈透過性〉と呼ぶことにしよう。

オフィスビルとしての用途を想定して均質空間を実現した建築には通常、こうした透過性は求められない。仮に垂直方向ではなく、低層で水平方向に広がったオフィスを想定した場合でも、こうした透過性は必要ではないし、同一のフロアの面積があまりに広いことは、むしろ業務効率の低下にもつながる。それに対してSC・SMの場合には、地価が高い都心部を除けば水平方向に広がり、かつその透過性を高くするのが一般的である[★20]。

SC・SMでは、透過性の高さは来訪者に、より多くのテナントや商品を認知させ、接触させるという機能をもっている。と同時にそれは、消費者の欲望の対象となる大量の商品が魅惑的に演出された世界を一大パノラマとして見通し、その中に入り込むというスペクタクル的な経験と、第3章で見たような「スクロールするまなざし」を可能にする。

このパノラマは共時的な空間の広がりとしてのみ現れるのではない。巨大な均質空間であるSCの空間は、売り上げや消費者のニーズに応じてテナントを柔軟に入れ替え、つねに“new open”のテナントがあり、施設内のオープンスペースではさまざまなイベントが催される。それによってSCの内部空間は、通時的にもつねに何か新しいものが展開される場、さまざまなテナントやイベントがその施設のなかを通り過ぎてゆき、来訪者もまたそうしたテナントやイベントを時の流れのなかで通り過ぎてゆくという点で〈通時的な透過性〉と呼びうるあり方をする空間としても存在している。

SMの空間のスペクタクル性を、リッツアは次のように説明している。

ほとんどの人々は人生の大半を教室、小さなアパート、団地内住宅、事務所の仕事場などの閉じ込められた空間内で過ごしている。このことがあれほどわれわれを驚かせ、魅了するショッピングモール（および他の新しい消費手段）による巨大空間の使用に一役買っている。（Ritzer 2005＝2009：261）

だが、単に巨大な空間というのなら、SCやSMの外に広がる屋外空間や街路のほうがもっと大きな広がりをもっている。にもかかわらず、SC・SMがスペクタクル性をもった巨大な空間として現象し、経験されるのは、逆説的だが、それらが物理的な限界をもった室内空間、しかもその多くがきわめて閉鎖性の高い室内空間であるからである。

SC・SMの多くは、その面積の大きさに比して出入り口が少ない。また、ガラスのカーテンウォールに囲まれた古典的なオフィスビルとは違い、室内空間の中央を通る通路の両側はテナントの入るスペースになっているので内壁はあまり見えないし、内側から外部が眺望できる窓もほとんどない。エンクローズド型のSCの場合、テナントの入るスペースの通路に面した部分には通常は壁が設けられておらず、水族館の水槽のように店舗の中がよく見える。その結果、SC・SMの内部空間は、屋内であるにもかかわらず、透過性の高い、きわめて広大な広がりを感覚させる。それはヴァルター・ベンヤミンが一九世紀のパリのパサージュ――街路の上に鉄骨とガラスで屋根を架けて作ったアーケード――を指して述べたように、「外側のない家か廊下」(Benjamin 1982 = 1994: 48) のような現れ方をする巨大で均質で透過性の高い閉鎖空間なのだ。

5 商業空間の史層

テナントやブランドや商品の構成による「均一な多様性」、地域社会の中でSCやSMが生み出す場の位相的構造としての「開かれて閉じた」あり方、そしてそのような均一で多様、開かれて閉じた場を可能にする空間の建築的特性としての「均質空間」と「巨大さ」と「透過性」という点から、現代の都市や社会にSC・SMが生み出してきたものを、ここまで考察してきた。

SCやSMは「現代的なもの」、とりわけ日本では一九九〇年代以降の――つまりバブル崩壊後の、ポスト八〇年代的な――都市や社会のあり方を象徴する空間として語られることが多い［★21］。「現代社会論・現代都市論としてのSC・SM論」というこうした問題設定は間違っていないし、本書もまた基本的にはそうした前提に立っているのだが、ここまで考察してきたことが示すのは、ポスト八〇年代的消費社会としての現代を代表する施設であり、社会的場であるＳＣ・ＳＭが、それ以前の時代に由来する近・現代の都市空間の史層の重層を、現代におけるその存在の中に内包しているということだ。ここでは「史層」という見慣れない言葉を、歴史的過程を通じて社会の中に形成されてきた物事が、現在の社会において重層し、積み重なることで「社会の現在」を形成しているあり方を指し示すために用いている。私たちは、ＳＣ・ＳＭというきわめて現代的とされる消費と流通の空間に、一九世紀から二〇世紀を経て二一世紀の現代にまでいたる資本制近代の都市や建築や流通や消費の史層の重層を見ることができるのだ。

「外側のない家か廊下」というヴァルター・ベンヤミンの言葉が示唆するように、一九世紀のヨーロッパの、すなわち〈近代〉という社会が古典的な形での成立を見た時代の商業空間に、私たちはＳＣ・ＳＭという空間と、それが可能にする社会的な場の〈起源〉を見ることができる。「パリ――一九世紀の首都」でベンヤミンは、一九世紀の『イラスト・パリ案内』の次のような言葉を引用している。

これらのパサージュは、産業による贅沢が近ごろ発明したもののひとつであるが、ガラス屋根に被われ、壁に大理石を張った通路になっていて、建物ブロックをまるまる貫いている。建物の所有者たちが、このような冒険的な企てをすることに合意したのである。天上から光を受けるこれらの通路の両側には、まことにエレガントな店が並んでいて、その結果そういうひとつのパサージュは、ひとつの都市、いやそれどころかひとつの世界の縮図である。

(Benjamin 1935 = 1995 : 328)

だが、こうした場に今日あるような巨大で、共時的にも通時的にも透過性の高い形態と様相を与えているのは、原広司が「均質空間」と呼ぶ、近代産業社会の原理を物的に体現する建築様式であり、そうした建築様式を可能にする空間概念であったことを、本章の4節の考察で私たちは見てきた。先に述べたように、均質空間の原理を物質化した具体的な建築形態を、ルートヴィッヒ・ミース・ファン・デル・ローエが最初に発表したのは一九一九年のことである。現代日本のSCやSMの建築は、ミースが描き、シーグラム・ビルなどで現実化してきた均質空間としての近代建築とは似ても似つかない形態や様相をしているが、均質空間の理念を高度に体現した建築施設である。それはつまり、均質空間が体現していた、場所性の二重の捨象——建築空間内にあらかじめ特定の場所性を持ち込まないことと、建築が建てられる場所を選ばないこと——や、それによる空間の操作性や管理性の極大化といった「近代の空間概念」を見事に現実化している。そしてそれによってSC・SMは、一九世紀のヨーロッパでパサージュという形式によって現実化され、理解された資本主義の夢を、大規模なスペクタクルにしているのだ[★22]。さらに、第3章で考察したように、この巨大な均質空間が現実化するために、大阪万博で実験された、空間とテクノロジーによる人・物・情報の制御のシステムがそこで働いている。

本章の3節で見たように、この巨大な均質空間はそれが存在する都市や社会にとって、トウキョウであり、ディズニーランドであり、飛行場であり、外国であるような場を生み出す。社会学や都市論、消費社会論にある程度通じている読者はすでに気づいているかもしれないが、トウキョウやディズニーランドや飛行場や外国であるというこのSC・SMが地域のなかでとる位相は、かつて吉見俊哉が東京の盛り場を分析して見出した、近現代日本における東京やその中の盛り場の位相と相同的だ。

吉見によれば、文明開化期の上野や戦前期の銀座煉瓦街のような盛り場は「〈外国〉への窓」だった(吉見 1987→2008: 174-197)。大正期における銀座の盛り場としての隆盛は〈外国=未来〉という日本の近代化を規定していた意味の審級に結びつけられており、「〈銀座的なるもの〉の上演のこうしたあり方は、その後全国各地の商店街に、まるで銀座の繁栄にあやかろうとでもするかのように『○○銀座』という名称がつけられていったことにも象徴的に示されている」(同:256)という。東京が〈外国〉――それは外国一般ではなく、後発的な近代化の道を歩む日本にとっては到達すべき〈未来〉に位置するとされる欧米先進国である――への窓口であり、地方都市の繁華街がその東京――それは「銀座」という換喩的記号で表象される――への窓口とされるこの空間構造は、「PARCO」(イタリア語で「公園」)や「スペイン坂(スペイン通り)」といった一九八〇年代東京を彩る盛り場のネーミングにも継承され、「○○の渋谷」や「△△の原宿」といった地方都市の繁華街を指す表現に引き継がれていった。

現代の私たちは、地元のSCやSMを「○○の東京」とは呼ばないけれど、角田の小説の登場人物が語るように、それらはそれぞれの町においてトウキョウやディズニーランドや飛行場や外国を換喩的に表象する場所であり、実際そうした場所と同じ店舗、ブランド、商品に出合う場所として存在している。それは本物の東京の繁華街ほどの高級店やブランドショップはないという意味ではカジュアル化され、本物の東京のショップほどには大量の商品がないという意味では「東京のサンプル・カタログ」や「ダイジェスト」のような場所である。この点で私たちはSC・SMのなかに、近代日本の消費空間と文化の構造の現代的な形を見ることができるのだ。

その町のトウキョウやディズニーランドや飛行場や外国であるようなその場所は、今日そのことによって、リッツアが言う意味での「均一な多様性」の空間を生み出している。それは、ナショナルな、そしてグローバルな規模でSC・SMという巨大商業施設が大量に作られたことと、そうした大量の巨大商業施設の存立を可能にする資本がナショナルかつグローバルに展開したことが生み出した、社会の現代的な様相である。それはグローバリズムの風景と呼んでもよい、SC・SMのある場所なら、今日、地球上のどこでも見ることができる現代的な風景である。その結果私たちは、海外旅行をしてもＳＣやＳＭに行けば、懐かしいスターバックスやマクドナルドを楽しめ、お馴染みのクロックスやナイキを手に入れることができる。

二〇〇〇年代の初め、『広告都市・東京』で北田暁大はマクルーハンのアフォリズムに倣って次のように述べていた。

唯一無比の渋谷性を背負った都市・渋谷は観光客向きの文化的幽霊としてならともかく、もう実在しない。どの郊外都市にもタワーレコードがあり、ＱＦＲＯＮＴがあり、公園通りがある。それは渋谷や池袋とまったく同じようにコスモポリタンだ。（北田 2002→2011:155）[★23]

北田が「渋谷」というのは言うまでもなく東京の渋谷である。そして「渋谷性」は「若者の街」や「消費文化の最先端の街」として一九八〇年代の渋谷がもっていたとされる卓越した位置価を指し、「郊外都市」は町田や柏のような大規模な商業施設や有名店舗が集積した街を指している。「どの郊外都市にも」というのは北田が右の言葉を書いたときから一〇年を経た現在ですら率直に言って誇張である。だが、先に引用したリッツアの指摘のように、現代の大規模なＳＣ・ＳＭについてなら、こうした言い方は決して誇張ではない。そして、北田が九〇年代以降の渋谷の変容を特長づけるものとして見出した次のような事態も、ほぼそのままＳＣ・ＳＭの均一な多様性と重なり合う。

〈八〇年代〉には、「渋谷・公園通りのパルコの魅力は、なんといっても、買う、食べる、文化する、が一度に体験できること」というように、情報「量」には還元されえない〈文化〉という要素が「シブヤ」「パルコ」という記号空間の象徴的価値を支えていた。しかし、おそらく現在の渋谷は、その固有名がもたらすイメージによって人びとを引き寄せる舞台としてではなく、情報量・ショップの多さというなんとも色気のない数量的な相対的価値によって評価される「情報アーカイブ」として機能しているのである。

（北田 2002＝2011：116-117）

ＳＣという巨大な施設が、店の多さ、ブランドの多さと、それらのサンプル・カタログ的な網羅性とコンパクト化を特徴とする消費空間であることは、すでにここまで見てきたとおりだ。北田だったら「情報アーカイブ」と表現するであろう、ＳＣのこのサンプル・カタログ的なあり方は、第3章でも指摘されていたように、ファッション誌や通販カタログ、そしてまた楽天やアマゾンのようなウェブ上のショッピング空間とも相通ずる。ただし、現代のＳＣ・ＳＭが――そして北田が論じる渋谷も、さらにまたウェブ上の商業空間も――、誰にとっても「なんとも色気のない」ものであるわけではない。なぜならそれは、「この町のトウキョウであり、この町のディズニーランドであり、この町の飛行場であり外国」（角田 2002→2005：31）でもあるのだから。それはトウキョウに、ディズニーランドに、飛行場に、外国につながり、ナショナルあるいはグローバルな資本が展開する流通と消費の場につながり、インターネット上に展開するブランドのウェブサイトやマーケットとつながり、同期している。ＳＣ・ＳＭを訪れるとき、私たちはそんな場所に入り込み、そこに展開する商品と商業化されたイメージの、終わりのないかのようなスペクタクルに誘惑されるのだ。

6 反転の反転——都市とモールのトポロジー

一九世紀パリのパサージュについてのベンヤミンの言葉を引いて述べたように、この大規模なスペクタクルの空間は「外側のない家か廊下」のようだ。だが、当然のことだが、この巨大な空間には現実には外壁があり、周囲の空間との境界がある。そしてこの外壁や境界に注目するならば、SC・SMを特徴づけているのは何より本章4節の最後で触れたように、それらの施設が周囲や外部の空間に対して堅固に閉じているということだ。

もちろんどんな小売店やデパートも、青空マーケットでもない限り、建物の外壁によって周囲の環境に対して閉じた内部空間をなしている。だが、通常の繁華街や商店街ではどの店舗も街路に面した開口部によって周囲の都市空間とつながっている。小規模な店舗は〝袋〟のようにひとつの出入り口しかもたないのが普通だが、デパートのような大規模店舗では正面玄関の他にいくつもの出口が周囲の街路に開いていて、建物の中を通り抜けて反対側に抜けることもできる。旧来の繁華街や商店街はこのように、街路という通過空間によって複数の店舗が他の店舗とゆるやかに結びつく場の広がりとして存在してきた。そこでは街路を基軸とする街の中に店がある。

それに対してSC・SMでは巨大な均質空間の内部に透過性の高い遊歩道《モール》を設営する一方で、その内側は外側と明確に境界づけられている。第3章でも論じられているように、外壁はキーテナントの看板(それもほとんどはロゴだけだ)を貼りつけたそっけない巨大な壁であることが多く、駐車場の出入り口と、あまり目立たない歩行者用の出入り口が設けられているけれど、その数も多くはないのが普通である[★24]。アウトレットモールによく見られるオープンモール型のＳＭは、擬洋風（?）のデザインが周囲からの視線を引くことがあるが、それらも外壁によって周囲の空間から自らを画然と区切っていることが多い（図4－2、4－3）。旧来型のデパートが〝街の中にある〟のに対して、ＳＣ・ＳＭは街に背を向けた〝壁の中に街がある〟［★25］。現実には周囲の空間に対して強固に閉じていること、外部の風景や音や空気が入り込まないこと――それは、その施設が均質空間であることの条件のひとつである――によって、ＳＣ・ＳＭは外部の空間からの夾雑物を排除した「夢」の空間としての純度を高めるのである。

だがそれは、ＳＣ・ＳＭが、自らが立地する都市や郊外や地域の空間に背を向けて、周囲の都市や地域の空間を自らが人びとに見せる「夢」の〝余白〟のような場所にしているということでもある。周囲の都市や地域の空間に背を向けるように閉じた空間の内側を、一定のコンセプトやイメージにもとづいてデザインし、演出してゆく都市開発の手法は、一九八〇年代以降に一般化していった開発手法である［★26］。こうした開発戦略は、吉見や北田が論じたような、施設の周囲を

図4－2◆エンクローズド・モールの外壁
図4－3◆アウトレットモールの外壁

巻き込んで都市空間を「消費の舞台」として組織していった一九七〇年代半ばから八〇年代前半の渋谷パルコの都市戦略と一見似ているようで、その対極にある。一九九〇年代以降の大規模SC・SMの増加は、そうした手法がどんな地域でも実現可能な「標準化されたパッケージ」と呼びうるものになっていったことを示している。

「標準化《スタンダード》されたパッケージ」とは、かつてアメリカの社会学者デヴィッド・リースマンとハワード・ローズブローが、戦後の大衆消費社会において多くの人がもつべきと考える消費財のセット――戦後日本で言えば電気洗濯機・電気冷蔵庫・白黒テレビの「三種の神器」や自家用車《カー》・クーラー・カラーテレビの「3C」がそれにあたる――を指して呼んだ言葉である(Riesman and Roseborough 1955→1964＝1968)。リースマン&ローズブローの「スタンダード・パッケージ」がパッケージされた中身である財を指すのに対して、SC・SMが「標準化されたパッケージ」であるとここで言うとき、その言葉が指すのはパッケージされる中身(＝商品やブランドやテナント)ではなく、それ自体は中身のない巨大で均質な空間と、それが流通と消費の空間であることを可能にする照明、空調、水回り、音響、駐車道や交通導線などの物的システムと、テナントや売り上げを管理する運営管理システム、マニュアル化された接客システムなどからなる「SCというシステム」、「店舗のための店舗」であるSC・SMというパッケージそのものである。それが特定の内容をもたない、それ自体は空虚な箱であること――それは商品やブランドや店舗を「内容」とする「媒体《メディア》」であるということだ――によって、SC・SMはつねに人びとの欲望を、それが商品と消費という形をとりうる限りにおいて「夢」のように提示する場所たりえている[★27]。この意味でSC・SMとは多様なコンテンツを受け入れ、テナント配置という編集を施し、それらを人びとの欲望と生活へと媒介する媒体《メディア》なのだ。

そうだとすれば、現代の日本で既存の商店街の活性化策として展開しつつある「モール化」の事業は、いささかアイロニカルな事態とも考えられよう。もとよりモール化事業によって、商店街がSC・SMのような単一のディベロッパーの管理・運営の下に置かれるわけではない。たとえば川越市のクレアモールでは、その「モール化」を次のように説明している。

一般に「商店街で、車道と歩道を分離するなど、安全(safety)で快適(amenity)に買い物が楽しめる(amusement)ように工夫した街路」を称して「ショッピングモール(shopping mall)」と呼びます[★28]。

近年、商店街(および商業集積)に対するお客様の目は、安全性と快適性に向いています。つまり商店街には、快適な歩行者空間――ショッピングモール――が必要なのです。これは一件一件(ママ)のお店では解決できない、商店街全体として取り組むべき重要課題なのです。

新富町商店街は、ショッピングモール化が今後も中心商業地区として商業集積する――商店街が、そして個店が生き残る――ための必要最低条件と捉えております。川越市による電線地中化が実施される今この機会を逃すわけにはいかないのです。

ショッピングモール化の目的は、商店街の活性化によって、個店の活性化を図ることです。ただし、ショッピングモール化したからといって、直接個店の収益と連動することはありません。あくまでも、ショッピングモール化は活性化の必要最低条件(ハード)ですから、そのハードを活かすも殺すも私共商店街と個店の努力(ソフト)次第なのです[★29]。

このモール化において具体的に実施されたのは、①街路をアスファルトから本御影石に張り替えること、

②側溝の改修により店舗と街路の段差を解消し、道路と店舗の一体感を増すこと、③「商店街の顔」としてシンボルタワーを設置すること、④街路灯を設置すること、⑤周辺のモールエリア外の街路灯もモールエリア内と統一・整備すること、⑦街区案内板を設置すること、⑧電線を地中化して電柱を撤去した後に街路樹を植えること、である［★30］。これらはSCというシステムそのものを商店街に導入するのではない。だがそれは、商店街の公共空間の物的な構成要素を再編することで、空間の視覚的な統一性と見通しを高め、歩きやすさをよくするなど、透過性の高い単一の空間であるかのように商店街を編成するものだ。そのような統一された見通しのよい空間は、現実はともあれ「安全性と快適性」が保障されている印象を来街者たちに与えるものである（図4－4）。

図4－4◆川越クレアモール

もちろん、それによって商店街が活性化されるかどうかは、クレアモールのHPが自ら語るように、商店街とそれを構成する個々の店舗の〝努力次第〟ではある。だが、モール化された商店街が与えるこの安全性と快適性の印象と、視覚的かつ身体的な透過性の高さが、SC・SM的な消費空間に馴染んだ消費者に受け入れられやすく、それによって商店街の活性化に一役買いうることは事実である。東京の丸の内エリアのように、オフィス街にショッピング街としての新たな顔をつけ加えた事例もある。

その一方で、こうしたモール化が施された各地の商店街が、よく似た街路、歩道、街灯やベンチ、街路樹、シンボルタワーやシンボルゲートなどによって、互いによく似た様相をもつ均質的な街並みになっているのも事実である。ＳＣ・ＳＭが互いによく似ているように、モール化した商店街の風景と空間の様相も互いによく似ている。ＳＣ・ＳＭが標準化されたパッケージとなっているように、商店街のモール化もコンサルタントや設計事務所によって標準化されたパッケージとして提供されているのだから、それも当然のことだ。そのようにしてモール化した商店街にテナントとしてスターバックスやＡＢＣマートやギャップやユニクロが入れば、そこはまさに〈モール化〉してゆく。既存の商店街のモール化は、ＳＣ・ＳＭによって「余白」のようにされた既存の商店街が、〈ＳＣ的なもの〉の力を借りて自らを「図」へと反転しようとする試みであると同時に、〈ＳＣ的なもの〉があの外壁を越えて都市や地域の中に浸透し、ＳＣ的なシステムが都市や社会を秩序づけ、意味づけるシステムになっていこうとしていること、そうした意味での〈ＳＣ化〉――あるいは〈モール化〉――を、都市や社会の側が求めているということでもある。

図4－5◆川越、蔵造りゾーン
図4－6◆川越、菓子屋横町

　商店街が、そして都市がＳＣ的なシステムの下にＳＣ化し、モール化していくこと。それはＳＣという「反転した街」が、今度は街の側へと反転してゆくことだ。そこでは、巨大で透過性の高い均質な空間とその中に入れ替わり現れる消費の夢の外側へと、かつて盛り場や繁華街がもっていた見通しの悪さや雑多なものが括り出され、かつてあった街や都市や地域の〈街性〉や〈都市性〉や〈地域性〉の一部は、モール化した街に合うように「おしゃれさ」や「きれいさ」や「かわいさ」の加工を施されてそこに組み込まれるか、モール化した街の余白に忘れられるか、あるいは消去されてゆく。

どこにいてもモールの中にいるような快適性と、サンプル化されダイジェスト化された消費社会の夢が都市や地域を希薄に被っていくとき、かつて私たちが馴染んでいた街や都市や地域のリアリティのある部分が、私たちが生きる街や都市や地域から消えてゆく。そのとき、私たちの生きる街や都市や地域や社会は「外側のない家や廊下」のようになって、「夢」のようなトウキョウやディズニーランドや飛行場や外国という想像的な外部へとつながっていく。時にはまた、いったん外部に括り出された「かつての街」もノスタルジックにパッケージされて、いまやSC・SMにつきものの駄菓子屋や、お台場のデックス東京ビーチにある台場一丁目商店街、さらには川越のクレアモールの先にある蔵造りゾーンやその中の菓子屋横町のように、ふたたびSC・SMやモール化した街に組み込まれてゆくこともある［★31］（前頁図4－5、図4－6）。

SC・SMが私たちの社会に生み出しつつあるのは、そんな奇妙なトポロジーをもった「開かれた閉じた世界」である。

註

★1――"Mcdonaldization"は正しくは"McDonaldization"。ただし、二〇〇七年の改正都市計画法の施行に伴い、現在では大型店の出店は三浦がこの論考を書いたときよりも制限されている。

★2――本文に挙げた三点以外の問題点としては、「環境・エネルギーへの負荷」「流動化と匿名化による犯罪の増加」「大量浪費空間の突如出現による現実感覚の変容＝人間観・倫理観の変質」「手軽な大量消費による意欲の低下」「生活空間の閉鎖化による子どもの発達の阻害」が挙げられている。ただし、こうした社会的問題があるとしても、その原因が三浦の言うファスト風土化だとは必ずしも言えない。

★3――服部はこの論考の中で「ファスト風土(化)」の定義を示していないが、基本的に三浦の議論に乗る形で論を展開している。その一方で服部は、「アメリカでは一九七〇年ごろからこのようなファスト風土化が見られるようになり」(服部 2006：43)や、「旧東ドイツでは急激に展開するファスト風土化を止めることができなかった」(同：60)など、三浦よりもこの概念を拡張して用いてもいる。

★4――納谷洋平の聴き取り調査によると、東京の押上地区では東京スカイツリーに併設されたＳＣのソラマチのオープンによって、地域の住民が日常の買い物もソラマチ内の店舗で行うようになった結果、地元の商店街の売り上げが大きく減少しているという(納谷洋平「東京スカイツリーの光と闇――大商業施設開業は地域の消費活動を如何に変化させるか」早稲田大学教育学部社会科社会科学専修二〇一二年度卒業論文、早稲田大学教育学部若林研究室所蔵)。

★5――International Council of Shopping Centersは、一九五七年に設立されたショッピングセンター産業の国際団体である。

★6――ショッピングセンターの建築様式については本書第3章を参照。また、北田・南後・速水・東(2011)も参考になる。

★7――だが、およそあらゆる建築はその種類ごとに似たような構造をもち、一定のビルディング・タイプに属しているのだから、ＳＣやＳＭだけがとりたてて相互に似ているわけではない。学校も、駅も、マンションも、建て売り住宅も、みなそれぞれ似たような構造とタイプをもっている。寺院や民家などの伝統建築も、特定の構造やタイプをもつ。だから、この点だけをもってＳＣを批判することはできない。重要なことは、あるタイプの建築空間が社会の中でもつ意味や機能について考えることである。

★8――モラージュ柏を運営するのは旧日商岩井系の双日グループに属する双日リアルネットで、他にモラージュ佐賀(店舗面積五万二八〇〇㎡)、モラージュ菖蒲(店舗面積九万㎡)の二つのＳＭを運営している。

★9――たとえば婦人・子供服と雑貨のHushHusH（ハッシュアッシュ）、家族向け衣料品のコムサイズムなどは、もっぱらSC・SMのみで展開するテナントである。

★10――作中に出てくるラブホテルの「ホテル野猿（のざる）」から、この作品の舞台は多摩ニュータウンないしその近辺の団地を思わせるが、現実に存在したラブホテルの「ホテル野猿（やえん）」（現在は「フェスタリゾート野猿」）は作中のホテル野猿（のざる）とは異なり、「高速道路のインター近くに林立するなかの一軒」（角田 2002→2005:9）ではない。このことからも、角田がこの作品で描いているのが現実の郊外から抽出され、理念型的に再構成された〈郊外的なもの〉であることがわかる。

★11――レッドロブスターはそもそもジャスコ（現イオン）が日本における店舗展開を行っていたが、二〇〇二年から旧レインズインターナショナル（現在のレックス・ホールディングス）傘下となり、二〇一一年からは株式会社セリュックスが経営している。他方の牛角もレックス・ホールディング傘下の現レインズインターナショナルが経営しており、レッドロブスターが牛角とのコラボレーションを展開していたこともあった。

★12――そうした店舗はロードサイドにもまた多く展開している。角田の小説の文章を「レッドロブスターも牛角も、バイパス沿いにある」、「スーパーマーケットと、ファッションビルと、レストラン数軒、ディスカウント系雑貨品店、カー用品店、美容院と本屋、カラオケボックスもバイパス沿いに並んでいる」と書き換えても、現代日本の郊外居住者はなんの抵抗もなくその文章を読めてしまうだろう。序章で触れたように、SC・SMというトポスとロードサイドというトポスとは、現代日本の社会の地形のなかで近接しているのだ。

★13――では「現実に存在する東京」を私たちは認識することができるのか？　それはいつでも、さまざまな場所と視点から切りとられた〈東京的なもの〉にすぎないのではないか？　この問いは都市論にとって本質的な問いだが、ここではそれについて詳論するだけの紙幅がない。

★14――換喩とは「部分」で「全体」を表す比喩の手法である。

★15――このことについては、若林（2010）でも考察した。

★16――だからといってそれは、都心の流通・消費環境と郊外や地方のそれとを均質にしてしまったわけではない。このことについては中村（2005）などを参照。

★17――たとえば、アーバンドックららぽーと豊洲にはキッザニアが、ららぽーと新三郷には機関車トーマスをテーマにしたトーマスタウンがあり、イオンレイクタウンには冬季にスケートリンクがオープンしている。パコ・アンダーヒルが指摘するように、SM内のペットショップも一種の娯楽施設と考えることが可能である(Underhill 2004＝2004：131-138)。

★18――この点については、若林(2002：ch.4)も参照。

★19――「フレキシブルな蓄積」については、Harvey(1990＝1999)や町村(1994)などを参照。

★20――「日本では土地が貴重なので、たいていのモールは水平でなく垂直に伸びる」(Underhill 2004＝2004：336)というパコ・アンダーヒルの指摘は、たとえば東急プラザ表参道原宿や渋谷ヒカリエのような都心部のSCには当てはまるが、現代日本の多くのSCはアメリカの多くのモールほど広くはないにしても、やはり水平的に広がっている。

★21――八〇年代の消費社会化をリードしていた雑誌『月刊アクロス』(PARCO出版)の編集長だった三浦展のファスト風土論は、そうした文脈からも読むことができる。また、註6で挙げた北田・南後・速水・東(2011)の座談会も、それに先立つ東浩紀・北田暁大(2007)におけるショッピングセンターへの言及も、そうした文脈からのものである。

★22――ベンヤミンによればパサージュは、当時のブルジョワの室内や博覧会場、パノラマ館と共に「ひとつの夢の世界の残滓」である(Benjamin 1935＝1995：356)。

★23――この〝元ネタ〟となったマクルーハンの言葉は次のとおり。「都市は観光客向きの文化的幽霊としてならともかく、もう実在しない。どのハイウェイの食堂にもテレビがあり、新聞があり、雑誌がある。それはニューヨークやパリとまったく同じように国際的(コスモポリタン)だ」(McLuhan and Carpenter 1960＝1967：61)。

★24――パコ・アンダーヒルは、SMのこうした外観は、「ショッピングモールには自分が店舗だという自覚がない」からだと述べている(Underhill 2004＝2004：31-49)。だがそれは、特定の店舗のカラーを出さず、自らを透明化しているからだと言うこともできるだろう。

★25――このことについては(若林 2010：73)ですでに論じたことがある。

★26――これについては、お台場や恵比寿ガーデンプレイス、六本木ヒルズ、ららぽーとTOKYO－BAYなどを事例に(若林 2005：15-18)で論じている。

★27——ここで詳論することはできないが、SCというシステムのこうしたあり方は、コンビニエンスストアと共通している。

★28——<http://www.creamall.net/info/q&a.html>（二〇一三年一月四日取得）。

★29——同。

★30——同。

★31——こうしたノスタルジーと都市空間の再編については、北田（2002→2011）の補遺も参照。

参考文献

東浩紀・北田暁大（2007）『東京から考える——格差・郊外・ナショナリズム』日本放送出版協会。

Benjamin, Walter (1935) "Paris, die Hauptstadt des XIX Jahrhunderts." =（1995）久保哲司訳「パリ——十九世紀の首都」、浅井健二郎編訳・久保哲司訳『ベンヤミン・コレクションI——近代の意味』ちくま学芸文庫、三二五－三五六頁。

Benjamin, Walter (1982) *Das Passagen-Werk*, Suhrkampf. =（1994）今村仁司ほか訳『パサージュ論　III』岩波書店。

Frieden, Bernard J. and Sgalyn, Lynne B. (1989) *Downtown Inc.: How America Builds Cities*, The MIT Press. =（1992）北原理雄監訳『よみがえるダウンタウン——アメリカ大都市再生の歩み』鹿島出版会。

原広司（1975）「文化としての空間——均質空間論」『思想』六一四－六一五号。→（1987）「均質空間論」『空間〈機能から様相へ〉』岩波書店、一九八七年、二一－八三頁。

Harvey, David (1990) *The Condition of Postmodernity: An Enquiry into the Origins of Cultural Change*, Blackwell. =（1999）吉原直樹監訳『ポストモダニティの条件』青木書店。

服部圭郎（2006）「日本の商店街は世界のお手本——中心市街地の守り方」、三浦展編著『脱ファスト風土宣言』洋泉社新書Y、三七－六一頁。

International Council of Shopping Centers (ed.) (2010) *Winning Shopping Center Designs 33rd edition*, International Council of Shopping Centers.

角田光代（2002）『空中庭園』文藝春秋社。→（2005）文春文庫。

北田暁大（2002）『広告都市・東京——その誕生と死』廣済堂出版。→（2011）『増補　広告都市東京——その誕生と死』ちくま学芸文庫。

北田暁大・南後由和・速水健朗・東浩紀（2011）「ショッピングモールから考える——公共、都市、グローバリズム」『思想地図β』一号（特集　ショッピング／パターン）、五四－七七頁。

町村敬志（1994）『「世界都市」東京の構造転換——都市リストラクチュアリングの社会学』東京大学出版会。

McLuhan, Marshall and Carpenter, Edward (eds.) (1960) *Explorations in Communication*, Beacon Press. ＝（1967）大前正臣・後藤和彦訳『マクルーハン理論』サイマル出版会。

三浦展（2006）「『街育』のすすめ」、三浦展編『脱ファスト風土宣言——商店街を救え！』洋泉社新書Y、一三－三五頁。

中村由佳（2005）「着飾った少女はなぜ東京を目指すのか」、吉見俊哉・若林幹夫編『東京スタディーズ』紀伊國屋書店、一二三頁。

Riesman, David, and Roseborough, Howard (1955) "Careers and Consumer Behavior," *Consumer Behavior, Vol. II, The Life Cycle and Consumer Behavior*, ed. Lincoln Clark, New York University Press.→Riesman, David (1964) *Abundance for What?: And Other Essays*, Doubleday & Company. ＝（1968）加藤英俊訳『何のための豊かさ』みすず書房。

Ritzer, George (2005) *Enchanting A Disenchanted World: Revolutionizing the Mean of Consumption*, 2nd edition, Pine Forge Press. ＝（2009）山本徹夫・坂田恵美訳『消費社会の魔術的体系——ディズニーワールドからサイバーモールまで』明石書店。

Underhill, Paco (2004) *Call of the Mall*, Simon & Schuster. ＝（2004）鈴木主税訳『なぜ人はショッピングモールが大好きなのか』早川書房。

若林幹夫（2002）『漱石のリアル——測量としての文学』紀伊國屋書店。

若林幹夫（2005）「余白化する都市空間——お台場、あるいは『力なさ』の勝利」、吉見俊哉・若林幹夫編『東京スタディーズ』紀伊國屋書店、六－二五頁。

若林幹夫（2010）「モール化する世界」、遠藤知巳編『フラット・カルチャー——現代日本の社会学』せりか書房、七〇－七七頁。

流山おおたかの森SC	ららぽーとTOKYO-BAY	ららぽーと豊洲	テラスモール湘南	イオンレイクタウン	ららぽーと新三郷	アトレ川越他（クレアモール）
	●	●	●			
	●			●		
●		●				
●（JETSETTER名義で出店）	●		●	●	●	
●			●			●
				●		
	●					●
	●			●		
				●		
●	●					
				●		
	●			●		●
		●	●	●		●
		●		●		
●	●	●	●		●	●
			●			

表4-1◆SCのテナント重複度――モラージュ柏のテナントを基準とした場合

2012年9月17日現在	モラージュ柏	イオンモール千葉ニュータウン	イーアスつくば	ららぽーと柏の葉
ファッション				
Right-on	●	●		
K・B meister	●(準地元店)			
THE SUPER SPORTS XEBIO	●		●	●
in Kokomo	●			
field/dream	●		●	
BANKAN	●(地元店)			
BRICK HOUSE シャツ工房	●	●	●	
ORIHICA	●	●		
Re-J	●			
ABAB	●			
Honeys	●	●	●	
える座(ABABのLサイズ専門店)	●			
シュクール	●			
apartment market	●			
anyFAM by KUMIKYOKU FAM	●			●
SHOO LA RUE	●			
HusHusH	●			
drug store's SHOP	●			
ERIMAKEE	●			
Prim Rose	●			
AMO'S STYLE	●			
HugHug(九州のSCを中心に展開)	●			
グレース	●			
西松屋	●			
motherways	●		●	
ECO&KIDS　AKIRA	●			
グッズ				
ヴィレッジヴァンガード	●		●	●
Pinky Bell	●		●	
NUSTEP	●			
ABC-MART	●	●	●	
アクセランド	●			
クリスタル・ワールド	●			
ミルフローラ	●			

流山おおたかの森SC	ららぽーとTOKYO-BAY	ららぽーと豊洲	テラスモール湘南	イオンレイクタウン	ららぽーと新三郷	アトレ川越他（クレアモール）
	●			●	●	●
				●		
					●	
●（Harness Dog名義で出店）				●	●	
●						
		●			●	
	●					●
●						
						●
	●			●	●	●
	●					
●	●		●	●	●	
	●	●	●	●（複数出店）		●
			●		●	
						●
●	●				●	

2012年9月17日現在	モラージュ柏	イオンモール千葉ニュータウン	イーアスつくば	ららぽーと柏の葉
グッズ(つづき)				
ジュエリーツツミ	●	●	●	●
A BOMBER	●			
Zoff	●			
LA PAX (東京デリカ(株)、他の名前でも多くのSCに展開)	●			
Mother garden(犬関係商品)	●	●	●	
シルク (100円ショップ)	●			
吉徳の人形	●			
illusie300 (300円ショップ、(株)Palemo、他の名称の店舗も展開)	●			
手芸センタードリーム	●			
OLYMPIA	●			
ハイパーショップ	●			
くまざわ書店	●		●	
セルレ	●		●	●
Buona Vita	●			
江戸屋 (川越菓子屋横町の菓子店、各地SCに期間限定等で出店)	●			
ロイヤルホームセンター	●			
ドラッグ セガミ	●			
one's	●			
健寿の京	●			
レストラン・フーズ				
珈琲館	●			
SUBWAY	●	●	●	●
紅虎餃子房	●			●
サーティワンアイスクリーム	●	●		●
スターバックスコーヒー	●	●	●	
チェゴヤ	●			●
イタリアン・トマト カフェジュニア	●			
龍翔屋	●			
創作オムライス ポムの樹	●			●
スパイスプラザ	●			
ふらんす亭	●			
きた泉	●			
上海楽民	●			

流山おおたかの森SC	ららぽーとTOKYO-BAY	ららぽーと豊洲	テラスモール湘南	イオンレイクタウン	ららぽーと新三郷	アトレ川越他（クレアモール）
						●
	●					
			●	●		
				●		
				●	●	●
	●			●	●	
					●	
				●		
						●
●	●	●	●	●		
●	●	●	●	●		
●	●		●	●		
				●		
●		●		●	●	
●			●	●		
			●	●	●	

2012年9月17日現在	モラージュ柏	イオンモール千葉ニュータウン	イーアスつくば	ららぽーと柏の葉
レストラン・フーズ（つづき）				
ファーストキッチン	●			
韓ごはん　MARU	●			
リンガーハット	●	●	●	
手打うどん総本家 とくとく	●			
ちゅら島市場	●			
果汁工房果淋	●	●	●	
ヤオコー	●			
わくわく広場	●	●		
ジュピター	●			
ビアードパパ	●			
ミスタードーナツ	●		●	●
サービスその他				
みうら整骨院	●			
街の買取サロン ニコニコ堂	●			
ウィルコムプラザ	●	●		
ヤマハ音楽教室	●		●	●
yu kids Island	●	●		
ほけんの窓口	●			
ソフトバンク	●	●	●	●
スタジオシエル	●			
ドリパ	●			
auショップ	●			●
ドコモショップ	●	●		
ネイルショップ nelpara	●			
ピュアマインド	●			
BRAVE	●			
モラージュ柏デンタルクリニック	●			
やぎぬま眼科	●			
クローバーコンタクト	●			
小学館の幼児教室 ドラキッズ	●			
カモミール動物病院	●			
カメラのキタムラ	●	●	●	●
イレブンカット	●			
クリーニングフローレ	●			

column 5

SC的な"楽しさ"の空間と時間

「すっごく楽しいところなんだって！」

二〇〇六年に「ららぽーと柏の葉」がオープンしたとき、保育園の友だちから話を聞いてきた息子の言葉である。

息子の友だちにとって、「ららぽーと柏の葉」の何が〝すっごく楽し〟かったのかはわからない。だが、その後子どもと一緒に映画を観にいったり、ペットショップで犬を買ったり――SCのペットショップではまず扱わないジャーマン・シェパードだったのでブリーダーから〝取り寄せ〟だったのだけれど――、その犬のフードやおもちゃを買いにいったり、息子の自転車やエレキギターを買いにいったりするなかで、息子も妻も私もただ買い物をするだけでなく、SCという場所をそれなりに楽しんできたのだなぁ、と思う。私たちはとくに買い物好きということもなく、SCが好きというわけでもないのだが、SCに行くとそもそも目的とする以外の店舗や商品を見、気になると店舗に入り、時に手にとってみて、場合によっては買ってしまう。それを楽しむために行くというのではないし、その後で「あぁ、楽しかった」と思うわけでもない。にもかかわらず、何となくそんなふうにSCで時を過ごしてしまうことは、〝すっごく楽しいこと〟ではないけれども〝そこそこ楽しいこと〟、少なくとも〝つまらなくはないこと〟である。

同じららぽーとの「ららぽーとTOKYO‐BAY」をフィールドワークで訪ねたときのことだ。次の調査地である「アーバンドックららぽーと豊洲」に向かうため、「ららぽーとTOKYO‐BAY」と京葉線の南船橋駅を結ぶ鉄道高架下の通路を歩いていったときのこと。私たちと反対に駅からららぽーとに向かうたくさんの人の中に中・高・大学生くらいのカップルの占める割合が大きいことに驚いた。一九六二年生まれの私には〝船橋ヘルスセンター［★1］の跡地〟とか〝競馬場の隣り〟といったイメージが強くて、何となく垢抜けないイメージがあった「ららぽーとTOKYO‐BAY」は、じつは地元のデートスポットだったのである（後日、私のゼミの千葉県出身の学生たちに尋ねたところ、「誰もが通る道なんです」ということだった）。

千葉県湾岸部の若者たちは、なぜ「ららぽーとTOKYO-BAY」でデートをするのか？　彼らにとってそこが〝すっごく楽しいところ〟だからだろうか？　いや、〝すっごく楽しいところ〟なら、四駅先の舞浜の東京ディズニーランドやディズニーシーのほうだろう。ららぽーとには、東京ディズニーリゾートのような「夢と魔法」はない。だがそこには、中・高生も気軽に手が出せるものから高くて手は出せないが眺めることはできるものまで、たくさんのショップやブランドがあり、ファストフード店もあればカフェやレストランもあり、映画館やイベントの行われる広場もあればフットサル場やドッグランもあり、そして何より入場無料なのだ。つきあい始めたばかりでさほど話すこともなかったりするカップルにとって、「デート」という時間を埋めるアイテムがびっしりつまったあの場所は、アトラクションに乗る時間よりも並ぶ時間のほうが長く、その間手持ちぶさたに何かを話さなければ気まずくなってしまうディズニーランドやディズニーシーよりも、ずっと気軽で気安い〝楽しさ〟を保証してくれる場所なのだ。

現代のSCやSMは、ディズニーランドのようなテーマパークに喩えられることがある。観覧車やスケート場のあるSCもあれば、「アーバンドックららぽーと豊洲」のように実際にテーマパークのキッザニアを併設したSCもある。だが、私たちがSCで経験する〝楽しさ〟、そこに観覧車もスケート場もテーマパークもなくても経験できる〝楽しさ〟は、テーマパークの楽しさとは異なるものだ。それは、たとえばネットのウェブページを見てだらだら時を過ごしてしまうときの〝楽しさ〟に近いかもしれない。「へぇ、こんなのあるんだ」「これ面白いね」「え、何これ」といったことが続く中を無目的に進んでゆく感覚。取り立てて楽しいというわけではないけれど、飽きさせることもなく、それなりの楽しさで空間と時間を隙間なく埋めていくSCのあり方は、もしかしたらテーマパークよりも現代的な空間と時間のあり方を示しているのではないだろうか。（若林幹夫）

★1――船橋ヘルスセンターは一九五五年から七七年まで、現在の「ららぽーとTOKYO-BAY」の土地にあった総合レジャー施設で、浴場、プール、遊戯施設、レーシング場などがあった。私も子どもの頃、潮干狩りに行く途中の休憩に寄った記憶がある。

column 6

メディアとしてのSC・SM

私にとって、SC・SMはこれまで馴染みのない場所と思っていたが、毎日通っている東京都心のオフィスタワー下層階に併設されているショッピングエリアが、実はSCであることを、本書のもとになった研究会に参加することによって知った。そう言われてみれば、確かにスーパーマーケットや惣菜屋、ユニクロも並ぶ。テラスや芝生広場には、ベビーカーを押すおしゃれなママたちが子どもを遊ばせている。私自身も、ランチは惣菜屋のお世話になっているし、仕事帰りにはスーパーや併設の病院、薬局なども利用している。知らないうちに、私の生活の中にもしっかりとSC・SM的なものが入り込んでいたのだった。

日常生活に密着するSC・SMに対して、デパートやファッションビルと比べてやや野暮ったいイメージを持っていたが、どうやら今はちょっと違うらしい。調べてみると、今のイオンモールには、ひと昔前であればデパートに入っていたようなブランドの店も入っている。

ファッションだけではない。食関連のテナントをみてみると、一時は都会の象徴だったスターバックスが今ではほとんどのイオンモールに入っているということもさることながら、私が大学生だった十数年前、下北沢など東京のおしゃれな街にしかなかった輸入食料雑貨店カルディもまた、ほとんどのイオンモールに入っていることに驚かされた。なるほど、ワインやチーズをはじめカルディ置いてあるような食材を使う〝おしゃれ〟な料理が家庭料理として消費されるようになったのも、カルディがモールとともに全国に広がったこの十年ほどと一致している。SC・SMは私たちの味覚にも影響を与えていたのだ。

冒頭に述べたように、都会の生活にSC・SM的なものが浸透している一方で、地方のSC・SMは、都会的ライフスタイルを人々の生活の中に流通させる。このようにSC・SMは現代日本社会で都市と地方をつなぐ、ひとつのメディア的機能をはたしているのだ。(中村由佳)

第5章

消費社会という「自然」
——商業施設における〈巨大さ〉の構造転換

田中大介
TANAKA Daisuke

1 モール化する都市と社会

● 消費社会は終わったのか？

これまでの諸章で、ＳＣとよばれる巨大商業施設の「原型」の成立と〈ＳＣ的なもの〉の歴史的変容、およびその建築形態の情報空間化、そしてそうした総体的な過程においてもたらされたＳＣの多様性・均質性・巨大性・透過性という特徴が、「ＳＣのある社会」を戦後日本社会において作り上げてきたことを明らかにした。この「モール化する都市と社会」は、ＳＣという施設や業界を通じて、都市空間や地域社会に浸透してきたわけだが、それは日本社会におけるより大きな変容の過程、すなわち高度成長、消費社会化、情報社会化、新自由主義的なグローバリゼーションにおいて現れたものでもある。本章では、ＳＣという商業施設そのものからすこし離れ、日本社会における流通や消費の構造転換のなかにＳＣとＳＣ以外の巨大商業施設の変容を位置づけることによって、「ＳＣのある社会」の現在とはどのようなものかを考えてみたい。

ＳＣを含む商業施設は小売業であるという意味において消費と流通の空間である。一九八〇年代以降の社会学や社会科学では、消費と流通の空間――たとえばスーパー、百貨店、ファッションビル、あるいはそれらによって構成された都市空間や地域社会を、消費社会化という資本主義の変動のなかに位置づけ、消費社会論という文脈で論じることが多かった。たとえば記号的価値を付与したイメージとコンセプトによって街そのものを演出しパッケージ化するファッションビル・パルコの戦略は、日本におけるディズニー化の兆候、そして日本の消費社会化を象徴する空間としてこれまで何度も取り上げられてきた（吉見 1996; 難波 2000; 北田 2002＝2010）。

しかし、二〇〇〇年代において格差社会論がもっていたインパクトは――それはたとえば「消費社会から格差社会へ」（上野千鶴子・三浦展）や「下流社会」（三浦展）という表題のもとに語られることで――消費社会（論）が過去のものとなった印象を与えたかもしれない。これら西武鉄道系企業やセゾングループに関係してきた論者たちは、一九七〇年代から一九九〇年代の西武百貨店、パルコ、およびセゾングループの歴史的役割を――消費社会という「全体社会」を映し出すものとして――証言する。そのようなふるまいは消費社会を批判しつつ、現代における消費社会の終わりを宣言しているかのようだ［★1］。

では、消費社会は終わったのだろうか。デフレ時代、モノが売れない時代といった一九九〇年代末から二〇〇〇年代のジャーナリスティックな論調は、そのような印象を与える。

しかし、ＳＣやＳＭが同じ一九九〇年代末から二〇〇〇年代にかけて増加・巨大化し続けてきたことを考えると一概に「終わった」ともいえない。たとえば日本ショッピングセンター協会の統計によれば、

ＳＣの新規出店は、一九七〇－七九年に四四六店舗、一九八〇－八九年は五七二店舗、一九九〇－九九年は一〇一三店舗、二〇〇〇－〇九年は八三一店舗と推移している。増加率は九〇年代以降にほぼ二倍になり、二〇一〇年のＳＣ総数三〇五〇店舗のほぼ三分の二が九〇年代以降に出店されたものである。しかも二〇〇三年に出店したＳＣの平均面積は二万㎡を超えて、二〇〇七年に二万七七九一㎡まで達し、ほぼ毎年増加し続けている。二〇〇九年に急激に面積は落ち込むものの、二〇〇〇年代に新規出店したＳＣの平均面積はおおよそ二万㎡となる。二〇一〇年に存在するすべてのＳＣの平均面積一万四五一四㎡だから、二〇〇〇年代に生まれたＳＣはかなり急激に巨大化している。

このようなＳＣの増加・巨大化の過程は、消費社会の終わりを告げるジャーナリスティックな論調とどこか矛盾しているようにみえる。そうした語りが間違っているといいたいわけではない。むしろ一九八〇年代を消費社会の頂点として経験したと考える人びとにとっては、現在の「ＳＣのある社会」は、かつての消費社会とは異なるリアリティのものであると直感されているのだろう［★2］。ただし、一九九〇年代から二〇〇〇年代にかけてのＳＣの急激な増加と巨大化は、私たちが消費への欲望や快楽を捨て去っていないことを示している。そして、私たちや私たちが生きる社会は、そのような商品世界の巨大さをどこかで受容している。では、モール化する都市と社会のリアリティは、かつてとどのように異なるのだろうか。

たとえば次の写真をみてほしい（図５－１）。外壁にテナント名を書いた看板が貼りつけられた、各地でよく見ることができる現代のＳＣ・ＳＭに典型的な外観である。しかし、年配の方であれば「おや？」と思うかもしれない。三越の看板が掲げられているがここはいわゆる「百貨店」ではないようだ、と。しかも丸善ならまだしも、ユニクロ、無印良品、ＡＢＣマートの看板も掲げられている。そう、三越はココリア多摩センター（二〇一一年開業・店舗面積三万四五〇一㎡）というＳＣのひとつのテナントにすぎない。日本の消費文化の

上：図5－1◆ココリア多摩センター（2013年2月4日撮影）
下：図5－2◆アリオ上田（2013年2月11日撮影）

起源のひとつとされている伝統と格式ある「あの三越」が――地下一階と地上一・二階を占める核店舗とはいえ――ユニクロやＡＢＣマートと並んでいる……そのように感じる人もいるかもしれない。

さらに、次の写真をみてみよう（図5－2）。セブン＆アイグループが経営するＳＣである長野県上田市のアリオ上田（二〇一一年開業・店舗面積二万三一〇〇㎡）である。パルコと別組織であるとはいえ、先のセゾングループに関係していた人びとが持ち上げるパルコを生んだ母体のひとつである「西武」の看板がみえる。しかもイトーヨーカ堂の大きな看板の下に置かれており、他のテナントと同列扱いである。つまりここでの「西武」は、アリオという巨大商業施設のなかの、大きなイトーヨーカ堂のそばの、売り場の一部でしかない。

百貨店がＳＣのテナントのひとつになっているかどうかは別にしても、こうした外観やフロア構成のＳＣは全国各地に存在する。そして、私たちは、商業施設の格式や伝統、あるいは文化の序列のようなものをあまり気にすることなく利用している。先のセゾングループと関係が深い人びとが二〇〇〇年代に消費社会を「終わった」といいたがった背景には、おそらくこうしたタイプの巨大商業施設で構成されている「SCのある社会」の風景に対する違和感があるのではないだろうか。しかし、そのように消費社会を「終わった」ことにしてもモール化する都市と社会のリアリティをつかむことはできないだろう。巨大なSC・SMが百貨店、ファッションビル、スーパー、あるいは各種テナントをその内側に取り込みながら広がっていくような風景は、消費社会の終わり、ではなく、消費社会の質的な変容を告げているのである。

● 商業施設にとって「巨大さ」とはなにか

現代において増加・巨大化してきたSCだが、そのような「巨大さ」はどのような意味をもっているのだろうか。先に触れた百貨店やスーパーも開業した当時は大きな施設として建設されていたはずだ。では、SCを含む小売業の商業施設の巨大さはいかなる意味をもっているのか。

たとえば、ジョージ・リッツアによれば、現代の商品世界は、脱魔術化され、合理化された世俗的な現代社会において、「魔術化され、ときに神聖化された宗教的性格をもつ」(Ritzer 2005＝2009:31)とされる。とりわけ「ショッピングモールは人々が〝消費者の宗教〟を実践しに行く場所」、「消費の殿堂」と位置づけられる(Ritzer 2005＝2009:32)。

> 訪問者を引き寄せているのは場所の規模そのものと、場所が非常に多くのものを包含しているという事実である。人々は商品とサービスの壮大な宝庫とみなしているもの、つまり幻影に引き寄せられている。
>
> (Ritzer 2005＝2009:261-262、傍点引用者)

アメリカの文脈で分析するリッツアは、消費主義を宗教とよび、モールを消費の殿堂とよぶ。そのことは、『浪費するアメリカ人』(Shor 1998 = 2011) に書かれている信仰としか思えないような消費へのオブセッシブな情熱や、広大な領土が可能にする——ウェスト・エドムントン・モールやモール・オブ・アメリカに代表される——超巨大SCの魔術のような威容を指してのことかもしれない。第1章や第2章で触れたように日本のSCが視察や研究を通じてアメリカのSCを模倣した輸入品であり、第4章で論じられたようにSCに「外国」のイメージを投影してきたことは確かである。巨大なSCが日本を含むそれ以外の場所にも次々に建設されていく過程は、まさしくグローバリゼーション(=アメリカナイゼーション)であろう。

しかし、日本社会のSCの「巨大さ」をそうした宗教に関連する語彙を用いて表現するのは——「宗教」という言葉と機能をどのような文脈で定義するかによるし、社会理論として理解することはできるが——いかにも極端にみえる。

では、日本社会における流通と消費の空間の巨大さとはどのようなものなのだろうか。まず商業施設の「巨大さ」は、物理的な存在としての商業施設に向けて投射された、社会的な意味と論理の地平において現れるひとつの幻影《イメージ》や手触り《テクスチャー》として理解することができる。つまり、「巨大である」ということは、物理的な規模を表現するだけではなく——それを「大きい」と感じるかを含めて——ある社会的な意味と感覚を伴っている。そもそも、その巨大さに制度的な正当性や合理性を与える論理やそれを満たす多数者の欲望の支えもなく、そのような商業施設を次々に建設することはできない。たとえば経済学や経営学などで使われている「規模の経済」(大量供給による利益獲得)や「範囲の経済」(多品種供給による利益獲得)といった論理や大店法の改正による行政的な裏づけが大規模商業施設には必要だろう[★3]。またそのような論理や制度に支えられて出店したとしても、多くの顧客がその施設の魅力を理解できず、商品の売り上げにつながらなければその巨大な施設を維持することはできまい。巨大商業施設の生産者はその巨大な施設を作るためにさまざまな論理や正当性を付与し、そこを利用する消費者はその「巨大さ」から特定の意味や感覚を受け取る。このような両者のあいだのフィードバックや協働が巨大商業施設のリアリティを形作っている。では、SC・SMの巨大さの論理は、どのような社会的な幻影《イメージ》を投射し、そこにどのような手触り《テクスチャー》を与えてきたのか。そして、商業施設の巨大さの幻影《イメージ》や手触り《テクスチャー》は、百貨店やスーパー、ファッションビルが形成され、SCのモードがセンターからモールへと転換する日本社会の小売と流通の構造変動のなかで、どのように変容したのか。

2 消費社会の「年輪」と「地層」——商業施設における「伝統」「文化」「自然」

●「SCのある社会」の風景

巨大商業施設が広がった二〇〇〇年代以降の日本社会、いわばポスト消費社会ともいうべき「SCのある社会」の現在を簡単にイメージできるように、首都圏におけるSCのある風景をすこし素描しておこう。二〇〇〇年代にオープンした最も大きなSC・SMのひとつである埼玉県越谷市のイオンレイクタウンは、「水と森」との共生を街づくりの理念とした越谷レイクタウンの一部として建設された。三フロアの低層ながら総面積三三万七三五七㎡という日本最大級の規模で開発されたこの施設は、歩き回ることができる広がりのほとんどを室内に閉じ込めたエンクローズド・モールである。周囲には「レイク」という言葉が指す大相模調整池(貯水池)が造成され、高層のタワーマンションが建っている。越谷レイクタウン駅からすぐにアクセスできるように、街自体がこの巨大商業施設を中心にして構成されている。「kaze」と「mori」、そしてアウトレットの三つの棟は、「自然に心地いい。わたしに心地いい。」というコピーを掲げ、「人と自然に〝心地いい〟」をコンセプトに開発された日本最大のエコ・ショッピングモールであるという。

施設の外観は、継ぎ目の少ないベージュや茶の外壁にテナントの名前が掲げられているだけで、窓も多くない。駅側のエントランスは、扇を広げたようなルーフとドーナツを半分に切ったようなルーフが重なり、明るさと解放感を感じさせる。第3章でも詳しく触れられていたように、こうした建築形態は現代のSCに典型的なものだ。正面のエスカレーターに吸い込まれていったん施設に入ると、外から切り離された快適な「心地よさ」に包まれる。第4章でも明らかにされたように、テナントにはチェーンやフランチャイズでよく知られた店舗が多く含まれており、すでにどこかでみたような既視感と安心感を得ることができる。また、「ウォーカブル（歩きやすい）」「ユニバーサル（誰にでもやさしい）」「コミュニティ（憩いの場になる）」というキーワードが挙げられているように、「kaze」と「mori」の出入り口を両端にした全長一キロメートルを超える通路は、閉じられた「街路」のようになっている。三階建てであるためそれほど上下の運動もなく、絨毯敷きの通路の歩き心地は柔らかい。ところどころに設置された椅子に座って休憩することもできる。そこは安心・安全な散歩道でもある。

このような巨大な商業施設が「自然」をテーマにしているといわれると、あまりにも親切に設えられた人工環境であるため、なんとなくそれと認めるのにためらいを感じる。とはいうものの、それほど厳密に意味を追求するほうが無粋かもしれないし、深く考えずにリラックスしながら歩きまわれるのであれば、これはこれで「自然」なのかもしれない。

イオンの店舗は東京よりもその周辺地域に多く、埼玉県に一七店舗、千葉県に二八店舗、茨城県一四店舗、神奈川県に一九店舗を数えている。レイクタウン店は、そうした郊外地域を中心に拡大してきたイオンの現時点での集大成ということができるだろう。

もうすこし東京に近づいてみよう。山手線に沿ったターミナル駅にある副都心、とくに新宿、池袋、渋谷の三大副都心までいくとどうだろうか。たとえば渋谷の「スペイン坂」と名づけられた階段を上っていけば、一九七〇年代から八〇年代に一世を風靡したファッションビルであり、イタリア語で公園を意味するショッピングセンター・パルコにたどり着く。かつてこの地域は、ファッションビルを中心にした文化戦略によってパッケージされ、面的に構成されたカルチャーの街として演出されていたという。しかし、現在ではパルコpart2が閉店し、WAVEやリブロもすでにない。現在のスペイン坂にはカルチャーとよぶにはすこしばかり粗野にみえる若者向けのショップが多く存在し、ユニクロ、GAP、クロックスも店舗を構えている。人通りは多いが、かつての文化戦略の痕跡が断片的に残っているだけで、そのような歴史を知らなければ、「スペイン」や「イタリア」を切り貼りする文化戦略はほとんど意味をもたないだろう。いわば舞台としての統一性が崩れ、送り手(生産者)も受け手(消費者)もそこで上演される文化のコードを共有できなくなってしまえば、坂の上のパルコも、丸井や109などと並ぶファッションビルのひとつでしかない。また、東京以外の地域にもパルコは存在しているのだから、スペイン坂だけをいまさら特別視することもできないだろう。すでに二〇〇〇年代前半に北田暁大(2002→2010)が指摘していたように、渋谷もほかの街とそれほど変わらない買い物に便利な街であり、現在では、東急百貨店や西武百貨店に加えて、むしろ渋谷ヒカリエ、渋谷マークシティ、QFRONTといった駅に近い巨大商業施設に注目が集まっている。

さらに、都心に向かってみよう。たとえば銀座には、三越、松屋、松坂屋などの呉服系百貨店があり、有楽町までいけば阪急などの鉄道系百貨店も存在する。ほかにもプランタン銀座、マロニエゲート、交詢ビルディングなど多くの商業施設が集積している。いわゆる老舗百貨店や高級ブランドショップが軒を連ねる都心の周辺地区には、三越の日本橋本店を含めて、日本の消費社会の古層に属するような伝統や格式があるようにもみえる。ただし、近年では、東京駅から有楽町周辺にかけて高級感のあるショップが並ぶ街区が形成され、ウィンドウショッピングの範囲は拡散している。また銀座周辺にもファストファッションとよばれる比較的安価なショップも多くなり、ドラッグストアやコンビニなども目につき、街全体を伝統や格式で覆い尽くすことの難しさを物語っている。

このように首都圏の代表的な巨大商業施設をピックアップして、郊外から副都心へ、さらに都心に向かっていけば、日本における消費社会の系譜――自然／文化／伝統をめぐる意味と感覚――を「年輪」のようにたどることができるかもしれない。もちろん百貨店、ファッションビル、スーパー、あるいはそれらを核店舗としたSCは、都心や郊外にだけ分布しているわけではないし、その支店や系列の店舗は日本各地に分散している。また総じて苦しい立場にあるが、第4章でも触れられた川越市の丸広百貨店や大田区のダイシン百貨店など、地域資本が経営する商業施設も独自の特色を打ち出しながら生き残っている。その意味で、これらの各種商業施設は、それぞれの地域に「地層」のように積み重なっているといったほうが正確だろう。いずれにしても日本の消費社会は、多様な形態と意味をもつ巨大商業施設で構成されたSCの歴史的な分布と蓄積として――解体、改装、新築を繰り返しながら――形作られてきた。では、第4章で「史層」という言葉で表現された「年輪」や「地層」を作り上げてきた消費社会のリアリティの現在とはどのようなものだろうか。

●消費文化の〈高み〉――百貨店という「のれん」

先ほどの写真（図5－1）にみえる三越の看板に対する違和感はなんだったのだろうか。第1章でも分析されていたが、SCが増加・巨大化する戦後日本社会の巨大商業施設と戦前日本社会の巨大商業施設を比較するために、百貨店についておさらいしておこう。

近代日本における消費文化は、都市化過程において形成された（初田1993＝1999; 2004）。資本主義体制の成立過程で産業化が進展し、賃金労働者が流入し、都市人口が増大し始める。そのとき消費文化の中心になったのは、勧工場や百貨店などの消費空間であった。日本社会において、複数の商品カテゴリーを組み合わせて作られた「ひとつ上の暮らし」を新しい生活様式として更新していく消費社会の原型を作ったのは、「三越」（三越呉服店、三越百貨店）であったといわれる。とりわけ百貨店という高層建造物は、近代的な消費文化の威容を象徴するものになった（初田 2004：157）［★4］。

三越は、人びとが商品を購入することで目指すべき「ひとつ上の暮らし」を「三越趣味」や「三越好み」として提示した（神野 1994）。「今日は帝劇、明日は三越」、「殿方の丸善、御婦人の三越」といったコピーや標語を通じて生産される新しい生活様式の意味やイメージは、商品という実体として、百貨店を通じて流通し、消費者の日常生活のなかに届けられる。日本社会における消費文化の原型は、「和風」という格式によって権威づけられつつ、都市の中間層が憧れる「洋風」の高位文化として成立したといわれる［★5］。注意したいのは、この高級感が、三越という企業主体のイメージと強く重なりあっていたことである。池田弥三郎が述べたように「み・つ・こ・し」という名は、大正期に銀座で育ったわたしたちには、異様なほど刺激をもったことばであった。それは今の人たちには想像もつかないだろう。夢のような幸福のくにであった」(池田 1972)[★6]。

こうして消費主義というイデオロギーや消費者という主体の原型は、明治末から大正中期の三越百貨店というイデオロギー装置を通して発現していった。逆にいえば、百貨店という小売形態を近代的な企業組織として主体化したイデオロギーこそが趣味や流行として語られた消費のテイストだったのである(神野 1994:213)[★7]。

趣味や流行を通じて「ひとつ上の憧れの生活」を目指し、社会移動の近代的幻影《イメージ》を消費する空間としての百貨店は、三越をひとつの起源としていた。ただし、消費社会が提示する幻影《イメージ》は、三越という企業主体を離れて多様なかたちをとる。髙島屋、白木屋、松屋、松坂屋、大丸、そごうなどの他の百貨店も、西洋風建築の外観・内装を取り入れ、企業主体の「のれん」の高みがもたらす威容をめぐって、各々の経営戦略を展開していった(近藤 2004:98)。新中間層が拡大する過程で、百貨店の〈高み〉はより広い大衆の憧れ＝上昇志向の象徴に成長する。豪華な建築と華美な装飾により高級感を演出し、上昇への欲望を喚起する百貨店の外観は、新しい消費文化と都市の近代化を象徴する「メディアとしての建築」になったのである(橋爪 1999:287-288)。

このようないきさつをある程度理解できる人びとにとって、先の写真は、消費文化のメディアとしての百貨店の格式や伝統、あるいはそこに託された消費者の上昇への欲望の凋落を表しているようにみえるかもしれない。しかし、一方において、そのような風景が日本社会に広がり、それを違和感なくあたりまえのものとして見なす感覚もまた「ＳＣのある社会」の現在の風景なのである。

●消費と流通の合理化——総合スーパーのショッピングセンター化

さて、次はアリオの写真(図5-2)を思い出してほしい。イトーヨーカ堂という総合スーパーを核店舗にしたSCの姿が写し出されていたはずである。このような今でもよくみられる総合スーパーのSCの起源のひとつとされるのは、いまはイオングループの傘下に入ったダイエーである。

戦後日本社会の百貨店は、新しい商品・サービスの提供や各地への支店拡大、あるいは増床や高層化に関して、一九七〇年代に飽和に達している(楠田 2012:65)[★8]。一九七二年には、ダイエーが三越の売上高を抜き、合理化された流通業であるスーパーが百貨店に代わり小売業のトップに立った。ダイエーを代表とする総合スーパーによる流通の合理化が押し進められた一九六〇年代から七〇年代は、大量生産・大量消費の時代であった[★9]。「流通の合理化」とは、スーパーという小売形態が取り組んだ、セルフサービスによる人件費削減、チェーンストアによる大量購入によって可能になった低価格・大量販売を指している。

> 生活近代化への願望がきわめて強く、いわゆる「合理的生活様式」を広く消費者大衆にうえつける役割を演じたのがスーパーであったといえる。百貨店の革新性が、西洋風生活様式の提供にあったとすれば、スーパーの革新性は、毎日の生活が合理的におくれるような生活様式にあるということができる
>
> (小山・外川 1992:73)。

とくにダイエーやイトーヨーカ堂などの総合スーパーは、全国各地の団地や最寄駅などに次々と出店し、戦後のSCの原型のひとつになった[★10]。

たとえば一九六三年、ダイエーは神戸三宮に地上六階、地下一階、総面積八六〇九㎡のＳＳＤＤＳ（セルフサービス・ディスカウント・デパートメント・ストア）を開業している。ダイエーが核店舗となり、三階から五階は専門店で構成された。ダイエーの社史によれば、「日本のショッピングセンターの原型」であり、「わが国のショッピングセンターのはしり」であるという（ダイエー社史編纂室 1992:81）。その後、一九六四年に大阪豊中市の庄内店を、一九六八年にはダイエーが「わが国初の本格的ショッピングセンター」（同:85）とよぶ香里店を開業している。第1章で詳細に分析されたように郊外型ＳＣの先駆として言及されることが多いのは百貨店を核とした「玉川髙島屋ＳＣ」（一九六九）である。しかし、総合スーパー側からみると、ダイエーのＳＣから始まり、「東京の二子玉川に二番目の本格的ショッピングセンターが生まれ、「ららぽーと」のような大ショッピングセンターにまで流れが広がっていく」（同:86）過程としてＳＣの歴史は語られる［★11］。

ダイエーの首都圏への本格的な進出は、一九六八年に発表された出店戦略であるレインボー作戦に始まる。都心から三〇‐五〇キロ圏内に半円形に大型店舗網を作る戦略であり、ショッパーズプラザと名づけられた大型店が、一九六九年に赤羽と町田にオープンしている。その後もダイエーの大型店は、一九七〇年代にかけて名古屋、福岡、新潟など全国各地に展開していった。

ダイエーがＳＣ化していく際、百貨店と差別化するためにとった組織形態は、別会社を作ることであった。大きな売り場面積をもつ施設のなかで、社名、包装紙、制服などを変え、衣料のオリジナルブランドを別会社として設立したのである。まず、（1）ダイエーはそれらの別会社に店舗フロアを貸す。しかし、（2）仕入れはダイエーが「売上仕入れ」（商品が売れたら仕入れが計上される）というかたちで行う。そして、（3）各社はダイエーに家賃を払い、ダイエーは各社に看板使用料として同額払う（ダイエー社史編纂室 1992:141）。したがって、ダイエーという総合スーパーが展開した巨大なショッピングセンターは、別会社がテナントとして形式上入っているのだが、実質上ダイエーの仕入れによって商品構成がされた、いわば垂直統合型の巨大商業施設であった。また、大量生産・大量消費のみならず、石油危機、不況、インフレに後押しされたダイエーは、垂直統合型組織のスケールメリットを生かした薄利多売の低価格商品の開発・提供にも力を入れている［★12］。

一九八〇年に一兆円規模の組織形態になったダイエーに代表される総合スーパーは、日本各地に巨大商業施設を展開した。スーパー系のＳＣは、「規模の経済」のシンボル、つまり低価格で機能的な商品を手軽に購入できる「合理化された流通」の中心として各地にチェーンストア展開され、画一化された商品の大量生産・大量消費の時代を切り開いたのである。

● 文化としての消費――一九七〇年代パルコの両義性

先ほどの図5－2の写真には、消費社会論者たちが持ち上げたパルコを生んだ母体のひとつである西武の看板がイトーヨーカ堂の下に小さく写っていた。いまやパルコとは別組織であるとはいえ、消費社会論の担い手たちが「消費社会の終わり」とつぶやきたくなる風景のひとつかもしれない。しかし、そのように彼らに嘆息させるのはどうしてだろうか。一九七〇年代以降の西武－パルコが戦後日本社会のＳＣに対してもっていた意味とはなんだったのだろうか。

高度成長期以降、百貨店は、薄利多売、セルフサービス、チェーンストアといった販売戦略を展開する総合スーパーに対抗する新たな戦略を構築する必要に迫られた［★13］。

企業主体の「のれん」の高みと消費主体の「ひとつ上の生活」への憧れを重ね合わせる百貨店の戦略に大

きな変化をもたらしたのは、西武百貨店とパルコである［★14］。パルコというファッションビルは、西武百貨店（や丸物《まるぶつ》）といった百貨店をベースとした、いわば二重化した企業主体として誕生した。ただし、パルコという名称は、西武という企業イメージを嫌った「西武かくし」を意図しており、「実態のない付加価値性」を表していたという（上野 1991:84）。つまり、西武鉄道・西武百貨店という企業主体の「のれん」ではなく、そこから切り離された新しいイメージを表現している。

また、パルコは不動産業、すなわち貸しビル業にすぎないとされる。パルコの売り物は商品ではなく、空間であり、その空間に記号的な価値を付与するイメージ産業や情報産業として展開された。「パルコのビルに入るテナントが、高い家賃を払うことで得る付加価値がなければ、パルコは多くの駅ビルや貸しビルと変わらない」（上野 1991:84）。

> 個々の店は自分のものではない多様なテナントの集合なのだから、パルコとしては細かい具体的な商品の宣伝をするわけではない。そこで、なにか店全体としての魅力をつくり、顧客を引きつけるトータルイメージをつくってうりだすことが主要な役割になる。専門店の集まったパルコという、一つの「まち」のイメージアップだとみてもよい。
>
> （田村1991:222）［★15］

西武−パルコのマーケティングは、商品のみならず、生活様式や都市空間そのものを特定の記号的イメージによってラッピングすることで、企業全体のイメージとコンセプトとして意味づけられている。その際、「自立した消費者たれ」＝「選択肢を出すのはわれわれ西武」というメッセージが込められているのだが、その意味のコードを支えていたのは、西武−パルコが提示した文化のイメージであった［★16］。とくにパルコがただの商業施設と異なる存在だったのは、「文化としての消費／消費としての文化」を啓蒙する空間として構成されたためである［★17］。

第2章でも述べたように、一九八〇年代のSCは、文化やカルチャーの中心・中枢として自らを意味づけようとし、そのような商業施設として建設されていった。なかでもパルコは、商業施設をそうした文化やカルチャーとして開拓していく先駆者のひとつであった。とくに一九七〇年代の西武－パルコは、「流通の合理化」と「政治の季節」としての一九六〇年代と、一九八〇年代以降広がる「消費社会」のはざまで特異な文化のアウラを発光させた。西武－パルコの背伸び型の啓蒙マーケティングが可能であったのは、こうした文化が置かれた独特の位置においてである［★18］。しかし、文化人・経営者として消費者・大衆を導こうとする高踏的・政治的・反抗的立場からすると、ファストフードが進出し、子どもが道端に座り、洗練された消費者である大人がいなくなった一九八〇年代以降の渋谷は「汚い」と評価される（辻井・上野 2008：168）。これらの人びとの「文化」という言葉の用い方によれば、そこは、文化が終わった場所なのである。

そのような一九七〇年代に西武－パルコを中心にして構築され、その他のSCにも影響を与えた文化中心の見方からすれば、先の写真のような「SCのある社会」の風景は汚いとはいわないまでも、つい「消費社会の終わり」と表現してしまいたくなる代物なのだ。

● ノーブランドというブランド——ポスト消費社会への転回点

ただし、一九八〇年代のSC開発に大きな影響を与えた西武－パルコが提示した文化の概念には——事後的にみるとだが——「文化を否定する文化」というかたちで、その終わりもまたすでに内蔵されていたようにみえる［★19］。

消費社会に生きる人びとは、商品を通じて表現される（とされる）個性を競い合う。このとき商品の価値は、「役に立つ／役に立たない」、「使える／使えない」といった機能性を超えて、ブランドやデザインという記号的価値をめぐる差異化の無限運動――もっと新しく！　もっと個性的に！――を開始する。西武百貨店やパルコもまた、輸入代理店契約を通じて、エルメス、ルイ・ヴィトン、あるいはＤＣブランドと総称される、主としてヨーロッパの五〇以上の専門店の商品を輸入し、販売してきた消費社会の扇動者の有力な一角であった。

さらに西武－パルコは、そうした消費社会に特有の「記号的イメージの差異化」という運動そのものを差異化する。ノーブランドというブランド、アンチデザインというデザインともいうべきコンセプトによって登場した無印良品（一九八〇年－）である。無印良品が提示する「素材の選択」「工程の点検」「包装の簡略化」という三つの原則は、商品のかたちや包装のような記号的イメージをそぎ落とした素材感と低価格によって商品をブランド化した。とくに無印良品は、一九八三年にファッションブランドに関連する企業やショップが集積する青山にあえて路面店を出店し、成功している。この戦略は、ブランドという「記号的イメージの差異化」に対する差異化、すなわちアンチブランドというメッセージを発生させ、〈ノーブランドという記号的価値〉を演出したことを意味する。「そこでは、記号性の不在そのものが記号なのである」（上野 1991:60）。つまり、「個性がないことが個性」というひねりを加えることで、流行やファッションとしてのプレゼンスが発生する。

無印良品の中には、あらゆるものに――記号性の不在にさえ――積極的な記号性を付与していく西武の高度なＣＩ戦略がある。そこではブランドにこだわらないということが新たなブランド──「無印」というブランド──になる。しかもそれに「自然」や「環境」というイデオロギー的な付加価値までつく。

（上野 1991：60）

総合スーパーのノーブランド商品（いまでいうプライベートブランド）は、機能的な大量生産品を低価格で購入する合理的な購買行動が後退していく過程で、次第に魅力を失っていた（中村 1991：166）。一方、無印良品は、合理性と機能性を付与されたノーブランド商品とは異なり、またそれらの大量生産品とは差異化されたブランド商品からも距離をとることによって、「差異化の差異化」としての記号的価値を獲得する［★20］。

その後、無印良品は、二〇〇〇年代のトレンドとして、ユニクロと並ぶ「シンプル志向の消費者の代表的商品」（三浦 2009：107）となった。他のシンプル志向の商品の爆発的な拡大による生活様式に対する平板なまなざしのなかで、〈差異化そのものの差異化〉という戦略としてあった一九八〇年代における無印良品の批評性や両義性は後退していく。ブランド商品から距離をとったシンプルさが喜ばれていた無印良品は、他のシンプル志向の商品群の横ならびのなかで先端的な意味やイメージを失っていったのである。三浦展が無印良品を『これがいい』ではなく、『これでいい』（堤・三浦 2009：11）商品と巧みに表現するようになったのは、ブランドという記号的価値のプレゼンスが低下することで、「あえてノーブランド」、「アンチデザイン」の「あえて＝アンチ」の部分が抜け落ちていく過程ともいえる。高踏的・政治的・反抗的な文化を、さらに自己否定するかたちで意味づける「文化を否定する文化」という運動は、一九七〇年代の西武－パルコという文化それ自体を必要としなくなっていくのである。

いまではココリア多摩センターにも、アリオ上田にもテナントとして無印良品が入っている。現代の

ＳＣにとって無印良品はユニクロ、スターバックス、マクドナルドなどと並ぶ代表的な構成要素のひとつといえよう。このように現代のＳＣは、三越・西武と無印良品・ユニクロをひとつの巨大商業施設のなかでテナントとして並列させる。こうしたテナント構成をもつ巨大商業施設をあたりまえの風景として受容する消費者のまなざしにとって、百貨店やファッションビルなどの伝統や格式、あるいは文化の〈高み〉やカルチャーの批評性は相対化される。では、こうしたポスト消費社会における「ＳＣのある社会」の風景は、どのようにして現れてきたのだろうか。

3　小売・流通の構造転換——のれん企業からネットワーク企業へ

●記号化する屋号、ネットワーク化する組織

三越、髙島屋、松屋、松坂屋などの呉服店系であれ、西武百貨店、東急百貨店、京王百貨店などの鉄道系であれ、百貨店の名称の多くは、企業の由来や核となる業態が示されており、歴史や組織の重みという文脈を表現した具体的な屋号のようなものとして掲げられている。こうした名称は、企業をひとつの主体として表現した看板やのれんということができるだろう。

しかし、二〇〇〇年代に建設されたＳＣ・ＳＭの名称の多くは、企業の由来や業態のような文脈とは相対的に無関連な——脱文脈化された——カタカナやひらがな、あるいはアルファベットを用いて施設のコンセプトを表現している。多くのＳＣ・ＳＭが、百貨店という企業＝施設と異なり、企業とは相対的に区

別された施設として運営されている、すなわち業態が異なることの単純な表れである。とはいえ、二〇〇〇年以降、関東に開業したものの名称をランダムに挙げてみても、Ｌｕｚ湘南辻堂、Morisia、モラージュ柏、イオンレイクタウン、イーアスつくばなど、脱文脈化された記号を掲げた大型商業施設には枚挙にいとまがない。脱文脈化された抽象的な記号に地域名を重ねたこれらの名称は、巨大商業施設に軽やかさを与えている。つまり、開発・運営する企業主体の由来や業態は背景に退き、ららぽーと、アトレ、イオン、アリオなど、巨大商業施設がもつコンセプトやブランドのイメージが前面に押し出されている。

　このようなコーポレートアイデンティティ（ＣＩ）戦略は、一九八〇年代以来、他業種でも頻繁にみられる。すでに述べたように百貨店でこうした戦略を先駆的に採用したのは、西武百貨店という「看板」と差別化したコンセプトを表現したパルコであり、そしてそのようなテーマ化した表記をグループ全体に広げたセゾン（一九八五）である。西武―パルコは、企業体として二重化することによって、七〇年代以前の旧来の百貨店と九〇年代以降のＳＣ・ＳＭのあいだにある両義的存在であった。

　ＣＩ戦略は、企業のブランドやコンセプトを全体として提示し、環境そのものを広告化するようなメガ広告戦略のひとつである（難波 2000）。ただし、これらの名称の記号化・脱文脈化は、単なる宣伝戦略にとどまらず、二〇世紀後半における企業組織という主体の変容をも表現している。つまり、巨大商業施設のカタカナ化されたコンセプトやブランドとは、単一の企業の主体を表現する「のれん」や「屋号」というよりも、多様な企業が連合体として接合していること、いわばネットワークの表現でもある。

　Ｍ・カステル（1996→2000）によれば、複数の資本・多種の業態をグローバルに横断し、フレキシブルに組織の構成要素を組み換える水平的な「ネットワーク企業（network enterprises）」が、一九八〇年代以降の市場経済化や情報テクノロジーの進展に伴い形成された。日本社会ではすでにトヨタ、日産、日立、松下（現パナソニック）のような垂直的な系列や三菱、三井、住友のような家族的なかつての財閥が、株式持ち合いによってネットワーク化された組織を作り出していた。三越百貨店も三井という財閥のひとつのセクターであったといえる。日本的経営と総称されるこうした生産体制は、親会社の「のれん」のもとに財閥や系列のようなかたちで連なるネットワークとして構成されており、マス生産とフレキシブル生産の中間に位置しているCastells 1996→2000:179）。

一九八〇年代以降、こうした垂直的な巨大複合企業（conglomerate）がグローバルな競争にさらされ、危機に陥ったことで現れた水平的でよりフレキシブルな組織形態のことを「ネットワーク企業」とよぶ。カステルは、情報産業に関連するネットワーク企業を主に取り上げているが、ここでは小売・流通のネットワーク化について考えてみよう。

戦後日本の百貨店の商品構成は、一九八〇年代までに、百貨店が自らで商品を買い切って店頭にならべる「買取り仕入れ」から、商品が売れ残ると返品することができる「委託仕入れ」、あるいは商品が売れたときに仕入れとなる「売上仕入れ」へと転換している（江尻 2003）［★21］。その際、百貨店は、自ら商品を仕入れ、販売する売り場というよりも、各商品カテゴリーのショップを運営する店舗になってきた。つまり、こうした返品制の導入により、百貨店は価格設定権を失い、「場所貸し業」に変質する。戦前の百貨店は、企業主体と商品構成のあいだを趣味や流行でつなぐことで屋号やのれんの高みを演出してきたが、戦後の百貨店は、企業主体と商品構成を次第に分離することによって、屋号やのれんがその商品構成という実態から切り離され、いわば記号化・間接化していったのである。とくに、現代の百貨店は、仕入れ業務を取引先にアウトソーシングすることで「百貨店という単独企業を主体」とするというよりも、「取引先を含めたビジネスシステム」として展開しているとされる（新井田 2010:331-332）。「仕入れをしない小売業」となった百貨店は、

「取引先を評価して組み合わせる能力」、「取引先を編集する」ことに力を入れることになる(新井田 2010:331-332)。こうした小売業から施設管理運営への比重の変化は、百貨店そのものが、SC・SMに近似してきたことを表しているといえるだろう。

さらに一九九〇年代以降、かつて財閥を形成していた企業群の影響下にある呉服店系の百貨店、系列のような組織を構成する鉄道系の百貨店は、そうした財閥や系列を越えた水平的なネットワークを構成するようになる。とくに経営が厳しくなった百貨店の合併・吸収、経営統合が進み、大規模なネットワーク企業が形成され始めた。たとえば三菱財閥系の伊勢丹と三井財閥系の三越が三越・伊勢丹ホールディングス(二〇〇八年)を作り、鉄道系の同業他社である阪神百貨店と阪急百貨店がエイチ・ツー・オーリテイリング(阪神百貨店、阪急百貨店、二〇〇七年)を組織している。また、J・フロントリテイリング(松坂屋、大丸、二〇〇七年)、ミレニアムリテイリング(そごうと西武百貨店の経営統合により二〇〇三年発足。現在はセブン&アイ・ホールディングスに吸収され株式会社そごう・西武)も挙げられるだろう。

また、一九七〇年代において西武−パルコが構築した文化の夢は、セゾングループの解体によって、一九九〇年代には霧散していった。そして、その特異な夢をそぎ落として広がり、大きくなっていったのがイオングループであり、セブン&アイ・ホールディングスである。皮肉なことに、前者はパルコに対し敵対的なM&Aを仕掛け、後者は西武という百貨店(そごうを含む)の立て直しにのりだしている。

繰り返し述べているように、西武はセブン&アイのSCであるアリオの売り場のひとつになっている。小売・流通の構造転換のなかで、百貨店の「看板」が総合スーパーを核店舗とするSC・SMのなかに「ブランド」のひとつとして溶け込み、複数のテナント(無印良品も含まれる)と同列化される。ネットワーク化する小売・流通の組織において百貨店の「看板」は、のれんの〈高み〉を表現する新しい生活様式のシンボル

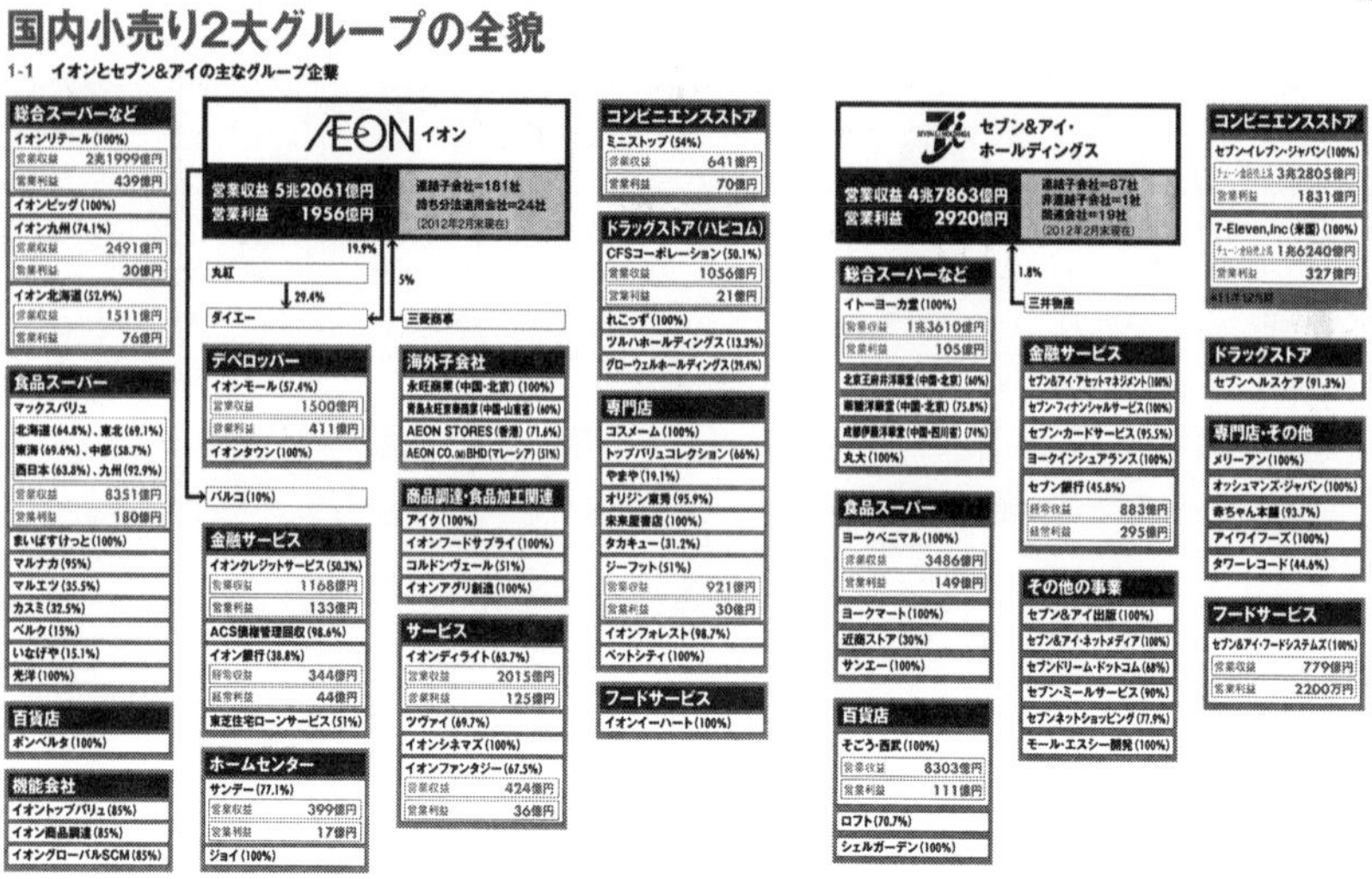

図5－3◆イオンとセブン&アイ・ホールディングスのグループ構成
出典：『週刊ダイヤモンド』2012年6月16日

やメタファーではなく、他の店舗と入れ替え可能な項目のひとつでしかなくなるのである。

また、このように西武百貨店がそごうとともにセブン＆アイのなかに位置づけられ、またパルコがイオングループとの対立をはらみながらＪ・フロントの子会社になる過程は、西武－パルコという百貨店由来の二重化した企業主体が、スーパーやコンビニのような量販店由来の小売業態に吸収され、別のネットワーク企業の一部として再構成されていく過程であろう（図５－３）。

● 小売・流通のディベロッパー化

ネットワーク企業の小売業界における先駆のひとつと評価できる一九八〇年代のセゾングループの形成は、その先端性を評価されたものの、一九九〇年代以降、低迷・解体期に突入する。そのようなセゾングループの夢と挫折の過程を象徴するＳＣが「つかしん」（一九八五年）である。第２章でも触れたように、つかしんは、SC業界でも高く評価されていたが、セゾングループの解散や西武百貨店の経営改革により二〇〇四年にグンゼタウンセンターつかしんとなり、西武百貨店も二フロアを占めるのみになった[★22]。

このセゾングループの解体と入れ替わるかたちで巨大化していったのは、岡田屋という呉服店系のスーパーであったジャスコである。一九九〇年代まではダイエーとイトーヨーカ堂がシェアを競っていたが、ジャスコは、二〇〇一年以降、グループ全体をイオンという名称のコンセプトとイメージで表現するようになり、二〇一二年には、セブン&アイ・ホールディングスを抜いて、小売業界の売り上げでトップに立っている[★23]。とくに一九九〇年代以降、ジャスコはSCの開発に力を入れ、多くのディスカウントストア業態を集めたパワーセンターを作るようになった(奥住 1997 : 52)[★24]。その過程で生活文化産業を提唱していたマイカルグループなどを吸収・合併し、さらにダイエーを関連会社化しながらネットワーク企業として巨大化していった。第2章や本章の2節で挙げたイオンレイクタウンという巨大商業施設はそうしたイオンの成長のひとつの到達点である。

総合スーパーという小売業であったジャスコがより大きなグループに成長することで成立したイオンは、SC・SMのようなハコを大規模に開発し、そこにグループ内外の各種専門店やカテゴリーキラーとよばれる店舗をテナントとして配置することで収入を得ている。そのためイオンは、他の総合スーパーと異なり、テナント収入が利益の一割近くを占める(三品 2011 : 114)。このことは、イオンがジャスコ(現在は「イオン」に統一)を中心とする小売・流通業から、それらを含めたテナントを総合的に建設・配置するディベロッパー業に利潤の比重を移していることを示している。イオンの巨大商業施設は、いくつもの小売・流通をネットワーク化し、それらを連結・集合するために生産されているのである。

また、イオングループの一部となったかつてのジャスコは、ダイエーのように新規出店のために土地を購入するのではなく、リースによって取得することによって店舗を増加・拡大してきた。ダイエーは店舗を増加させる戦略により垂直的な複合巨大企業(conglomerate)になったが、古い店舗の業績を悪化させて二〇〇四年に破たんする。一方、ジャスコ、そして現在のイオンは、店舗を増加させるだけではなく、新規出店と同時に不採算店や老朽化施設を閉店するスピーディなスクラップ・アンド・ビルドの戦略をとることで拡大してきた(三品 2011:116)。七〇年代以降のダイエーは、「規模の経済」という論理にしたがった吸収合併と垂直的な統合型経営によって増加・巨大化していったが、九〇年代以降のイオンは、多業種をつなぎあわせる対等合併と水平的な連邦制経営、すなわちネットワーク企業として増加・巨大化していったのである。

イオングループは、(1)リースによる土地の取得と、(2)水平的ネットワークによって、新規出店と閉店を繰り返し、店舗やテナントをスピーディに入れ替えることができた。このとき総合スーパーによる巨大商業施設は、その土地固有の建築形態・生活様式を埋め込んだ「場所の空間」ではなく、いつでも・どこでも入れ替え可能であるかのような空間、すなわちネットワーク企業に特有の「フローの空間」(Castells 1996→2000)という空間形態を形作る。

●ディベロッパーのSC開発

イオングループは、ディベロッパーのような業態に経営を広げることによってSCを開発してきたが、二〇〇〇年前後から増加しているのは、まさに三井不動産や三菱地所のような旧財閥系ディベロッパーによるSCの開発・運営である。

三井不動産がららぽーとの名前でSCを運営するようになったのは、一九八一年のららぽーと船橋ショッピングセンターが最初であり、ダイエーとそごうを核店舗としていた。他の施設の郊外地域における開発・運営は一九九〇年代に開始され、それが本格化するのは二〇〇〇年前後からである。このとき、ダイエーやそごうという核店舗は、テナントとして撤退(そごうは二〇〇〇年、ダイエーは二〇〇四年)しており、名称もららぽーとTOKYO-BAYに変わっている。「船橋」というローカルな文脈は、アルファベットの記号化された東京に置き換えられ、これといった核がなくても成立しうるテナントの集合体として再構成されたのである。これ以降、ららぽーとのみならず、表記を変えたラガーデン、LaLaテラスのような中規模の施設も増加し始める。これらは、財閥の屋号やのれんを背負っているというよりも、「らら」という音に表現されている軽やかさのイメージをもった商業施設を、表記を変えながら、地域や客層にあわせて展開している[★25]。直接の資本関係にない小売店舗も「らら・ララ・LaLa」の名称をもつハコに相乗りしているが、地域や購買層にあわせてイメージやコンセプトはコントロールされている。そのため、これらのSC・SMは、かつての財閥や系列のような色合いによって染め上げられているというよりも、多様にチェーン展開されている店舗を中心にしながら、その施設のコンセプトやイメージを壊さないような店舗を加えた連合体になっている。

一方、三菱地所は、一九九九年以降にアメリカのアウトレットモール・ディベロッパー、チェルシー・プロパティ・グループとともにチェルシージャパンを設立し、大都市圏郊外の高速道路インターチェンジ付近にプレミアム・アウトレットという名称のアウトレットモールを作ってきた。プレミアム・アウトレット自体は二〇一三年時点で三菱地所とサイモン・プロパティ・グループの合併会社となっているが、国内のみならず海外ファッションブランドに関連するショップが多数軒を連ねており、三菱というすでに解体した財閥独自の商品構成になっているわけではない。むしろ、そのグローバルな成り立ちと各種店舗の選択は、ネットワーク企業に典型的な構成といえる。

また三菱地所は、一九九〇年代後半以降、東京駅から有楽町にかけてのいわゆる「大丸有地区」（大手町・丸の内・有楽町）をモールのような回遊地区として再開発するプロジェクト・丸の内マンハッタン計画を手がけてきた。丸ビル、新丸ビル、ブリックスクウェアなどを複数の核とする都心地区の面的開発は、二〇一二年の東京駅の復元工事の完了や日本郵便によるKITTEのオープンなどと連動しながらひとつの完成を迎えている。このような東京駅周辺の商業化・再開発は、三菱村と表現された三菱財閥の関連企業の集積というよりも、所有する不動産を「マンハッタン」というグローバル化を表すコンセプトに合致するようなファッションブランド、飲食店、企業などのテナントに貸し出すことで進められている。

複数の企業が連合する百貨店系であれ、複数のテナントが集合するスーパー系や不動産系であれ、ネットワーク化した商業施設の名称は、旧来の名称が維持されたとしても、ひとつの企業主体を表現する屋号やのれんというより、複数の企業やテナントがネットワークになって展開するブランドやコンセプトのひとつとして表現される。商業施設の巨大化と、その名称の記号化・脱文脈化は、それらの企業・テナント群がグローバルに連結・分離する組織のネットワーク化という下部構造の変容の表現なのである。

一九九〇年代以降、呉服店系・鉄道系の百貨店のようにのれんや屋号をもつ企業主体のみならず、不動産系のディベロッパーが特定のコンセプトやブランドのもとで大きなハコに店舗を集積させた。さらに、セブン＆アイ・ホールディングスやイオングループのようにコンビニやスーパーを起点にしてネットワーク化した企業の商業施設がつけ加わる。スーパーやコンビニが多様な施設やサービスと連携しながら、いわば巨大なコンビニ・スーパーのようになる過程で、ＳＣ・ＳＭは、百貨店とは異なる、どこか肩の力が抜けた気安い心地よさや身近な気軽さ――それは清潔な安っぽさのなかにある気楽さの裏返しでもあるのだが――のリアリティで包まれていくようにみえる。

4 「メタ消費」の空間感覚――〈巨大さ〉の変容

● 〈高さ〉から〈広さ〉の感覚へ

近代都市の消費文化を切り開いてきた百貨店も、買い物のみならず娯楽場、社交機関、デートコース、散歩道、休憩所、公園といった役割をもつ、魅惑的な巨大商業施設であった。しかし、かつての百貨店と現代のSC・SMとでは、商業施設としての巨大さの幻影《イメージ》や手触り《テクスチャー》は異なる。また前節で指摘したように、近年では百貨店そのものがSC・SMのような業態に変質している。では、一九八〇年代以降のネットワーク化という小売・流通組織の構造転換を背景にして、巨大商業施設のリアリティはどのように変容したのだろうか。

スーパー系SCの巨大化がひとつの頂点に達したと表現できるのは、冒頭に触れた二〇〇八年開業のイオンレイクタウンだろう。近隣に八階建ての高層マンションが存在するため、巨大ではあるが、高さはあまり感じられない。近年作られたSC・SMでよくある外壁は、重さを感じさせない軽快さがある。屋上には広大な駐車場が設置されており、多くの人がそこに自家用車を置いて、商業施設に降りていく。多様な店舗で構成されているものの、他の章でも明らかにされているように、価格帯はそれほど幅広くはないし、他のモールでみる店舗も少なくない。第3章や第4章でも述べられていたように、これらの店舗は、通路やエスカレーターにある吹き抜けによって、上の階と下の階をある程度見通せる横の広がりとして視認できるようになっている。また、郊外型のエンクローズド・モールにはよくあることだが、ショッピングゾーンだけではなく、各種の病院、カルチャーセンター、幼児教室、フィットネス、保険代理店なども含まれており、さまざまな施設をモールのなかに閉じ込め、ひとつの街のような空間を構成している。また、現代的なSC・SMには休むことができる椅子が多く設けられているところも特徴だろう。

かつての百貨店は、コンクリート造りの重厚な西洋風の高層建築を店舗にして、のれんの〈高み〉を演出し、訪れる人びとは、そこで演出された文化を仰ぎ見ながら、提示された商品が表現する「ひとつ上の生活」を欲望する。三越が誇ったような垂直的施設としての百貨店が、中心市街地で仰ぎ見られる格式伝統を表象していたとすれば、そこには石造りの重厚な文化をめぐる序列的秩序とその〈高み〉に向けた上昇への人びとの欲望が仮託されている。一方、現代のSC・SMの心地よく、快適な空間構成やよく知られたチェーン店舗が含まれるテナント構成は、そうした百貨店がもつ高みのプレッシャーを感じさせない気安さの表現として理解できる[★26]。イオンレイクタウンに代表されるような水平的施設としてのSC・SMは、郊外地域へと広がっていく閉じたモール《通路》的空間であり、そこには軽快な外壁・内装で表現される広大さにゆったりと包まれる安らぎが表現されている[★27]。

●「店舗の店舗」としてのSC・SM

モール化したSCにおけるこのような〈広さ〉の感覚は、建築形態のみならず購買行動の側面においても確認できる。現代的なSC・SMでの購買行動の特徴は、「何を買うか」（選択内容の啓蒙）より、「いかに買うか」（選択行為の設定）に重点を置く「メタ消費」（Sande and Rutsky 2005）という概念で表現できる。このモールにおけるメタ消費を、（1）「店舗の店舗」としてのSC・SM、（2）「消費の消費」としてのショッピングという二つの点から整理してみよう。

第4章でも触れられていたが、パコ・アンダーヒルによれば、SC・SMは、「道路に面して店舗が並ぶのではなく、店舗どうしが向き合う」ことで、「大きな壁に鼠の穴のような狭い出入口」をもつため、美的価値観がいちばん後回しにされたようなぶざまな外観になりがちであるという（Underhill 2004＝2004：34-35）。

> ショッピングモールは店舗を入れるためにある――要するに、店舗のための店舗なのだ。だが、ショッピングモールには自分が店舗だという自覚がない。（Underhill 2004＝2004：34　傍点引用者）

SC・SMの外観が美しいかどうかは別にしても、たとえば冒頭の写真にみられるように、テナントの看板が外壁にいくつも貼りつけられている外観は、商品や施設をアピールしているというよりも、どんな店舗・テナントが入っているかをアピールしている。

また、一九九〇年代から二〇〇〇年代に増加していくSC・SMは、チェーンやフランチャイズとしてネットワーク化された店舗、あるいは各種家電量販店のように倉庫と店舗をいっしょにしたようなデータベース的な空間を構成要素としている。たとえばジョイフルホンダ、ニトリなどのホームセンターを核にして、スーパーや各種店舗を集積したSCが二〇〇〇年代以降、郊外地域に展開している。これらは、農具・工具、電化製品、家具・雑貨、調理器具などの大量多種の商品を高い天井をもつ広大なフロアにうずたかく敷き詰め、フードコートやスーパーなどを付設した施設である（図5－4）［★28］。イケアやコストコなども似たような倉庫のような空間構成といえるが、移動の導線や購入の仕方がより工学化している。

図5－4◆アークプラザ新潟

倉庫のような大量の物財を収蔵する「商品の店舗」をさらに連結・集積させた「店舗の店舗」は、いわばメタ店舗であることによって、商品やサービスの置換可能性を高次化する。たとえばイオンレイクタウンは、食料品のような最寄り品、ファッション衣料品のような買い回り品、電化製品や自動車などの専門品まで抱えている。このような多品種の商品カテゴリー、および単一商品カテゴリーの大量の品ぞろえは、多種・多数のテナント・店舗を包含し、入れ換え可能にする建築の広大なスケールによって実現している。そのため、例えばレイクタウンのなかにはトヨタモールというもうひとつのモールが存在する。また、アリオ上田であれば、各種ショップがあり、それを高次においてまとめてブランド化する西武という売り場があり、それらをさらに高次において含むアリオという施設になっている。したがってメタ店舗としてのSC・SMというハコのなかでは、三越や西武などの百貨店でさえ他の専門店と同列のテナントのひとつにすぎない。第3章や第4章でも「スクロールするまなざし」という概念や情報アーカイヴのような「カタログ」という言葉で表現されていたように、このときSC・SMは、情報空間に直接アクセスするかのような構成になる。つまり、現代の巨大商業施設は、ネットワークとデータベースが可能にするような水平的な〈広さ〉のリアリティを、メディアコミュニケーションに還元されないような物質的・空間的な手触りとして体験させているのである。

本章2節で述べたように、三越や西武－パルコは、それぞれが採用する文化的な価値の体系《モード》（三越趣味やカルチャー）を前提として「なにを買うべきか」を〈高み〉として啓蒙する。百貨店とその「のれん」は、利用客をいわば「よき消費主体」として規律訓練するイデオロギーと装置として作用していた。しかし、現代のSC・SMは、「買うべき商品」というより各業態のネットワークとしてチェーン化・フランチャイズ化された「訪れるべき店舗」を取り揃えている。また、データベースのように特定の商品を集めたカテゴリーキラーとよばれる各種量販店を複数の核にしている。そのため、商品構成、ターゲットとなる顧客層、テナントの出店範囲が広い。したがって現代の巨大商業施設は、自ら商品を提示する小売業というよりも、いわばネットワークのネットワーク、データベースのデータベースを構成し、そこにいる人びとの行為や関係を物質的に配置し、規制するアーキテクチャをつかさどる広い意味でのディベロッパー業に近い。また、前節でもみたように実際にディベロッパー系のSCも増加している。初期百貨店のような企業主体であれば、その企業に所属する限られた人間で仕入れ・品ぞろえ・販売を統御できる。しかし、ネットワーク企業となったＳＣ・ＳＭの商品の流れは、テナントとなる各企業・業態ごとに異なるため、開発・運営主体はコンセプトやイメージを通じて間接的に商品構成を統御せざるをえない。また、そのテナントがチェーンストアやフランチャイズ店舗の場合、企業本部と店舗、仕入れと販売が分離することで、均一な商品構成が可能になる反面、その場所固有の品ぞろえが困難になる。つまり、そこでなくては買えないようなマーケットの限られた商品構成ではなく、そこでなくても買えるマーケットの広い商品構成になりがちなのである。そこで、現代のＳＣ・ＳＭは、そうした商品の構成において多様性を維持するだけではなく、店舗の入れ替えにおいて、多様性を維持することになる。初期百貨店も現代のＳＣ・ＳＭも大量・多種の商品を集積した巨大商業施設であることに変わりはない。しかし、前者は「商品の仕入れ」によって、後者は「店舗の入れ替え」によって消費の多様性と均質性を維持しているのである[★29]。

●「消費の消費」としてのＳＣ・ＳＭ

このようにネットワークやデータベースとして構成されたＳＣ・ＳＭは、のれんを誇る百貨店のように「ここでしかありえないもの」をほかならぬここで経験させるというよりも、「ここではないどこかでもありうるようなもの」をここでも経験できるという広がりを提供する。ＳＣ・ＳＭは、こうしたデータベースやネットワークの広がりに包まれるという意味においても安心・安全な場所なのである。つまり、利用者は、商品の購入のみならず、店舗の集積の規模と均一化された多様性、すなわちＳＣ・ＳＭの〈広さ〉のイメージと経験を消費する。

たとえば、上田アリオが開業したとき、地元紙の記事は餃子の王将、リンガーハット、ロフトなどを目玉にした、全国的にチェーン化された店舗を含む三三店舗が県内初出店であることを伝えている（『信濃毎日新聞』二〇一一年三月三一日付）。ここで提供される商品は、ここだけにあるものではない。しかし、この広大な空間において見比べ、選択することが便利で快適であり、また全国で展開している店舗にアクセスできるという意味において安心・安全なのである。限定された特別な商品や特定の文化的価値の〈高み〉に向けた強い主体化や規律訓練――つまり「消費者とはこうあるべき」とか、「〇〇ではなく、△△を（で）買うべき」といった「消費者になる」という高い意識――がそれほどなくても、商品や空間の〈広さ〉に包まれていれば気軽に「消費者である」ことを楽しめる空間といえる。

このとき巨大商業施設は、ただ「商品を買う時間－空間」というだけではなく、「商品を買うことを楽しむ時間－空間」になる。たとえばディズニーランドであれば、敷地に入り、乗り物やアトラクションを楽しむこと、すなわち特定の時間－空間を利用することに対して入場料が支払われる。そのうえで、敷地内のレストランやギフトショップでの購買が可能になる。敷地内で何も買わないこともありうるだろうが、入場料の支払いは、何か商品（グッズや飲食）をその時・その場において購買するチャンス、あるいは購買する体験を購買していることにもなる。もちろんコストコのような会員制の商業施設でないかぎり、ＳＣ・ＳＭに入場料は必要ない。ただし、「時間消費型施設」という言葉で表現されることもあるように、ＳＣ・ＳＭでは、その施設で販売されている商品やサービスが消費されているだけではなく、その時・その場を楽しむことも消費されている。たとえば、どこか別のところでも――たとえばネットや通販でも――買えるものであれば、その商品を手に入れるために必ずモールで買う必要はないはずだ。しかし、安心・安全で楽しいから巨大なモールで買う。あるいは逆にそこにはすごく欲しいもの、目当てのものはないかもしれない。しかし、安心・安全で、楽しく快適な空間であれば、そこそこのものがそろっている巨大なモールで買えばい

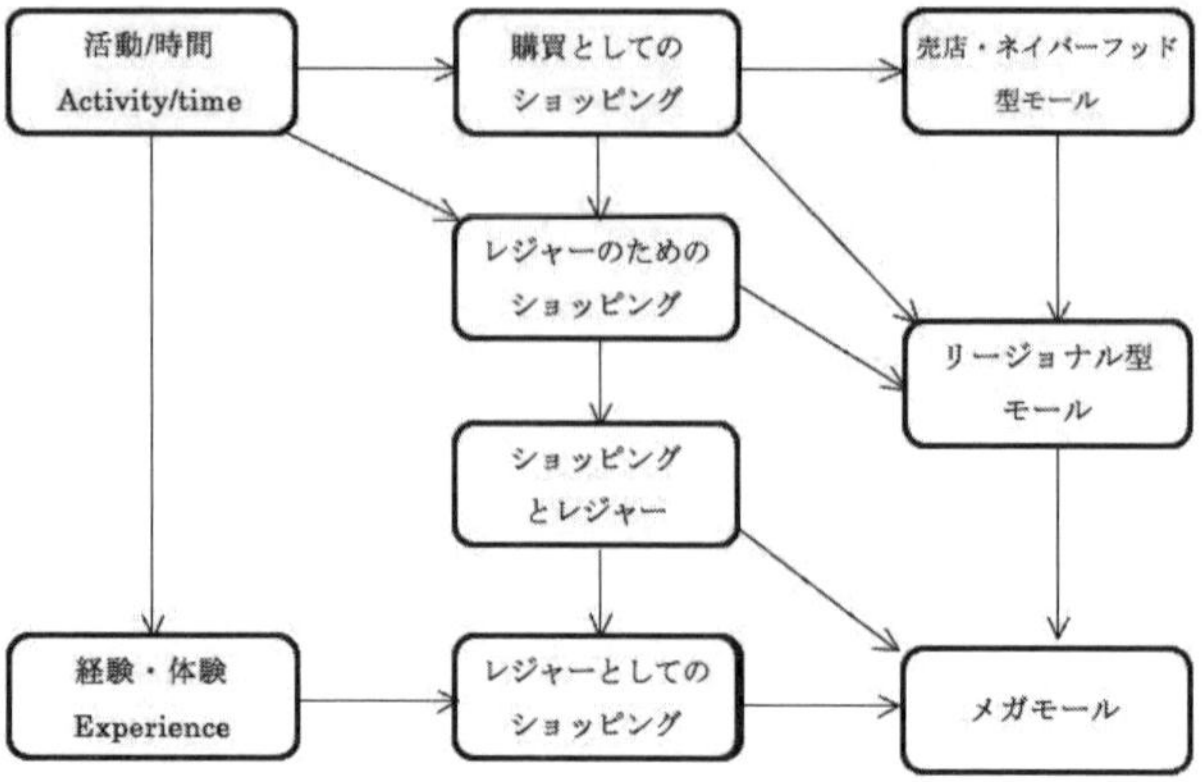

図5－5◆ショッピング、レジャー、場所の関係図
出典：Timothy 2005:25から作成［★32］

い。モールは、「商品を買うために快適・便利な空間」、すなわち購買としてのショッピングを満たすこともできるのだが、その巨大さゆえに「快適・便利な空間を楽しむために商品を買う」、すなわちレジャーとしてのショッピングにも移行する（図5－5）［★30］。さらに、そのモールが巨大で楽しければ、歩いて回るうちに滞在時間は延びていくだろう。それが商品の購買の増加に直接結びつくわけではないが、しかし、モールにいることそのものを楽しめれば、なにか商品を買うかもしれない［★31］。巨大なＳＣ・ＳＭにいれば、その他の施設に出る面倒もなく、商品を眺めたり、サービスを利用するうちにだらだらと時をすごし、歩き続けることができる。メタ消費の空間とは、個別の商品の購入で完結する（○○を買えばそれでおしまい）のではなく、その内部にいるかぎりレジャーというメタレベルでさまざまな消費活動をつらつらと接続していくことができる時間なのである。いわば完結した満足、あるいはその裏面である失望としての退屈をまだ何かあるのではないかというかたちで先延ばしすることで、ＳＣ・ＳＭの内部に居続けさせている。

「ショッピングモールと遊園地の区別は昔からあまり明確ではなかったが、近年、その傾向が強まった」(Ritzer 2005＝2009:217)といわれる。第2章でも検討したことだが、「重点が娯楽に移行している理由のひとつは、人々を通信販売から離れさせることがショッピングモールにとって必要だから」であり、つまり「買い物客は体験したがっている」(Ritzer 2005＝2009:218)。だから極端にいえば、「ある特定のものだけを買うつもりの買い物客は、ふつうモールへは行かない。モールはショッピングという活動そのものを楽しむための場所なのだ」(Underhill 2004＝2004:195)。つまり、買うことを買う、「消費の消費」としてのメタ消費とは、SC・SMにおけるその時・その場の商品世界としての広大さをレジャーとして消費することでもある。

以上のように現代の巨大商業施設における〈広さ〉のイメージとは、「店舗の店舗」や「消費の消費」のようなかたちで多業種・多企業を横断して連結した、グローバルでフレキシブルな組織形態――ネットワーク企業が可能にするメタ消費の時間－空間感覚なのである。

5 消費社会という「自然」――「文化」から遠く離れて？

● SC・SMにおける「自然」とはなにか

流通業・小売業のネットワーク化という消費空間の構造転換のなかで、それまで分化していた商業施設がデータベースのような巨大商業施設へと収斂する、あるいはそうした商業施設が特定の地域でつなぎあわされてモールのような場所を作り上げる。このようにして、SC・SMという商品世界が閉じた街のような空間を構成し、それがさらに反転して、建造物に閉じ込められていた商品世界が街に広がっている。第4章でSCの「反転の反転」と表現されているモール化する都市と社会とは、「ショッピングモールのある社会」をなだらかに、あるいは飛び地のようにとぎれとぎれに広げていく過程である（コラム2参照）[★33]。

たとえば新潟県新潟市江南区の新潟亀田ＩＣの周辺約二キロメートルの範囲に、イオンモール新潟南（五万三一〇〇㎡、二〇〇七年開業）（図5－6）、アピタ新潟亀田（二万四二七三㎡、二〇〇〇年開業）（図

上：図5－6◆イオンモール新潟南
中：図5－7◆アピタ新潟亀田
下：図5－8◆新潟亀田IC周辺地図（Google mapから作成）

5―7)、アークプラザ新潟(約二万五〇〇〇㎡、二〇〇二年開業)(図5―4)という三つの巨大モールが開業している。さらにヤマダ電機、ゼビオ、ヤマシタ(家具店)などの大きな専門店も周囲に存在する。つまり、インターチェンジと国道四九号(亀田バイパス)という車道を中心として複数のモールが存在する、いわば「モールのモール」のような地域を構成している(図5―8)。

では、こうして巨大化し、増加してきた巨大商業施設をさまざまなバリエーションとして蓄積し、ひとつの環境を構成するまでになったポスト消費社会としての「SCのある社会」の現在のリアリティとはどのようなものだろうか[★34]。

すでに何度も触れているが、人工池を周囲に配し、「kaze」と「mori」と名づけられた施設で構成されたイオンレイクタウンは、自然との調和やエコロジーといった語彙によって意味づけられている。この自然な感じで楽しめる心地よさは、徹底した人工環境と脱文脈化された商品世界の広大さによって成立したきわめてヴァーチャル(仮想的=実質的)な街として建設されている。

現代のモールには、ほかにも自然のなかを散歩するというイメージを喚起する名称の施設が多数存在する[★35]。たとえば、ビナウォーク、グリーンウォーク、ワカバウォーク、ガーデンウォーク、ハーヴェストウォーク、リバーウォーク、あるいは業界三位の売り上げをもつユニーが展開する各地のウォークモールのように、そこは歩き回ることで経験される自然や都市として意味づけられ、整備されている。セブン&アイのSCであるアリオ(Ario)という名称も、空気や風のような軽みのイメージを付与した自然をコンセプトにしており、安らぎ(Relaxation)を特徴のひとつとして掲げている[★36]。冒頭の上田アリオも「太陽のコート」と「星のコート」という二つの空間に区切られ、フードコートは「みどりのキッチン」と名づけられ、インテリアには木材や枝葉が用いられている。

しかし、モールが作りだす都市と自然を擬した環境とその外部に広がる都市と自然は同じではない。アンダーヒルがいうように「ショッピングモールは飼いならされたジャングルだ。小売店が凝縮したような都会のような環境だが、それは非常に変わった都市である」(Underhill 2004＝2004: 194)。さらにアンダーヒルは、ショッピングモールと都市空間の歩き方を比較しながら、以下のように述べている。

> ショッピングモールはわれわれの歩き方を変えたのである。(中略)彼らはどこへ行くにも車を使い、歩くのはここ、ショッピングモールだけだ。そして、ショッピングモールでの歩き方は、ほかのところでのそれとはかなり違っている。(Underhill 2004＝2004: 63)

> ニューヨークか東京かにかかわらず、都市を歩くときの経験は、ショッピングモールを歩くときとまったく異なる。第一に、ショッピングモールでは足元を気にせずに歩ける。たいていの場合は、床はリノリウムやアクリルなどのなめらかな石油化学製品でできている。(中略)床に障害物や予期せぬものが置いてあることはない。それはショッピングモールの規則によって保障され、モールの環境を定める店舗の賃貸契約によって義務付けられているからだ。だから、足元を見ながら歩くのはまったく無意味である。足元には見るべきものはない。これは信頼の問題だ。ショッピングモールではつむじ曲がりで疑い深い人間だけが床を見ながら歩くのだ。
>
> 同様に、ショッピングモールを安全に歩けるのは、誰もが自分とまったく同じことをしているとわかっているからである。(中略)ショッピングモールにはバイク・メッセンジャーもいないし、タクシーが疾走してくることもないし、不注意なトラックの運転手もいない。(中略)ショッピングモールには、

自分と同じ買い物客しかいないのだ。ショッピングモールの通路は、一つの目的しかもたない。そこにいる人は、なぜそこにいるかおたがいにわかっている。

ショッピングモールが安全なのは、荒涼とした外の世界でわれわれが日常的に直面する危険がまったくないからである。（中略）ショッピングモールの大きな屋根の下の人生は、安全で暖かくてのんびりとしている（悪くないではないか）。そして、歩く速度には気負いのなさが反映されている。

（*ibid*:68-79、傍点引用者）

エコロジーやナチュラルというコンセプトやイメージで構成された「自然」の空間を、「自然体」の快適さで歩きまわりながら消費を楽しむ。イオンレイクタウンのこうした二重化したコンセプトは、自然の過酷さや都市の猥雑さ、および危険をリスクとして周到に排除しているという意味では閉じている。しかし、安心・安全で快適な人工環境をストレスなく、気分よく歩くという経験に生態学的な調和のイメージを付与することによって、子どもや高齢者にも優しく開いている。「人と自然に、心地いい」というフレーズで表現され、こうした優しさや快適さで包まれたイオンレイクタウンでの人びとの振る舞いに、三越や西武－パルコという企業主体が背負っていたのれんや文化の高みや気負いは感じられない［★37］。

ただし、ここでいわれている「自然」は、生態学的な調和と生理的な気分という、矛盾することもありうる二つの意味（nature/naturally）を曖昧に重ね合わせた、きわめて人工的な幻影《イメージ》と手触り《テクスチャー》を構築している。広大な人工環境と膨大な商品世界に、「自然」という幻影《イメージ》と手触り《テクスチャー》を投射する。このような自然化された人工環境としての商品世界の「巨大さ」の非日常性こそ、現代の「SCのある社会」が表現し、私たちが感覚する消費のリアリティではないだろうか［★38］。たとえば、二〇〇六年に開業したアーバンドックららぽー

図5－9◆上田アリオの外壁にささやかに掲げられたエコ設備の看板

と豊洲は、海辺の立地にメダカやヌマエビ、ヤゴといった昆虫などを放してビオトープを人工的に作った「ビオガーデン」を設置している。また、商業施設全体に「自然」やエコのイメージを付与するレイクタウンやららぽーと柏の葉などでなくとも、現在では、玉川髙島屋ＳＣの屋上庭園に見られるように、ＳＣ・ＳＭの緑化やエコ志向は顕著になっている。

第3章でも詳細に分析されていたように、現代の都市空間は情報技術や建築空間によって人びとの動きをいつのまにかコントロールする――「環境管理型権力」ともよばれる――工学主義的なアーキテクチャやテクノロジーを発達させている[★39]。その意味で、現代的なモールにおける「自然」とはきわめて人工的で、精緻に操作された時間と空間にすぎない。ただし、第2章4節でも指摘したように、多くの人びとは、通信販売やネットショッピングで満足せず、実際にモールにわざわざ出かけている。つまり、モールの巨大さを触知し、そこを歩き回る「経験」や「リアル」への欲望が、ＳＣ・ＳＭの増加・巨大化を支えている。また、情報化・ネットワーク化が進み、自宅や近隣で多くのことが済ませられるようになったにもかかわらず、ショッピング・ツーリズムとよばれる移動にも注目が集まっている（Timothy 2005:42）（コラム7参照）。巨大なモールにおける「自然環境」の幻影《イメージ》もまた、電子的なデータベースやネットワークを構成するＳＣの情報化・メディア化の過程から遡及的に見出され、その人工性・媒介性をもとにしながら、そこに還元しきれないような「経験」や「リアル」としても意味づけられているのである。ただし、モールのどこに何があって、どのように歩けばたどりつけるのかを理解するのに——すこしくらい迷うのはレジャーの一部だが——あまりにも手間がかかったり苦労する、つまり「自然体」の手触り《テクスチャー》を乱すことは念入りに回避されている。

このように現代的なモールの自然は、本章の2節で述べた文化の〈高み〉や差異を均し、きわめて人為的・工学的に設えられることで力を抜いて楽しめるわかりやすい環境（第3章でいう「イメージアビリティ」の高い空間）において浮上する意味やイメージといえる。エコロジーというコンセプトは、それ自体としては空虚な人工物として技術化された環境に、ふたたび彩りと心地よさをなんとなく、ゆるやかに与えてくれる裏返しの幻影《イメージ》と手触り《テクスチャー》なのである（図5-9）。その意味で、巨大モールにおける自然というコンセプトは、消費者にとって本気で信じられてはおらず、ほとんど意味をもたないかもしれない［★40］。

しかし、そうした意味の「弱さ」や「曖昧さ」という点において、自然は意味をもっている。たとえば、SC・SMを楽しむ人びとのなかに、自然がきわめて人工的なものであるという矛盾や環境問題をめぐる複雑な政治的対立をそれほど強く意識する人がどれほどいるだろうか。おそらくそのような意識がなくても、いや、ないからこそ、私たちは脱力してモールを歩きまわり、「自然っぽさ」を楽しめる。つまり、この自然という意味の弱さ、あるいは自然環境と自然体という二重の意味の曖昧さのなかで利用者の気楽な振る舞いが許容される。こうして巨大商業施設は、特定の文化に強いこだわりをもたず、かたひじ張らずリラックスできる空間になることができる［★41］。

● 巨大商業施設という空間／SC・SMという場所

なにかを消費することを求めて通路を歩くという行為や関係が自然なものとして意味づけられ、システムともいうべき仕組みをもつ広大な物質的な装置を通してひとつの環境を形作っていくとき、私たちの生のかたちや身体の構えは、通過する経路《モール》において遂行的に縁どられている。モール化する都市と社会とは、ただSC・SMとよばれる商業施設が広がっていくだけではなく、そうした空間や場所を通して流通し、消費される生活様式のなかで縁どられた私たちの生のかたちや身体の構えをモールの内側に閉じ込めたり、モールの外側に解き放ったりすることで現れる世界のことである。近隣でぶらつきながら買い物をするとき、家族連れでどこかにお出かけするとき、出張しているとき、あるいは海外旅行に行ったとき、地域社会、都心の繁華街、郊外地域、観光地、道路沿い、サービスエリア、駅の内側・外側、空港の内側・外側など様々な場所に各種の商店・テナントが連なっている。どこに行っても「モール的」な場所に出てしまう。もちろんすべての空間がモールになったわけではないし、巨大商業施設の周辺にはぽっかりと巨大な空白のような空間が空いていることも少なくない［★42］。しかし、たとえば気づいたらモールのような場所にたどりついてしまっている、あるいはモールになんとなく居続けてしまっていることはないだろうか。このとき、私たち自身が「モール的な場所」を求めている。こうした集合的欲望によって作り上げられた場所こそが「SCのある社会」である。このようにさまざまな密度・規模の商業施設がなだらかに、そしてとぎれとぎれに広がっている「SCのある社会」という人工の環境を自然のものとするとき、私たちは消費社会の終わりではなく、内側と外側がメビウスの輪のように折り返す終わらない消費社会の心地よさを求め続けている［★43］。

註

★1――ただし、これらの言説の一部は、現代社会において「経済的格差や社会的格差は広がっているか」、あるいは「格差は再生産されているか」についての実態レベルの分析を巧みに回避しながら、格差の意識レベルの分析を対象にしたものだ。「格差社会」や「下流社会」という言葉は、「現代は格差社会/下流社会であるか」という問題を追求しているというよりも、人びとのトータルな階層上昇の期待を断念させつつ、それぞれの階層下降の恐怖を煽るような言説効果を有している。つまり「みんなそう思っている以上、そうなのだ」という階層意識そのものの社会的事実性である。その意味で、とりわけ西武鉄道系企業に関係した経営者、マーケッター、社会学者らによる「格差社会論」や「下流社会論」は、それ自身、階層意識をめぐる不安と安心を刺激することでヒット商品として消費されたともいえる。

★2――たとえば三浦展は近年「第四の消費」やシェアという概念によってそうした消費社会の変化を指し示そうとしている。

★3――一九九〇年代の経済不況を乗り越えるべく、政府や自治体と民間資本が強く結びつくかたちで大規模な都市再開発が行われてきた。一九九九年の小渕内閣の際に召集された経済戦略会議では、「我が国の経済を再生させるためには、都市を再生させて土地を流動化させることが国家的に重要な戦略的課題である」と位置づけられた。新たな税金・資本の投資先として都市空間が指定されたのである。二〇〇二年には、小泉内閣が都市再生本部を設置し、都市再生特別措置法が施行されている。「都市再生」や「まちづくり」という掛け声のもと、交付金や規制緩和といった手法を用いて国家・資本・民間を緊密に連携させた。このとき、巨大な消費空間の生産がより徹底して現れたとみることができる。大規模商業施設の開発に大きな影響をもたらした大店法改正という規制緩和もこの流れのなかにある以上、一九九〇年代から二〇〇〇年代におけるショッピングセンターやショッピングモールの増加と巨大化はこのマクロな政治経済的な下部構造の変動の帰結といえるだろう。また、二〇〇七年以降の規制強化や世界的な金融危機による出店数の急激な減少も同様である

★4――三越以外の他の百貨店では、塔屋を正面に建設することによって高さを強調することもあった(初田 1993＝1999:134)。大正期以降、東京のみならず、大阪方面においても、各百貨店は、ヨーロッパのルネサンス建築

やアメリカのマーケット建築を導入しながら、洋風化・高層化が進められている(橋爪 1999:280)。

★5――それは単なる西洋趣味ではなく、元禄文化などに代表される江戸趣味の傾向が強く、「「和風」の趣味と「洋風」の趣味が併存し、両者がバランスを保とうとする、あるいは二つの融合された新しい趣味を作り出そうとする傾向」(神野 1994:172)があった。百貨店はデパートメント・ストアの訳とされるが、欧米のデパートメント・ストアと日本の百貨店は、かなり異なるものだとされる。日本においては「百貨店もしくはデパートというと高級店というイメージがつくられているが欧米でデパートメント・ストアというとき、必ずしも高級店だけを指しているわけではない。わが国の総合量販店、総合スーパーのようなものも、デパートメント・ストアに含まれるからである」(原田ほか 2002:60)。こうした日本における百貨店の特異な意味は、ここで述べた「文化」がもつ言説効果において発生してきたと考えられる。

★6――ここでは初田(2004:159)から引いた。

★7――「「三越好み」、三越趣味とは、三越の様々な活動によってつくられた、総体としての三越イメージであった。この三越趣味は、一般的に「デザイン」と称されるグラフィック、ディスプレイ、そしてインテリアなどの領域だけでは語ることはできない。三越趣味が全体的な企業イメージであることは、流行会をはじめとする、あらゆる店内の活動が連動しながら、受け手に送るメッセージとして機能していたことを示している」(神野 1994:214)。

★8――これ以降、三越百貨店は、文明化された生活様式(=新しい「文化生活」)を提供する最先端を追求する経営戦略ではなく、伝統ある「老舗」という立場で自己を売り出していく経営戦略に転換する。この点についても楠田(2012)を参照。第2章でも指摘したように、一九七〇年代は、ショッピングセンター業界においてもそうした「老舗」の伝統という意味での「文化」という資源を積極的に取り入れようとしている。

★9――日本における「スーパー」はアメリカにおける「スーパーマーケット」「ディスカウントストア」「チェーンストア」の三つの商業形態が昭和三〇年代に一斉に導入された複合的なものである(小山・外川 1992:4)。その意味で、日本社会におけるスーパーによってもたらされた「流通の合理化」は「超-合理化」(ジョージ・リッツア)とよぶことができるかもしれない。

★10――というのも、日本のスーパーは、そもそもはアメリカのような商品ライン別の販売、とくに食料品スーパーと衣料品スーパーとして出発していたが、その後、衣食住の総合商品を安価に、また大量に販売する総合スーパーとして発展していったためである(小山・外川1992:78)。

★11――「SCの歴史」を構築するにあたって、ここには断層がある。つまり、百貨店とスーパー、東京と大阪、都市と地方をいずれを起源とするかに関する歴史認識のポリティクスが「SC的なもの」のイメージを左右している。たとえば、ダイエー(中内功)、ジャスコ(岡田卓也)、イズミヤ(和田満治)、ユニー(西川俊男)などの総合スーパーの経営者たちは、地域の中小商人の出身であるという共通性がある(小山・外川1992:89-90)。

★12――ダイエーは、一九七一年に五万円のカラーテレビに代表される「ブブ」という自社ブランドの格安家電製品を発売し、一九七八年には包装を簡素にしたノーブランド商品(食品一五、日用品一〇の二五品目)という格安商品を売り出している。ノーブランド商品は、のちに「ニューセービング」、「愛着仕様」などに受け継がれていく。これらは、イトーヨーカ堂の「カットプライス商品」やジャスコの「ホワイトブランド」などにもみられるように、流通の合理化によって低価格化を実現していく総合スーパーに特徴的な商品構成であった。

★13――高度成長期の百貨店の立地は、モータリゼーションの進展にあわせて、都心やターミナルのみならず、郊外や地方中核都市へと広がっている。このとき、百貨店はそうした地域における総合スーパーと対抗する必要があった。玉川髙島屋ショッピングセンターの誕生――百貨店を核とした郊外型ショッピングセンター化は、こうした都市化とモータリゼーションのなかに位置する。また、百貨店自身もこの頃スーパーという商業形態に進出している。二幸(三越)、ピーコックストア(大丸)、髙島屋ストア(髙島屋)、相高ストア(髙島屋)、丸高ストア(髙島屋)、西友ストアー(西武百貨店)、伊勢丹ストアー(伊勢丹)、阪急共栄ストア(阪急)、東光ストア(東急)、東武ストア(東武)などである。ただし、ほとんどの百貨店系スーパーは中途半端な展開に終わっているとされる(小山・外川 1992:91)。

★14――一九六九年、池袋の丸物百貨店に西武百貨店が資本参加して、池袋にファッションビル・パルコが開店する。一九七〇年に「株式会社パルコ」に社名を変更し、一九七三年には、のちに旗艦店と位置づけられることになる渋谷店が開業している。

★15――パルコは店だけではなく建造物の外部へとそのイメージとコンセプトを広げ、「それまでは、ラブホテルなどのあるぱっとしなかった公園通りは、パルコの進出と、巧みなイメージ演出で、いつしか若者の街、ファッションの街へと変身していった」(田村 1991:224)。ただし、西武百貨店の堤清二やパルコの増田通二という二人の経営者の思想的背景から、パルコは、一九六〇年代の全共闘的な政治的意味をもっていたといわれる（三浦2006; 三浦・上野2007:182）。つまり、一九八〇年代に入るまでは、パルコ周辺の渋谷には、政治的意識をもった文化人と商品を欲望する消費者という二つの層が混在していたことになる。いわば〈政治と文化〉が商売のなかに併存することで現れた消費空間がパルコであった。

★16———この点については以下のような証言がある。堤清二（辻井喬）は、西武流通グループ（のちのセゾングループ）の消費戦略に「反体制」という政治的思想を込めていたと述懐している。

上野　七五年のキャンペーン広告の「手を伸ばすと、そこに新しい僕たちがいた。」に戻りますが、このメッセージで啓蒙したかったことは何でしょう？

辻井　つまり「自立した消費者たれ」という思想ですね。少なくとも七五年当時、大きくみて七〇年代の終わりまでは、消費者として自立することは、社会人として自立する第一歩だという考え方が、たしかにあったと思います。

上野　自立した消費者というだけではなく、このメッセージのなかには、ある種のライフスタイル・モデルが提示されています。自分で選ぶことができるといえども、〝選択肢を示すのは私たち西武ですよ〟という自負があったと思うんです。そう思っておられませんでしたか。

辻井　ありましたでしょうね。残念ながら、認めざるをえませんね。

（辻井・上野2008:168）

★17———たとえば、「動員目的のデパートの催事場とは根本的に異なる」「啓蒙的な動機」（永江2010:114）をもった西武美術館、「美術家や評論家、詩人、小説家やその卵、そして現代芸術に関心をもつ人びと」が集う「文化サロン的雰囲気」（同:62）をもつ西武池袋のアール・ヴィヴァン（ミュージアム・ショップ、書店）、「先鋭的な品ぞろえ」（同:68）で、知のチャートを提示し、盛んにイベントを行う西武ブックセンター（のちのリブロ）、天井桟敷や状況劇場の芝居をみせる西武劇場（パルコ劇場）などを挙げることができる。

★18———ここで注意したいのは、こうしたパルコの文化戦略が首都圏を中心とする都市空間に固有の戦略、つまり「都会的なもの」を演出するものだったということである。一九八〇年代における全国各地に広がるショッピングセンターは、売り上げベースでみるなら、ダイエーを代表とする総合スーパーの「合理化された流通・小売」が主流である。また、セゾングループが売り上げで業界のトップに立ったことはない。パルコの文化戦略とは、そうした流通の合理化への差異化として「都市的なもの」を演出することであった。この点について、三浦雅士は「スーパーマーケットを先頭に繰り広げられた流通産業の合理化が引き起こした文化の変容を、むしろ逆に批判するもの」であり、しかしまたそうした批判がセゾンの広告・宣伝になるという逆説を論じている(三浦 1991:421)。また上野は、一九七〇年代から八〇年代に向けてのセゾンの拡大を「都市の時代」(同:64)とよんでいる。

★19――たとえば三浦雅士は、セゾングループには、まだ使えるものを捨てさせ、不要なものを買わせる大量消費社会の宿命に対するニヒリズムが存在すると述べている。「セゾングループのいわゆる文化戦略に関してもまったく同じことがいえるのではないか。自身を否定しながら、その否定すべき自身を肥大させること」(三浦 1991:418)。

★20――無印良品に含まれる「思想」や「日本的伝統」(深澤 2011)を解釈し、商売と文化が両立した稀有な事例であるという評価も存在する(永江 2010:124)。

★21――一九五五年の百貨店の取引形態は、買取り仕入れ六七・五%、委託仕入れ二〇・二%、売上仕入れ一一・八%だったが、一九九七年には、買取り仕入れ三七・二%、委託仕入れ二六・九%、売上仕入れ三九・八%になっている(新井田 2010:42)。またこの際、派遣店員として取引先から人材の受け入れも行っている。

★22――西武グループのつかしんや一九八〇年代のららぽーと船橋ショッピングセンターの場合、どこから入るかによるが、百貨店という閉じた建築物を正面・中核として、その背後にオープンモールが広がる構成になっている。いまからみるとこれらのSCは、百貨店とモールの折衷的・中間的な形態といえる。

★23――イオンは、二〇一二年二月時点で、連結子会社一八一社、持分法適用会社二四社、営業収益五兆二〇六一億円の巨大グループに成長し、全国に一二〇のショッピングセンターを展開している。一九九〇年代以降、SC・SMを開発してきたのは、もちろんイオングループだけではない。すでに述べたようにそごう・西武を吸収したセブン&アイ・ホールディングスもまた、連結子会社八七社、非連結子会社一社、関連会社一九社、営業収益四兆七八六三億円という巨大グループを構成している。セブン&アイは、首都圏を中心に「アリオ」というイトーヨーカドーを核とした五〇店舗以上の専門店を組み合わせた大型ショッピングセンターを全国に一三店舗展開する。セブン&アイの戦略は、首都圏を中心とする地域に選択的に出店することによって他社が入り込めないドミナンスを確立する「集中」という戦略であるという（三品 2011）。両グループは、二〇〇七年に大型店の出店規制強化以降、ショッピングセンターの出店を減速させてきた。しかし、セブン&アイは、二〇一五年度までに現在より六割多い二〇店強に、またイオンも二〇一四年度までに二割弱増やす計画だとされている（『日本経済新聞』二〇一二年九月三日付）。

★24——とくにザ・ボディショップ、ローラアシュレイ、タルボットなどの専門店とのライセンス契約、フランチャイズ契約、資本関係による結びつきの強化、メガマート、マックスバリュなどのディスカウントストアの展開によって、ジャスコはショッピングセンター化を進めた。

★25——不動産業ということもあってか、そのテナントや核店舗には、東急ストア、カスミ、アピタなど各種大手スーパー、ユニクロ、GAP、HMV、アカチャンホンポ、無印良品、ダイソー、スターバックスなどカテゴリーキラーとよばれる各種量販店やチェーン店が含まれている。

★26——たとえば中沢・古市は、「遠足型消費」という言葉でこうした現代の非日常性を表現している。「……ハワイで豪遊したり「ルイ・ヴィトン」のバッグをバンバン買ったりするほど「ギラギラ」した過剰な「非日常感」は必要ありません。もっと身近で、もっと気軽で、もっとリーズナブルに味わえる「非日常感」でいいんです。八〇年代後半–九〇年代前半のバブル時代の浮ついた「ギラギラ消費」を「海外旅行型消費」とすれば、ゼロ年代以降の堅実志向な「キラキラ消費」は「遠足型消費」といえるでしょうか」（中沢・古市 2011：18）。「ショッピングモールの魅力と功罪についてはいろいろと語られていますが、「子ども連れでもお互い様で、自由にだらっとできるから気楽」「自分のモノも買えるし、フードコートで気軽に食事もできるし、映画も観られるし、気分転換にもってこい」「特に目的がなくても、行く」等々、好意的な意見がほとんど。ショッピングモールがそれほど近くない駒沢周辺でも、こういう感じですから、郊外の、とくにファミリーにとって、ショッピングモールが気軽な「遠足型消費」先の最右翼になっているのは間違いないでしょう」（中沢・古市 2011：39-40）。また阿部真大は、地方都市におけるイオンモールが若者にとっての「ほどほどパラダイス」となっていると指摘している。「イオンモールとは、地方の若者にとって何か。それは「ほどほどの楽しみ」を与えてくれる「ほどほどパラダイス」である。大都市のような刺激的で未知の楽しみがあるわけではないが、家のまわりほど退屈なわけではない、安心してほどほどに楽しめる場所。それが、多くの若者を捉えて離さないイオンモールの正体である」(阿部 2013:33)。

★27——百貨店の〈高さ〉からモールの〈広さ〉へ。このように整理してしまうと、二〇〇〇年代以降、都心部で展開してきた巨大商業施設が超高層ビルを作ってきたことを排除しているようにみえるかもしれない。たとえば六本木ヒルズ(地上五四階二三八メートル)、東京ミッドタウン(地上五四階高さ二四八メートル)、丸の内マンハッタン計画(丸ビル:地上三七階一七九メートル、新丸ビル:地上三八階一九七メートル)といった都心の大規模再開発は、それぞれ超高層ともよぶべき構造物を中心にして構成されている。これらの施設は、たしかに郊外型の巨大商業施設とは異なる高級感や敷居があるようにみえるし、それは都心の一等地において超高層を見上げるというパースペクティブと重なりあっている。

ただし、前節ですでに触れたように、それぞれの施設は、森ビル、三井不動産、三菱地所という不動産系のディベロッパーが開発しているため、それは小売業という単一の企業主体を表示する建築物ではなく、特定のコンセプトやイメージ——「ヒルズ」「ミッドタウン」「マンハッタン」——にしたがって配列された複数のブランドショップや企業オフィスをテナントとしている。また、このようにブランディングされた再開発地区は、超高層建造物という単体によってのみ構成されているわけではない。これらの超高層建造物は、コンセプトを付与された面として構成され、回遊性という線が埋め込まれた複合施設の構成要素(component)の一部である。丸ビル、新丸ビルは、東京駅と有楽町をつなぐ面的な開発(丸の内マンハッタン計画)のなかに位置づけられているし、六本木ヒルズと東京ミッドタウンは、国立新美術館とあわせて六本木アートトライアングルとブランディングされている。しかも、これらの超高層建造物の上層階は、レジデンスやオフィススペースになっており、ショッピングスペースは、展望レストラン、展望室、美術館などを除けば、おおよそ六、七階くらいまでに抑えられている。そのため、下層階と上層階のあいだの中層階がエレベーターによってバイパスされ、隔離されている。これらの超高層建築物の敷居の高さは、制度的・建築的にはレジデンスやオフィスへのアクセスにおいて許可された人びと以外の排除というかたちでかなり厳密に設定・管理されている。レジデンスやオフィスへのアクセスがそのように制限されている以上、自由な回遊性は、展望というアトラクションに限定された垂直方向を許容しながら、どちらかといえば水平方向へと開かれており、相対的には「高くない」といえなくもない。

これらの巨大商業施設は、特定の建造物のなかで完結するというよりは、複数の施設をつなぎあわせながら周辺の街のなかへ溶け出し、街そのものを回遊性のあるモールとして構成している。何度も指摘してきたことだが、建造物をつなぎあわせて回遊性を演出し、街を特定のイメージでラッピングする面的開発は、渋谷パルコが先鞭をつけたものである。二〇〇〇年代以降の都心再開発は、それをより大規模なものにし、洗練させたものとしてとらえることもできる。

★28——他業種・他社を誘致することももちろんあるが、ホームセンター系のSCは、自社展開の店舗で、自前の商品構成を拡大することがよくある。

★29——モールにおける多様性と均質性については第4章を参照。

★30——モールにおける「購買としてのショッピング」と「レジャーとしてのショッピング」という二項対立は相互に排除しあうものではない。このことは、たとえば「機能的‐余暇的ショッピング連続体(Functional-leisure shopping continuum)」という概念で説明されている(Timothy 2005:16)。ショッピングモールの利用者のすべてがこの中のどちらか一方に分類されるわけではなく、さらに細かい分類も多く存在する。たとえばひとつだけ挙げておくならば、軽度のユーザー、複数店のユーザー、レジャー目的のユーザー、社会的ユーザー、多目的ユーザーといった五つの分類がある(*ibid*:16 -19)。本論は、モール利用者の多様性を意識しつつも、それらの多様な利用者を許容する巨大商業施設の特徴と現代性に照準をあてている。今後、より具体的で実地の利用者調査を行うことも可能だろうし、またそうした調査がマーケティングとして小売・流通業のなかでどのように機能しているかを明らかにすることも課題として挙げることができるだろう。

★31——北米や西欧では、一九九〇年代以降やや停滞しているが、このようなレジャーとしてのショッピングが旅行の主目的になり、メガモールが旅行の目的地となるようなショッピング・ツーリズムが国内外で定着している(Timothy 2005:48-49)。

★32——ただしこのチャートは、主に北米のモールを念頭に置いたものであり、日本社会におけるSC・SMがこのチャートに収まるわけではないが、巨大商業施設の必要以上の「巨大さ」が、機能的な購買以上の「楽しみ」を演出していることをうまく整理している。また、このチャートの原図は、Jackson, E. L.(1991) *Shopping and Lesurer, Canadian Geographer*, 35(3), 280-7にある。本論では、それを参照したTimothy (2005) の図から作成した。

★33——こうした現象、すなわち娯楽、ギャンブル、旅行、スポーツ、教育、労働、家庭など、それまで区別され

ていた時間 - 空間、モノやコトの分化・区別が溶解していく過程は、「内破」(Ritzer 2005 = 2009:214) とよぶことができる。

★34——情報空間の広大さを表現する現代的モールの物理空間としてのボリュームは、外壁・内装の軽さや気安さによって、その巨大さがもたらす存在感を薄めているようにもみえる。ただし、そこに巨大なものがゴロっと「ある」というリアリティは消えないし、文化や啓蒙といった上昇志向に意味づけられていないだけにその物質的な存在感だけが際立っている。六本木ヒルズのように都心の一部では一九八〇年代までの商業施設の格式や文化の〈高み〉をまだやるだけの余裕があるのかもしれないが、すべてのショッピングモールでそのような上昇志向を確保できるわけでもない。

★35——もちろん、こうした自然というコンセプトは、SC誕生初期から存在しなかったわけではない。また、このナチュラル、エコロジー志向に関して先駆的だったのはやはりセゾンであり、先に触れた無印良品である。ただし、セゾングループの時代にもエコポリスやエコシティといったかたちで発生しているが、あくまで萌芽的・先駆的なものにすぎない（田村 1991:253-256)。

★36——ARIOは「空気の精」を意味し、アルファベットそれぞれはAmusement（娯楽)、Relaxation（健康／安らぎ)、Information（情報発信)、Originality（創造性）を表しているという。

★37——百貨店やパルコが提示した啓蒙としての「文化=政治」とは異なるかもしれないが、安心・安全やセキュリティをめぐる別の〈文化=政治〉として現代のSC・SMを捉えることもできる。実際、SC・SMではビラをまいたり、デモを行うことは困難だろう。

★38——本論は、人工的ではない手つかずの「自然」や「環境」の存在を前提にしているわけではない。ニクラス・ルーマン（1986 = 2007）によれば、すべての環境は、システムの観察、すなわちなんらかの意味的なコミュニケーションにおいて立ち現れる、きわめて社会的なものである。本論でいう「自然」や「環境」は、システムの所与として他者言及される環境というよりも、システムの自己言及においてコミュニケーションされている。たとえば、原始的社会は宗教的意味づけを用いて「システムと環境との関係の均衡を、その必要性が話題になることなく、維持することが可能である」(同:66)。しかし、機能分化し、複雑性が高く、高度なテクノロジーを用いる現代社会では、多様な機能システムがそれぞれの仕方で——ときに機能システムのコードの対立や矛盾をはらみながら――「環境」そのものを主題としてコミュニケーションする。したがって、本論でいう「環境」は、システムの地平や背景を構成するというよりも、第一にテクノロジー化されたシステムの部分であり、第二にそれそのものを目的として主題化される。経済システム、とりわけ現代の巨大商業施設におけるエコロジーやナチュラルなどの「自然」をめぐるキーワードは、そうした「環境」をめぐる矛盾（自然化された人工環境）や他の機能システムの解釈との対立を脱パラドクス化、調停する意味論として作用しているともいえる。

★39――この点については東・大澤（2003）や阿部・成実（2006）も参照。

★40――もちろん、近代日本の消費社会の系譜は、年輪や地層のようにまだらに形作られており、すこしていねいに観察すればそれぞれの歴史的・地域的な特殊性や個別性を了解できる。これまでの議論で確認してきたように、呉服店系百貨店と鉄道系百貨店、スーパーとファッションビル、スーパー系モールと不動産系モール、都心型・郊外型・地域型、いくつもの形態と意味、由来をもった巨大商業施設がそれぞれの戦略のなかで日本社会の各地に分散・蓄積してきた。したがって、現代の消費社会の風景を――それを極大値において表現しているとはいえ――イオンレイクタウンのような商業施設だけに代表させることはできない。けれども、その地域社会や歴史的文脈のなかで培われた文化のコードを共有せず、たくさんの商業施設がただ存在し、その巨大な〈広さ〉のなかに生きていることを自明視し、それらを置換可能なもの――最初にみてもらった二枚の写真のように――認識しているとすればどうだろうか。このとき、私たちはそれらの商業施設を、意味の差異や文化の区別が曖昧で、浸潤しあったどこにでもあるような「環境」として見なさざるをえないのではないか。

★41――ＳＣ・ＳＭを表現する「自然」という語彙は、リッツアが「超巨大ＳＣのあるアメリカ」を記述する際に使った「宗教」という語彙よりもひかえめだが、人びとがＳＣ・ＳＭを受容するうえでは、より深化した表現かもしれない。ただし、この巨大な人工建造物を「自然」と呼んでしまえる異様さは残るし、その意味が弱いだけに「巨大なものがそこにある」という存在感は際立っているようにもみえる。たとえば二〇一一年の東日本大震災で被害を受け、人気なくたたずんでいた巨大なＳＣ・ＳＭ（三井アウトレットパーク仙台港やイオンタウン塩釜やイオン気仙沼など）の写真や映像を思い出してほしい。そのような非常時において露わになる、建築空間・流通空間としての広大さと、それを自然として／自然に受容してしまうことの落差やふり幅に現代の巨大商業施設の――文化とは異なる――存在感は宿っているのではないだろうか。

★42——お台場のパレットタウン内のヴィーナスフォートやアクアシティのような一九九〇年末のウォーターフロント、臨海副都心の開発でもすでにみられたように、周囲の都市空間は、力のない余白のような空間になる(若林 2005:16)。

★43——しかし、このようなSC・SMの物理的空間としての〈広さ〉がもたらす許容力と「自然」の経験は、購買以外の活動を呼び込む素地になり、そこが公共的な場所として形成されていくきっかけにもなるかもしれない。東日本大震災時には、イオンモール石巻などのSC・SMが一時的な避難所になり、避難した人びとはそこに残されていた物資を利用することができたという(「イオンが巨大避難所になった日」『ブルームバーグ』二〇一一年四月一一日、<http://diamond.jp/articles/-/16984>;「「日常」戻った被災スーパーの次なる戦い」『日経ビジネス』二〇一二年三月二三日)。一方、たとえば戦後日本の商店街の社会的編成をきわめて明快に整理している新雅史は、「ショッピングモールが集積した地区では[災害時に]「ユートピア」は現出しないだろう。商店街という場だからこそ、本来出会うことのない雑多な人たちが交差する。だからこそ、災害時に商店街の魅力が現れたのではないだろうか」(新 2012:10)と書いている。たしかに商売としての規模、商圏の範囲、それを包含する巨大な建築空間のすべてを、震災という非常時においてボランティアによって支えられる相互扶助、あるいは互酬性の原理のみによってすぐに回復することは困難だろう。また大きな企業組織に特有のセキュリティや権限管理は、そうした関係を作りにくくするかもしれない。ただし「ボランティア」という理念のみによって地域社会を支える相互扶助や互酬性を継続的に維持することも同様に困難だろう。またマーケットの交換の原理によって確保される「多様性」(雑多さ)も考慮に入れる必要がある。「ショッピングモール(が集積した地区)」で指す内容が、どのような機能を示しているかによるが(施設、組織、業態、平時の商売など)、この記述ではややステレオタイプな「ショッピングモール」像が採用されているようにも見える。同書で参照されている「災害ユートピア」とは、場所や業態に特有の現象というよりも、SCか商店街かを超えて非常時に現れる独特の関係性ではないだろうか。たとえば、ジョージ・ロメロ監督の映画『ゾンビ』(一九七九)のモールのシーンはモール論などでも参照されるが、モールはゾンビに襲われた人びとの避難所や要塞、倉庫として描かれている。また、たとえばアメリカの調査でも、そこでほとんど何も買わなくても、モールが友人や親族とのコミュニケーションの場、子どもの遊び場、若者の溜まり場、高齢者の憩いの場として利用されており、現代社会における「社会化(socializing)」の役割をもつ場所であることが指摘されている（Timothy 2005:31-34）。モールの楽しさや快適さの経験には、そのすべてではないにせよ、こうした社会的な動機において生み出されるものも含まれている。このときモールはただの商業施設ではなく、多様な関係が織り成すひとつの社会的な場所になる。だとすれば、消費社会の出口（Exit）を探してひたすらさまようのではなく、そこを広場（Plaza）や広間（Hall）として生きることも不可能ではないのではないだろうか（たとえば、ジョージ・リッツアやアラン・ブライマンらの社会学者がモールをマクドナルド化やディズニー化の帰結として批判するのに対して、モールは、かつての市場や中心街がもっていた多様な役割をもつ、公と私のあいだにあるリミナルな時間と空間であるという主張についてはMcIntyre et al〔2012〕を参照）。それがかつての市場（いちば）や商店街の形やそこにあったとされる「温かみ」とは異なるものだとしても、私たちはすでにそのようなモール化する都市と社会を生き始めている。

参考文献

阿部潔・成実弘至（2006）『空間管理社会』新曜社。

阿部真大（2013）『地方にこもる若者たち』朝日新書。

新雅史（2012）『商店街はなぜ滅びるのか』光文社新書。

東浩紀・大澤真幸（2003）『自由を考える』ＮＨＫブックス。

Castells, Manuel（1996→2000）*The Rise of The Network Society,* 2nd ed., Blackwell.

Cohen, Sande and Rutsky, R. L.（2005）*Consumption in an Age of Information,* Berg Publishers.

ダイエー社史編纂室（1992）『For the CUSTOMERS　ダイエーグループ35年の記録』アシーネ。

江尻弘（2003）『百貨店返品制度の研究』中央経済社。

遠藤知巳編（2010）『フラット・カルチャー』せりか書房。

原田英生・向山雅夫・渡辺達朗（2002）『ベーシック流通と商業』有斐閣。

橋爪紳也（1999）「百貨店というビルディングタイプ」、山本武利・西沢保編『百貨店の文化史』世界思想社。

初田亨（1993）『百貨店の誕生』→（1999）ちくま学芸文庫。

――――（2004）『繁華街の近代』東京大学出版局。

深沢徳（2011）『思想としての「無印良品」』千倉書房。

神野由紀（1994）『趣味の誕生』勁草書房。

北田暁大（2002）『広告都市・東京』廣済堂ライブラリー。→（2010）ちくま学芸文庫。

近藤智子（2004）「百貨店をめぐる娯楽の変容」、奥須磨子・羽田博昭『都市と娯楽』日本経済評論社。

小山周造・外川洋子（1992）『産業の昭和社会史7　デパート・スーパー』日本経済評論社。

楠田恵美（2012）「東京日本橋における消費空間の生成と変容」『年報社会学論集』第二五号、関東社会学会。

Luhmann, Niklas (1986) *Ökologische Kommunikatiton*, Westdeutcher Verlag.＝（2007）庄司信訳『エコロジーのコミュニケーション』新泉社。

MacIntyre, Charles (2012) *Tourism and Retail*, Routledge.

三浦展（2006）『「自由な時代」の「不安な自分」』晶文社。

――――（2009）『シンプル族の反乱』ＫＫベストセラーズ。

――――（2012）『第四の消費』朝日新書。

三浦展・上野千鶴子（2007）『消費社会から格差社会へ』河出書房新社。

三浦雅士（1991）「生ける逆説」、上野千鶴子ほか著『セゾンの発想』リブロポート。

三品和広・三品ゼミ（2011）『総合スーパーの興亡』東洋経済新報社。

永江朗（2010）『セゾン文化は何を夢見た』朝日新聞出版。

中村達也（1991）「研ぎすまされたドン・キホーテ」、上野千鶴子ほか著（1991）『セゾンの発想』リブロポート。

中沢明子・古市憲寿（2011）『遠足型消費の時代』朝日新書。

難波功士（2000）『「広告」への社会学』世界思想社。

新井田剛（2010）『百貨店のビジネス変革』碩学舎。

奥住正道（1997）『顧客社会』中公新書。

Ritzer, George (2005) *Enchanting a Disenchanted World*, 2nd ed., Pine Forge.＝（2009）山本徹夫・坂田恵美訳『消費社会

の魔術的体系』明石書店。

Schor, Juliet B., 1998, *The Overspent American.* ＝（2011）森岡孝二監訳『浪費するアメリカ人』岩波現代文庫。

田島奈津子（199）「ウィンドー・ディスプレー」、山本武利・西沢保編『百貨店の文化史』世界思想社。

田村明（1991）「「カベ」への挑戦」、上野千鶴子ほか著『セゾンの発想』リブロポート。

Timothy, Dallen J.（2005）*Shopping Tourism, Retailing and Leisure*, Channel View Publications.

辻井喬・上野千鶴子（2008）『ポスト消費社会のゆくえ』文芸新書。

堤清二・三浦展（2009）『無印ニッポン』中公新書。

上野千鶴子ほか著（1991）『セゾンの発想』リブロポート。

Underhill, Paco（2004）*Call of the Mall*, Hayakawa Publishing. ＝（2004）鈴木主税訳『なぜ人はショッピングモールが大好きなのか』早川書房。

――（2009）*Why We Buy: The science of Shopping*, Hayakawa Publishing. ＝（2009）鈴木主税・福井昌子訳『なぜこの店で買ってしまうのか（新版）』早川書房。

吉見俊哉（1996）『リアリティトランジット』紀伊國屋書店。

由井常彦編（1991）『セゾンの歴史（上・下）』リブロポート。

column 7

ショッピング・ツーリズムとアウトレットモール

現代社会では多くのひとが、ショッピング（お買い物）は楽しいものだと感じている。しかし、ショッピングはただ物を買うだけではない多様な活動から成り立っている。ショッピングを楽しむためには、ある程度のお金をもっていないといけないし、自分が必要としているものがどこにあるか探し、それを売っている場所にいちいち出かけなくてはならない。商品のクオリティやコスト、自分の個性や見栄……こうしたことを考えるのもなかなか骨が折れる。その商品をパッケージ化された観光旅行に置き換えてもいい。何かを手に入れるためにこういう手続きを踏まなくてはいけないのは、それなりに面倒だし、そうであるがゆえにショッピング自体あまり好きではない人もいるだろう。一次産業に従事する人びとであれば、自分で作ったほうがいい、と思うかもしれない。その意味で、「楽しいショッピング」とは、二次産業が成熟し、三次産業も成長していく、近代の工業化・産業化以降に誕生したともいえる。ショッピングが必要なものを買うためのただの機能的な購買ではなく、買うことそれ自体を楽しむレジャーとしての購買になってくるのは、この過程においてである。とくにショッピングモールという空間は、歩きまわりながらショッピングする「楽しさ」を作り上げ、促進する施設として生産されてきた。わざわざ遠出をする苦難の旅も、レジャーとしての観光旅行として商品化され、大衆的な規模で消費されていく。

こうしてショッピングという行為とツーリズムという現象が近づいていく。そもそも新しい物品や珍しいサービスの購買を楽しむことは、住んでいる場所以外のところを訪れて楽しむ旅行とどこか似ている。ショッピングの楽しさは「商品を買うこと」の非日常性に力点があり、ツーリズムの楽しさは「移動すること」の非日常性に力点があり、そのことによって移動の距離や期間に差が出てくるのだが、両者の区別はそれほど明瞭ではない。パッケージ化された観光旅行自体が購買される商品であり、お土産を買うことが旅行の重要な部分を占めていることはいうまでもないけれども、現在では、海外の免税店やショップでブランド品を買うための旅行、ショッピングのためのツーリズムも存在する。
現代のアウトレットモールが照準しているのは、このようにショッピングとツーリズムが交錯する領域である。たとえば日本の代表的な別荘地である軽井沢の軽井沢・プリンスショッピングプラザは、東京から新幹線で一時間弱の距離にある軽井沢駅の目の前という良好なアクセス環境にある。また、千歳アウトレットモール・レラや、あみプレミアム・アウトレットなどは、新千歳空港や成田空港からのアクセスの良さもあり、多くのアジア系の外国人観光客が観光バスにのってショッピングに立ち寄っている。

こうしたアウトレットモールでも見ることができるショッピング・ツーリズムは、購買する楽しさを移動する楽しさによって増幅する。

一般的な小売店であれば通常営業のうちある一定期間を安売り・値下げ――バーゲンセールとして区別してショッピングの楽しさやお得感からもたらされる非日常性を作り出す。一方、低価格品、型落ち品、欠格品などを扱うアウトレットモールは、時間的な限定なく、つねにバーゲンセールをやっているようなものだ。ただし、アウトレットモールは、相対的に遠距離に存在する。そのため、わざわざそこを訪ねて購買をすること、すなわち空間的な移動がショッピングの楽しさやお得感からもたらされる非日常性を作り出す。つまり、アウトレットモールは、バーゲンという時間的・周期的な限定によって高められる非日常性を、空間的・場所的な移動によって体験させる。アウトレットモールに行くとは、ある意味、思う存分「衝動買い」できるかのような場所を訪れることなのである。

しかし、もしかするとそれは本当に欲しかった商品ではないかもしれないし、必要でもなかったかもしれない。結局、何も買わないこともあるだろう。いや、せっかく来たのだし、いつもより安いはずなのだから何か買っておこうと思うかもしれない。このようにショッピング・ツーリズムの一形態であるアウトレットモールは、必要から遊離した「楽しいショッピング」という倒錯が突出し、空転するかもしれない場所でもある。（田中大介）

終章　Exitあるいはセントラルコート

座談会

SC・SMから見える現代の都市と社会

若林幹夫＋田中大介＋南後由和＋楠田恵美＋中村由佳

WAKABAYASHI Mikio, TANAKA Daisuke, NANGO Yoshikazu, KUSUDA Emi and NAKAMURA Yuka

●SC・SMの研究から見えてくるもの

若林　現代の日本社会について考えようとするときに、SCやSMがなぜ問題になるのかについては序章Entranceで書きましたが、終章にあたるここでは、もう少し大きな文脈で、なぜ私たちがこの問題に取り組んだかについて説明することから始めましょう。その後は中村由佳さんに進行をお願いして、この本では十分書けなかったことも含めて、SC・SMと日本社会の現在について考えていきたいと思います。

この研究を始めるにあたってまず考えたのは、現代社会における都市の論理、あるいは空間と時間と社会の論理を明らかにしたいということでした。現代の社会が、空間や時間をどのように編成しているのか／しようとしているのか、ということです。時間や空間というと私たちは、人間や社会に対して外在的で抽象的なものと考えがちですが、実際は、生きている人間が活動し、モノやイメージや他者と関わるなかで空間は現れ、了解されるし、時間もそのなかで経験され、調整される。そうした社会の空間的・時間的な編成のかこれが大きな問題意識としてありました。ここではさらに、その問題を都市に絞って考えています。都市というのは、時間と空間の編成の現在的なあり方のある部分が、顕在的に現れてくる場所だと思うからです。都市は、大量の人口と産業的な資本とそれを支える技術が集積している場所であり、社会です。産業的な資本と高度なテクノロジーは、現代社会を規定する重要な社会的条件ですし、それらが大量の人口の集積地としての現代都市を生み出し、支えているのは現代社会の形態的な特徴です。そうだとすると、都市に関して空間と時間の編成を考えるということは、人間の集団と資本の論理とテクノロジーが、社会的な空間と時間をどのように作り上げているのかを考えることになる。その際、具体的な対象として、たとえば都心のリストラクチャリングや郊外の住宅地の開発、あるいは大学のような研究・開発・教育の空間、商店街のような空間などを取り上げることも考えられたのですが、今回、なぜSCやSMを対象として選んだのかというと、それは以下の理由からです。

本書の第5章でも論じられているように、社会学では一九八〇年代頃から、現代社会を考えるうえで「消費社会」ということがさまざまなかたちで語られてきましたが、バブルが崩壊しその後、長期的に景気が低迷してゆくと、消費社会論は下火になっていきました。しかし、消費社会という問題がなくなったのかというと、そうではない。むしろ、そこでは消費社会は日常化していったのです。たとえば八〇年代前半までは、ファッションはもっぱら一部の比較的金銭に余裕のある人たちや、服装やスタイルに興味のある人びとがコミットするものでした。ところが、今ではずっと多くの人がおしゃれになり、ファッションについて日常的に考えているように思います。SCやSMは、そんな消費社会の常態化・日常化を考えていくことのできるひとつの空間であり、社会的装置だろうと思うのです。それも単に消費の問題というより、私たちのライフスタイルが、資本が作り出したモノを売る空間やモノのイメージを作り出す空間との関係において、どのように作られ経験されていっているのかを考えるための、恰好の切り口になるのではないか。これがSC、SMについて調査・研究してみようと考えた理由のひとつです。

もうひとつの理由は、今日の消費空間は、狭い意味での消費の空間、都心のデパートやファッションビルなどを越えて、大都市や地方都市の郊外、あるいは農村部のような場所に広がっていると考えたからです。八〇年代の消費社会論は、渋谷のパルコのような都心部の盛り場を主な対象とし、擬似都市的環境を舞台として人びとは消費を行っている、あるいはそうした消費をターゲットとして資本は活動の場所を作り上げているというかたちで論じられていました。けれども、私自身、九〇年代以降に郊外住宅地の変化や郊外のロードサイドの風景の変化などを調べていくなかで、消費空間は盛り場のような場所を越えて、都市や、都市の郊外のさまざまな場所に広がりつつあるという考えをもつようになりました。そうした広がりの中で、必ずしも都市的ではなかった場所にも容易にセッティングできる消費社会のパッケージ化されたかたちとして、現代のSCやSMがあるのではないかと思うのです。

そうしたパッケージ化された消費社会の装置は、九〇年代から二〇〇〇年代にかけてSC・SMというかたちでできあがった後、既存の都市の商店街がモール化するというかたちで今度はその外側の都市空間の側に広がり、浸透していくという現象が見られます。SC・SMを考えることは、八〇年代に始まった消費社会的なるものが私たちの現在をどう捉えているのか考えることであり、また、都市そのものがモール化しSC化していくという視点から見るときには、まさにそこから現代社会・現代都市の論理、時間と空間の論理を考えることができるのではないかという直感がありました。

私の個人的な研究史からいいますと、田中さんや南後さん、中村さんにも協力してもらって二〇〇五年に出した『東京スタディーズ』では臨海副都心論のなかで、お台場が郊外的なゆるい環境になっているということを考える際に、そうした「ゆるい消費空間」の先駆けとして「ららぽーとTOKYO－BAY」に言及しました。また、二〇〇七年の『郊外の社会学』では郊外の環境の成立とその歴史的な変容について考え、二〇一〇年の『〈時と場〉の変容』では交通や情報・イメージの流通が都市空間の経験をどのように変えているかを考えてきました。こうした仕事で考えてきたことを、SCやSMを実際にフィールドとして歩いて調べ、考えることで確かめ、さらに深化させてみたかったということも、今回の研究を始めた理由のひとつです。

そこで田中さんに手伝ってもらって研究プランを考え、南後さん、楠田さんにもお声がけして、これまでいっしょにフィールドワークしたり、データを集めたり、インタビューをしたり、研究会を行ったりしてきたわけですが、みなさんはみなさんでどのような意図で研究に参加しようと思ったのか、あるいはご自身の研究テーマとどのように関係しているのか、この本で考えてみたかったことなどを、まずお話しいただけますか。

田中 いくつかのきっかけがあったように思います。まず、個人的な実感として、二〇〇〇年代以降の社会学や社会科学、あるいはジャーナリズムが消費主義を批判的に論じていたことに個人的に違和感を覚えたことがあります。たしかにかつて流行した消費社会論ではなかなか語りきれない──たとえば「デフレ時代」とか「長期不況」などといった言葉で表現される──リアリティが二〇〇〇年代にはありましたし、ひたすらモノを買うことに邁進するような消費主義への批判に共感する部分もないわけではありませんでした。しかし、「消費社会から格差社会へ」というふうにまるで消費社会が終わったかのように、あるいはそれを捨て去るべきものとして語られてしまうと、それもどうなのだろうか、と。特定の場所で何かを購買しなくなるわけではないですし、自分たちも消費という喜びを手放してしまったわけでもないよな、と──たいへん素朴にですが——思ったわけです。そんなときに現代社会における都市空間、とりわけ消費空間に関する研究をしてみようか、と若林先生にお声をかけていただき、ＳＣやＳＭの研究に取り組むようになりました。ちょうど二〇〇〇年代はＳＣやＳＭが増加、巨大化し、それこそ消費主義批判や格差社会論の流行とは裏腹に大きな存在感をもっていました。そこでＳＣやＳＭの現状を分析することを通して産業社会の変容、消費社会の現在をきちんと捉えることができるのではないかと考えるようになりました。

また、個人的な研究史でいいますと、私の研究テーマは交通や移動、つまりモビリティと総称されるもので、これまで都心の公共交通、鉄道などのテクノロジーに関連して都市の生活様式がどのように編成されてきたかを歴史社会学的に考えてきました。しかし、現代社会を考えるにあたって都市空間や地域社会の郊外化を促すモータリゼーションは外せなくなってきています。そこで、八〇年代以降の郊外化とＳＣの増加・巨大化をあわせて考えてみれば、都市空間と交通テクノロジーの変容と商業およびそれをもとにした生活様式の変化を捉えることができるのではないかと思えました。

また、交通テクノロジーだけではなく、通信テクノロジーの問題も重要でした。これまでネットカフェやコンビニといった対象を取り上げ、消費社会の情報社会的変容、ネットワーク社会的変容というテーマでも研究を行っていましたので、そうした空間の延長あるいは巨大化した施設としてＳＣを捉えると、さらに具体的で広がりのある分析ができるのではないかと考え、この研究に参加しました。

南後 私はこれまで、建築と社会、建築家と社会の関係に関心をもってきました。二〇〇〇年代には、表参道や銀座でスターアーキテクト（世界的に有名な建築家）がルイ・ヴィトンやプラダなどの署名性がある建築を設計する一方で、ＳＭやタワーマンションのような、巨大だけれども設計主体が見えにくいアノニマスな建物が急増しました。いずれの風景も同時代性があり、その背景にはグローバリゼーションや新自由主義があります。これらのブランド建築やSM、タワーマンションに、設計主体の違いこそあれ共通していることは、これだけネットショッピングなどが普及しているなかで、人びとにリアルな店舗へ足を運ばせて買い物をさせるための空間の何らかの仕組み、あるいは人びとの振る舞いをコントロールするようなさまざまなノウハウがあることです。

たとえば、マクドナルドでは椅子を硬くすることでお客さんの回転率を上げる効果があることはよく知られています。こうした空間の仕組みによって人びとの振る舞いをコントロールして売り上げを最大化する「工学主義的空間」(アーキテクチャ)について、SM、なかでもモールという装置の研究を通じて考えてみたいと思いました。SMを擬似的なイメージによって飾り立てられた記号空間として回収してしまうような既存の議論には違和感があったので、それらとは別の位相で、空間としてのSMを考えてみたかったのです。私が担当した第3章は、4節から6節へ読み飛ばしてもらっても構わないのですが、5節「モールとその変遷」は、その工学主義的空間としてのモールがどのような形態的変遷を遂げ、現在の姿に至っているのかを明らかにしたいがためだけに書いたといっても過言ではありません。

そのほか、一九九五年頃からインターネットが家庭に普及し、ネットショッピングが売り上げを伸ばしていく一方で、「イオンレイクタウン」のような何十万平米といった巨大なSMが出現してきたことの不思議さについて考えてみたかったということもあります。

若林先生と初めてお会いしたのは大学院修士課程の時で、社会学や地理学などの研究者を中心に構成された「空間論研究会」でした。空間論研究会では、アンリ・ルフェーヴル、マニュエル・カステル、デヴィッド・ハーヴェイ、エドワード・W・ソジャなどの新都市社会学やポストモダン地理学の論者を取り上げていたのですが、SMはその研究会で議論していたような、空間と社会の弁証法的関係を考えるうえでも興味深い対象です。数ある建築のビルディングタイプのなかでも商業建築は、早いサイクルでスクラップ・アンド・ビルドやリニューアルがされていきます。それは経済的合理性の反映であると同時に、時代や社会のさまざまな欲望を貪欲かつ迅速に取り込んできたということです。社会が空間を編成し、空間が社会を変容させていく。SMは、その回転が早く、空間と社会の弁証法的関係をダイナミックに体現している点が面白いと思っています。

楠田　私はもう少し漠然としていますが、普段の暮らしのなかで日常的に「消費」が欠かせないものとなっており、そうした消費に依存しなければ成り立たないライフスタイルが歴史的にどのように展開してきたのかに、ずっと興味をもっていました。

そうしたなかで大学三年生のときに若林先生のゼミで東京論を書く機会に恵まれました。巨大な都市、東京にどのように向き合い、どこからアプローチすべきかもわからず、まったくの手探り状態でしたが、都市のもつ中心性の変容を知るヒントになるのではないかと、日本橋の調査をしました。そして現在も、東京の都市化が進み、都市の中心が分散していく過程を盛り場や消費空間の変遷から歴史的に明らかにしようとしています。今回の調査では、これまで戦前の都心部に限っていた視野を郊外に広げ、大きなスケールのなかで、さらには現代の消費社会や資本主義社会の問題とともに都市について考えるよいきっかけになると思いました。

若林　じつは私は、今回のような共同研究や調査研究は、これまであまりしてきませんでした。ではなぜ今回このようなかたちで研究しようと思ったかというと、私にとっては一九七〇–八〇年代のパルコや渋谷の経験というものがとても大きくて、そんな渋谷的なものから都市や消費社会を考え始めました。そんな私にとっての現代のSC・SMや都市の見え方と、私より一五歳から二〇歳ほども若いみなさんの世代の見え方の差異を意識しないと、自分の立っている場所の偏りが相対化できないのではないかという思いがありました。私たちの世代から見える都市の風景と、みなさんの世代から見える都市の風景とは、同じ場所を見ていても違うかもしれない。そうした差異の中からも、都市の、そして空間と時間の編成の「現在」が見えてくるのではないかと思ったのです。

それから、私もみなさんも「都市」という同じテーマ、対象についてこれまで考えてきたのだけれども、それぞれの問題意識はさまざまな重なりをもちつつも異なっています。ＳＣというのはじつにいろいろな部分からできあがっており、消費の空間であると同時に労働の空間でもあるし、モノが売られている空間であると同時にイメージの空間でもある。人や商品や情報、来店のための自動車、物流のトラックの捌き方などなど、じつにさまざまなものがからみあっており、いわば現代社会を作り上げているトータルなテクノロジーとメカニズムが集中的に投下されてできあがっている空間だと思います。都市について、コミュニティ、家族、集団といった人と人との関係だけではなく、モノや場所と人との関係、情報やイメージと社会との関係をそれぞれの立場から考えてきたみなさんといっしょに調査研究することは、新しい発見があるだろうし、互いに得るものがたくさんあるだろうと考えたわけです。

中村　現在、私は一般企業でマーケティング系のリサーチの仕事に就いていますが、そのかたわらで、若林先生の研究室に所属していた大学院生時代から八〇年代以降の都市におけるファッション空間や、そこでの消費のあり方について関心を持ち続けてきました。その意味で消費社会の変遷には非常に興味がありますが、八〇年代に都心でファッション空間が広がっていくのと並行して郊外ではＳＣが広がっていったという事実は、私の研究とも絡んできて、たいへん面白かったです。

● フィールドワークからの分析

中村　今回の研究テーマは、ごく平たくいってしまうと、社会のモール化、社会がSC化しているところに着眼点があると思います。実際の研究プロセスとしては郊外のさまざまなSC・SMに足を運び、そこでの体験を踏まえたうえで議論を重ねられたとうかがっています。まず、調査に行かれたときの体験などをお聞かせいただけますでしょうか。

若林　どこに調査に行ったのか、最初に概要をお話ししておいたほうがいいでしょう。本当は世界中に行くつもりでしたが（笑）、実際に四人でリサーチしたのは東京を中心とする関東近辺です。

最初に行ったのは、つくばエクスプレス沿線でしたね。つくばエクスプレスは首都圏で最も新しい郊外通勤電車ですが、その沿線にはたくさんのSCがあります。それも、つくば研究学園都市がつくばエクスプレスの開通によって、東京の郊外として新たな展開をしていこうとする中で作り出されたものもあれば、新しく開発された郊外住宅地やマンションとセットで作り上げられたものもあり、南千住や三郷などが典型ですが、東京の都市構造の変化のなかでかつての工業地帯が高層マンション街や住宅地に変貌していくなかで作られたものもあります。この沿線を見ていくことで、SCが作られていく都市環境の変化の現在が見えるのではないかと考えました。

そこで、つくば駅の「キュート」、研究学園駅の「イーアスつくば」というとても大きなSC、それから柏の葉キャンパス駅の「ららぽーと柏の葉」、流山おおたかの森駅の「流山おおたかの森S・C」、八潮駅前の比較的小規模な「フレスポ八潮」や南千住駅の「LaLaテラス南千住」に行きました。

次に行ったのは常磐線沿線で、荒川沖駅から車で二〇分ほどのところにある「あみプレミアムアウトレット」、荒川沖駅前の一九八一年開業の「荒川沖ショッピングセンターさんぱる」、国道一六号と国道六号が交差したところから少し北側にある、SCの「モラージュ柏」や「イオンタウン松ヶ崎」、家電の「コジマ」や「ヤマダ電機」、「洋服の青山」「ニトリ」といった郊外型の大規模店舗が集まっている場所を見にいき、さらに柏市の髙島屋ステーションモールに行きましたね。

武蔵野線沿線にも行っています。先ほども話に出た、イオン系の日本最大規模のSM、「イオンレイクタウン」、それからオープンしたての頃の「ららぽーと新三郷」、さらに「イケア新三郷店」も見にいっています。

そのあと、東武東上線沿線で日本初のアウトレットモールといわれている、ふじみ野市の「アウトレットモール・リズム」。ここは本書ではほとんど取り上げられませんでしたが、フィールドワークで訪れたSMのなかでも非常に印象深かった場所のひとつです。なぜかというと、ほとんどお店が抜けてしまって、デッドモールになっていたからです。ここは今は「ショッピングセンター　ソヨカふじみ野」に変わっています。それから、東武東上線若葉駅前の「ワカバウォーク」。そしていわゆるSMではありませんが、序章や第4章でも触れた川越の二つの商店街が連合してSM化した「クレアモール」と、川越の蔵造りの街や菓子屋横丁にも行っています。

パシフィコ横浜で毎年開催されている日本ショッピングセンター協会の大会にも三度足を運び、隣接する「クイーンズスクエア」や、川崎の「ラゾーナ川崎プラザ」のフィールドワークにも行きました。初めて行った日本ショッピングセンター協会大会で見たSC接客ロールプレイングコンテスト全国大会の衝撃は、忘れられませんね。

もちろん、日本で最初の本格的郊外型SCということになっている「玉川髙島屋SC」と、新しくできた「二子玉川ライズ」にもできあがる前とオープン直後に行きました。それから日本のSCをイオン系のモールとともに代表する、あるいは別のかたちで代表するといってもいい、ららぽーとの「ららぽーとTOKYO-BAY」と「アーバンドックららぽーと豊洲」。

最後に、辻堂の「テラスモール湘南」と地元密着型SC「Luz湘南辻堂」も調査しました。後者はなんと言葉にしてよいかわからない奇妙な、地元感あふれる場所でしたね。あとでホームページを見てみると、キーワードは「地元愛」なのだそうです。

私個人は、自宅の近くに「流山おおたかの森のS・C」があって、フィールドワーク以外にも日常的に利用しています。これができる前は柏の髙島屋とそこに併設されている「柏髙島屋ステーションモール」でよく買い物をしていました。「モラージュ柏」や「ららぽーと柏の葉」にもときどき出かけます。その「ららぽーと柏の葉」ができたとき、当時六歳だった息子といっしょに出かけてみたら、同じ保育園の友だちに出会って、ららぽーとの通路をキャーキャー言いながら追いかけっこをしたことがあったのですが、今回のフィールドワークであちこちのSC・SMを訪ねるなかで、この時のことを改めて思い出しました。

今になって思うと、たとえば柏の街に遊びに行って友だちに出会っても、その場でキャーキャー言って走り回れないですよね。やはりファミリー層にとっては、さほど明確に意識されていないかもしれませんが、SCのひとつのメリットとして、「子どもが走り回っても危なくない」ということがあるように思います。これは見方を変えれば、SCは街のようで街ではない、ということです。有料のプレイスペースだけでなく、噴水のある広場のような子どもが立ち止まって遊べる空間、疲れたら子どもといっしょに座れるベンチ、お菓子をちょっと食べる場所などが確保されている。食べる場所もたとえばイトーヨーカドーのフードコートなどよりも公園に近く、それも本当の公園よりは良くも悪くも安心・安全な空間になっています。

また、やはり今回のフィールドワークで繰り返し感じたことですが、いろいろなSC・SMを訪れているにもかかわらず、「あ、ここ来たことがあるんじゃないか」というデジャブ感が、フィールドワークを重ねるにつれてより強く感じられるようになりましたね。安心・安全な、どこもどこか似通ったツルンとした印象で、しかも同じような店舗が並んでいる。

だから、そうしたものとは別の印象を与えるSCが記憶に残る。そのひとつは「アウトレットモール・リズム」です。もうほとんどデッドモールとなっていたこともありますが、初期のアウトレットモールであるためか、空間の構成が現在のものとは異なっており、たいへん印象に残りました。それから「モラージュ柏」でしょうか。先にも述べたように、私はここには日常の買い物でときどき行きますが、なんといったらいいのか、失敗しているようには見えないけれど成功しているようにも見えない(笑)。差し押さえのテープが貼られた店や、怪しげな水を売っているブースがあったりして、親密(ファミリア)な場末感があって印象に残っています。「ららぽーと」のゲームセンターには不良はいなさそうだけれども、「モラージュ柏」のほうにはひょっとすると不良がいるかもしれない、という感じです(笑)。どことなく商店街っぽいんですね。

中村　本書の第3章で、南後さんはSC・SMは単身男性が行きづらい、違和感のある場所だと書かれていましたが、そのあたりの具体的な体験についてお聞かせください。

南後　幼少の時と現在の二つに分けてお話ししたいと思います。私は大阪で一番人口の多いニュータウンで育ちました。第三セクターの泉北高速鉄道が走っており、泉ヶ丘という駅前のSCには髙島屋がキーテナントで入っています。七〇年代半ばにオープンした大きなSCで、スイミングスクールやカルチャースクールなどもあり、私はそこのスイミングスクールに近所の子どもたちといっしょに親が運転する車で通っていました。つまり、郊外のニュータウンでSCがカッコつきの「コミュニティ」を作っている空間で育ってきたわけです。七〇年代から次第に増え出したＳＣが今に至るまでと、自分が子どもの時から現在に至るまでとは時代がほぼ重なっています。

東京へ出てきてからは一〇年以上経ちますが、今回のフィールドワークがなければ、一人でＳＭに行く機会はなかったかもしれません。実際、ＳＭは家族連れや中高生のカップルが長時間過ごせる場所としてあり、単身男性一人では行きづらいし長時間はいづらいということが実感としてあります。別に他者からの、「孤独死」ならぬ「孤独視」を気にしているわけでもないのですが。

一連のフィールドワークで面白かったことは、いろいろなＳＭを訪れてモールを一通り歩くものの、(フィールドワークだからということもありますが)結局いつも何も買わなかったことです。歩き疲れたらカフェでミーティングをしていたので、その点はＳＭの戦略にはまっていたわけですが(笑)。ＳＭでは結局欲しいものが見つからなくても、まあいいかと許してしまえる。百貨店だと、わざわざ出かけて何か買わなければいけないという焦燥感めいたものが生まれがちですが、ＳＭでは何も買わずに長時間やり過ごしてもいい。そもそも買い物を第一の目的としていない人も多いわけですし。

フィールドワークで訪れたＳＭで印象的だったのは、まずは日本初のアウトレットモールである「アウトレットモール・リズム」です。真ん中に石畳があり、水の流れる小川がある。初期投資にかけたお金は巨額だっただろうと思います。閉店してリニューアルする前だったので、小川に水は流れておらず、テナントも空室だらけで、アウトレットモール自体がアウトレット化していましたが。立地としては駅から歩いて五分ぐらいのところにあり、駅直結型のＳＣに慣れている感覚からするととても遠く感じました。駅前にはチェーン店が数多く入居した新しいビルがあり、そちらはとても賑わっていました。わずか五分程度離れただけでデッドモール化してしまっていたアウトレットモール・リズムを見ると、立地条件の重要性を再認識させられました。スペインの建築家リカルド・ボフィルが設計した大屋根が架かっている「ラゾーナ川崎プラザ」はルーファ広場を取り囲む各階のデッキに傾斜が効いていて、上から下を覗き込んでも、下から上を見上げてもスタジアムやライブ会場のような一体感を感じることができるのが印象的でした。

それから「玉川髙島屋SC」は、増築を繰り返しながら街に面的なネットワークを展開しており、一般的なSMがそれ自体で完結し自立した空間であるのに対して、若林先生がおっしゃる「史層」をあちこちに発見できて面白かったです。SMってつねに完璧に保たれた空間ではなくて、空テナントが出てくると、先ほどの怪しげな水の販売やコイン式のマッサージチェアが増えたりと、徐々に破れやほころびが出てくるあたりが興味深かったです。

本書の第1章でも触れられていますが、「玉川髙島屋SC」がこれだけ業界内で評価されている理由のひとつは、百貨店をキーテナントとして誕生した初めてのSCであるということだと思います。七〇年代以降のSCの展開を追ってみると、やはり百貨店をひとつの理想モデルとしており、空間のスペックを上げていくときにも百貨店を頂点に位置づけています。SCには、百貨店の成り下がりというコンプレックスからくる負け組感があったと思えてならない。百貨店ほどお金をかけられないことが、モールの装置やテナントのレイアウトなどにさまざまな工夫を生み出すことにつながったともいえるわけですが。

ところが近年は、むしろSMが百貨店を取り込む――それもキーテナントでなくテナントのひとつとして――かたちになってきていて、SMのほうが勝ち組になっている。テナントである百貨店は、お年寄りが都心まで出かけることなく冠婚葬祭やお歳暮などに必要なものを揃えたいというニーズを満たせる場所にもなっています。最近、新宿の伊勢丹がリニューアルしましたが、内部は湾曲した動線の回遊型になっており、むしろ百貨店のほうがSMのノウハウを取り入れて時間消費型化している。ユニクロやZARAなどしかし、これは、しばらく前の時代の話になりつつあります。昨今は、SCやSMに百貨店がテナントとして入っている百貨店も増えてきています。このように百貨店とSC・SMの関係が反転したり、その境界が消失してきている。

個人的には、関西だと、モールという言葉を初期に施設名に導入した「くずはモール街」（「くずはモール」としてリニューアル）や「阪急西宮ガーデンズ」などに行きました。東の横綱が「イオンレイクタウン」だとすれば、「阪急西宮ガーデンズ」は西の横綱といえます。海外だと、コラムに書きましたが、ロンドンオリンピック2012にあわせて開業した「ウェストフィールド・ストラットフォード・シティ」や、スウェーデンのストックホルムにある世界最大のイケアなどに行きました。海外に行くと、ついでにSC・SMも見にいくのが癖になっています（笑）。イケアは日本ではだいたい二層ですが、ここは四層で、入り口を入るといきなり四階までエスカレーターで上げられ、一階までスパイラル状に下りていきながら商品を見る／見させられる空間構成になっていました。

今後は、「イオンレイクタウン」の三倍から四倍以上の店舗面積の超巨大SMが数多く出現している中国、GDP成長率や中間所得層の拡大とともにSMが急増しているインド、肌や髪を露出してはいけないという宗教上の理由から女性専用フロアのあるサウジアラビアなど、アジアや新興国のSMのグローバル／ローカルな現れについてもフィールドワークや調査を展開できればいいですね。

中村　関西と関東では違いはありますか。

南後　関西と関東という違いより、都心と郊外の違いのほうが大きいと思います。関西だからという理由ではありませんが、「阪急西宮ガーデンズ」は、駐車場が離れたところや屋上などではなく真ん中（コア）に設置されているのが特徴です。駐車場から遠回りせずに自分の行きたいテナントに効率よくアクセスできます。また、阪急百貨店がキーテナントとして入っていて、西宮北口駅という、東京でいえば二子玉川駅に相当するようなファミリー層や富裕層が多い地域ということもあり、ステレオタイプな言い方をしますと、神戸マダムとそのお嬢さんという母娘連れが百貨店に来たついでにモールを回遊している光景をよく見ました。私が日本で見たなかではいちばんラグジュアリー感があり、スペックの高いSMになっています。

中村　百貨店に行っていた人びともモール的な消費を楽しむといいますか、モールでの消費体験自体がひと昔前と変わってきているともいえますね。

若林　「モール的」という言葉が意味するものが案外幅広くて、難しいところですね。ただ、すべてに共通したモール的な買い物の仕方というものもあるように思います。先ほど南後さんが指摘したように、買い物しないでもいい「時間消費型」が多い。

今回の調査では、フィールドワークの他に、ショッピングセンターを開発・運営している企業へのインタビューも行いました。「ららぽーと」や「ラゾーナ川崎」を運営している三井不動産、丸の内のモール化を進めている他、プレミアムアウトレットを展開している三菱地所・サイモン(旧チェルシージャパン)の親会社でもある三菱地所、「玉川髙島屋SC」や「柏髙島屋ステーションモール」、「おおたかの森SC」などを運営する東神開発、そしてパルコです。で、三井不動産の商業施設本部の方へのインタビューによれば、「ららぽーとTOKYO-BAY」の場合、二時間から二時間半程度滞在する人が多く、その間七、八店をのぞいて、二、三店で買い物をするとのことです。二時間半のあいだひっきりなしに店舗に出入りしていれば七、八店よりも多くなるはずですから、結局ぶらぶらしている時間が長いということになります。歩きに行っているというか、〝いる場所〟、〝暇つぶしに行っている場所〟だともいえます。

田中　私は東京に住んでいたので、ショッピングモールに出かけてわざわざ何かを買うという経験は少なく、この研究会を通して意識するようになったというのが正直なところです。また、結婚してからは共同研究以外でも長野を中心とした地方のＳＣに意識的に出かけるようになりました。パートナーの親戚は、「誰々はどこへ行ったの？・」「アリオじゃない？・」という言い方を普通にしています。暇になると、車に乗ってＳＣやＳＭにちょっと出かける、といった感じです。それらはひとつの商業施設、あるいはいくつかの商業施設の集まりでしかないのですが、まるで市街地のような盛り場にちょっとお出かけする感覚なんですね。「ららぽーとＴＯＫＹＯ－ＢＡＹ」やその他のＳＣやＳＭに行ったときも、スケートボードの大会やダンス大会などの子ども向けのイベント、あるいは雑技団のパフォーマンスが開かれていて、さまざまな年齢層の方で賑わっていました。ディベロッパーの側も、家族連れ、若者、子どもたちがその場所で遊んだり時間をつぶしたりすることを見越したうえで回遊してもらおうという意図をもっていることがよくわかりました。こうしたことを見聞きしながら、地域社会におけるＳＣの役割の多様性や重要度が高まっていて、こういう空間をある種の「居場所」として生きるというリアリティはどういうものなのだろう、という疑問がわいてきました。

中村　楠田さんはよく行かれるとおっしゃっていましたが。

楠田　はい。中学生の頃、アメリカの田舎町に住んでいました。思い返せば、その町にはＳＭはありませんでした。毎週土曜日に車で一時間ほどかけて隣りの町にある日本人補習校へ通っていたのですが、そこには、大きなＳＭがいくつもあり、放課後に行くのが楽しみでした。

大学に入学して、つくばで暮らすようになってからは、二〇〇五年につくばエクスプレス（ＴＸ）が開通するまでは、つくばには大きな商業施設自体があまりなく、つくばセンターにジャスコと西武百貨店が中核のＳＣ、「クレオ」があったくらいです。けれども筑波大生が「クレオ」に行っていたかというと、ちょっと疑問です。ＴＸの開通に伴い、つくば駅と「クレオ」を連結するようにして専門店が約一〇〇店舗ある

「キュート」ができ、ようやく、つくばにも高校生や大学生が遊びに行く場所ができたような気がしましたが、それ以前には、日用品以外の買い物となると高速バスに乗って東京へ行かなければなりませんでした。ＴＸ開通の前年の二〇〇四年の三月、そこから歩いて一〇分ぐらいのところに「ＬＡＬＡガーデンつくば」がオープンしました。テラス式の店舗に大型のスーパー、ドラッグストア、ユニクロ、書店などが入っていました。そして、二〇〇八年に隣りの駅の研究学園に大型のショッピングモール、「イーアス」ができました。ＴＸの開通で都心で買い物する機会もつくばで買い物する機会も増えました。

中村　イメージとしては、女性のほうがＳＣの機能・役割を使い込んでいて、男性は女性の買い物についてきているだけという感じがありますが、女性にとってのＳＣというのは具体的にどのような存在なのでしょうか。

楠田　そうですね、推測にすぎませんが、たいていのものが揃っているからという理由でＳＣに行く女性は少ないかもしれません。あそこに行けば何が売られているかが頭に具体的に入っていて、その日の買い物のコースをあらかじめ設計できる、ＳＣのはしごや流しもありうると思います。

●人によって異なるSCの見え方

中村　先ほどからお話にあるように、ＳＣは、百貨店の続きとしての側面とスーパーの延長としての側面とが合わさった消費空間として郊外に存在しているのかなと思うのですけれども。

若林　その前にまず、女性にとってのＳＣについてですが、同じ女性でもライフスタイルや家族構成、働き方によってＳＣの使い方は違ってくるでしょう。男性でも、私のように平日の昼間でも時間がとれるような職業に就いている人や、土日に――私は嫌いな言葉ですが――「家族サービス」でSC・SMに行って、奥さんが買い物をしているあいだに子どもをゲームセンターで遊ばせている人、あるいはリタイヤして時間があるので近くのSCで過ごしている人など、さまざまでしょう。大規模な商業施設というのはそのようないろいろな使い方に対応できるようなかたちになっているのだと思います。そうすると、使い方によってSCは百貨店寄りになったり、スーパー寄りになったりする、ということです。

三井不動産でのインタビューをもう少し紹介しますと、「ららぽーとTOKYO-BAY」にはテナント店舗が五百何十店あるらしいのですが、先ほどもいいましたように、多くの人はそのうち七、八店しか行かないそうです。そうすると、同じSCでもそれぞれ人によって読み方が違うというのでしょうか、同じひとつの施設のなかで、個人の嗜好や階層のライフスタイルなどによって、そのなかの店舗は異なる選ばれ方をしていることとなります。そこで、たとえば同じようなライフスタイルに対応するある二つの店舗でも、それらの間が三〇〇-四〇〇メートル離れていると、一方の店舗に行った人はもう一方には遠いので行かなくなる。だから、類似した顧客層に対応する店舗を特定のゾーンに集めるというゾーニングで人を集めていくという戦略をとっているらしいのです。SC・SMは巨大なひとつの施設ではありますが、それをどんな人がどういうふうに使うかによって、その現れ方がまったく変わってしまうのです。

それから、ららぽーとには「ららぽーとカード」というポイントカードがあります。ツタヤの「Tポイントカード」のようなものなのですが、SCの側にとってそれは、誰がどんなものを買っているかという個人情報を集めるためにあるのではないということでした。知りたいのは買い物行動のパターンとその中の相関性、つまり、あるものを買った人は次にどこに行く傾向が高いのかという相関性を調べるためにある。たとえばペットショップに行った人、つまり犬を飼っている人が比較的よく買う服を売っている店があるとする。そうすると、ペットショップとそうした服を売っている店が三〇〇メートル以上離れていると戦略上好ましくないので、それらをすぐ近くにもってくるというかたちでゾーニングする。このような内部のゾーニングとそのためのデータ収集はSC経営にとって重要なノウハウなのだそうです。だとすると、私たちは自分でSCに行き、どこで何を買うかを選んでいるつもりが、じつはデータにもとづいたゾーニングによって選ばされているということにもなります。

ですから先に出たSCの女性としての使いこなしというのも、じつは運営側もデータにもとづいてそれを読んでいて、その読みにしたがってコーディネートされた空間のうえで動いているという、第3章で南後さんが書いているような工学主義的な空間の上でなされている可能性がある。

フィールドワークに行っても、私たちは〝研究のために訪れた社会学者〟という私たちの視点でSCを見てしまっている。研究者として研究に臨む際の、生活感覚を自覚的に除去していくことからくる感覚のなさから見てしまっているところがあります。もちろん、それによって初めて自覚的に対象化できる部分もあるのですし、研究者としてはそれにある程度賭けるべきだと思うのですが、でもそれによって本当に買い物に行っている人とはだいぶ違った意識や感覚になっている。一日にいくつもSC・SMをはしごして、ほとんど何も買わないんだから、これは普通ではないですよね(笑)。そうであるからこそ、南後さんがいうような単身男性としてのSCへの行きにくさとか、楠田さんのような独身女性としてのSCに対する感覚、あるいは、私のような自分の子どもとのSC経験などを研究の視点にも織り込みつつ、それらを研究者のまなざしで相対化していくことが必要なのだと思います。

南後　読んでいるようで読まされているということに関しては、第3章の「おわりに」で書いたことなのですが、SMの工学主義的な空間は、客を、振る舞いがコントロールされた受動的存在であると同時に、能動的存在であるかのように振る舞わせる。SMは、受動と能動のあわいを漂いながら、それぞれに振る舞える場所としてあります。SMには、レム・コールハースの言葉を借りれば「囚われの自由」というか、拘束された自由がある。

先ほど若林先生が八〇年代のパルコの経験が大きかったということをおっしゃっていたのを聞いて、そこの驚きがなく、パルコ的空間をすでにありふれた当たり前の環境として受容してきた世代の私にとっては、SMを記号や物語性という観点から読むという行為も新鮮なものではなく弛緩してしまっているがゆえに、工学主義的空間としてのSMのあり方によりリアリティを感じたんだろうなと再認識しました。

●立地のもつ意味

南後　中村さんがおっしゃったように、SCはやはり百貨店とスーパーの中間に位置づけられると思います。ダンベル型と呼ばれるSCの両端に配置されるキーテナントは、だいたい百貨店とスーパーです。玉川髙島屋SCを先駆けとして、従来都心にあった百貨店が郊外に出ていくにあたって、スーパーと組み合わせることが、その後常套手段になっていきました。

山田脩二さんという写真家が撮った、玉川髙島屋SCオープン当時の写真(『SD』一九七〇年二月号)があるのですが、庭に布団を干した民家や畑が周りにある空き地のようなところに建設されていて、郊外の未開発の土地にまさに地域の中心(センター)を作ろうとしたことがわかります。

六〇年代、七〇年代と郊外化が進んでいくなかで、百貨店も郊外に出ていく潮流の先駆けが玉川髙島屋SCだった。二子玉川は、国道二四六号と環状八号線と東名高速が交わる場所であると同時に、電車の田園都市線が走っており、七〇年代に渋谷と二子玉川間がつながるということも決定していました。自動車交通と公共交通機関の交点に戦略的に出店したわけです。玉川髙島屋ＳＣの開発担当者は、計画段階で立地場所について都市社会学者の磯村英一さんに相談し、二子玉川は今後、東京の副副都心になる可能性があるとお墨つきをもらったということですが、ＳＣというのは、建物やテナント以前の問題として立地をどこにするかということが重要だなと改めて思います。

若林　立地に関していいますと、これもインタビューするなかで見えてきたことですが、たとえば三井不動産とか三菱地所などはそもそも不動産業ですから、土地の価値をどう高めるかという手法のひとつとしてＳＣという用途が出てくるのだということでした。それに対してイオンは――じつはイオンは取材に対するガードが固くて、残念ながらインタビューができなかったのですが――少し違うのではないでしょうか。イオンはそれこそタヌキの出るところに出店するといわれていますが、それは安くて、ほかに大きな既存の商業施設のない場所であれば、当然みんなが集まってくるだろうという判断でしょう。これは不動産系のディベロッパーが考えているような立地感とは違うように思います。

南後　たしかにインタビューで印象的だったのは、不動産系のディベロッパーは土地の有効活用が第一で、商業は最優先ではないという言い方をされていたことです。土地の所有から利用へシフトしていくなかで、土地や街の付加価値を上げる選択肢のひとつとして商業施設があるにすぎない。七〇年代から続くリテーラー系のＳＣの流れに対し、九〇年代以降は不動産系が新しいプレイヤーとして参入してきたことも、ここ二〇年でＳＣ・ＳＭが目立ってきた要因のひとつですね。

若林　立地の話と関係しますが、不動産系の企業の方が語っていたことのひとつに「物件からあげられる利益を最大化してはいけない」ということがありました。ＳＣで利益の最大化を図ると、テナントはファッション系の店舗だけになってしまって、それだと多くの人にとって居心地のいい場所にならないというのです。109やラフォーレ原宿のような都心のファッションビルならそれでもいいかもしれませんが、巨大なSC・SMだとそれではよくない。つまり「買うことの価値」だけではなく、人びとに「居ることの価値」をどうやって発見させるのか、アメニティをどう高めていくのかということが、SCのディベロッパーの考えていることのひとつだと思います。

その一方でイオンにしても、環境への取り組みといったことを前面に出してきてもいます。「レイクタウン」などではそういうことをコンセプトとして打ち出していて、もちろんそれ自体がコマーシャル・メッセージでもあるわけですが、エコロジーのレトリックを使って立地の操作あるいは立地感覚を提示するようになってきています。

●視線と身体の透過性

中村　ゾーニングや導線といったことは、第4章で論じられている多様性、均一性、巨大性といったキーワードとつながっていくように思いますが、もうひとつ「透過性」というユニークな概念も出てきました。

若林　「透過性」という言葉で私が考えたことは、第一には視覚的に見通しが利くということです。現代の典型的なSCは、二－三フロアで、真ん中が吹き抜けになっていて、上と下が見え、遠くまで見通すことができます。でも多くはカーブしているのでどん詰まりまでは見えず、「どんどん広がっていく感」「入っていく感」がある。視線の透過度が高いということは、同時に身体が動いていくときに「通り抜けながら進んでいく」という感覚があるということであって、現代のショッピングセンターではそれが空間と身体感覚の基本になっているということです。

さらに、ショッピングセンターは訪れるたびにお店がリニューアルしていることが多く、たとえば「ららぽーとTOKYO-BAY」の場合、年間で一〇-一五%の割合でテナントが入れ替わっているそうです。音楽が流れゆくように、人が通り過ぎ、テナントが通り過ぎ、さまざまな商品が通り過ぎていく、そのような〝通り過ぎていく空間〟という属性も表したくて、「透過性」という言葉を使いました。

南後　使い始めのきっかけになったのは、やはり視線の透過性と身体の通り抜けていく感覚ですが、それがSCを単なる巨大な空間ではなく、ある種の運動性と経験の質感をもった場にしているのだと思います。

「透過性」という言葉に関して、見通しが利くというのは、近代という枠でいうと、たとえば一九世紀パリのオースマンの都市改造計画のような権力的なまなざしであって、異質なものを排除し、サーキュレーションを高めていくものでした。一方、現代のSMは、透過性があることによって闇が排除され、安心・安全な場所としてあります。透過性が空間化したモールに、監視カメラの遍在というテクノロジーも介在している。昔の権力的な計画主体のまなざしに起因する透過性と、現在のモールの透過性とはどのように関係していると若林先生はお考えですか。

若林　現代のSC・SMにおいて、ある種の管理と監視の権力がはたらいているのは、たしかにそのとおりです。監視カメラの存在だけでなく、店員やお客さん相互の視線からの明らかな死角がないことで、危険な行為をあらかじめ抑止してしまうような場所になっていますね。一時期、地方郊外の大型SCなどが危ない空間だといわれたことがあり、子どもがトイレから出てこないまま行方不明になってしまったというような都市伝説もありましたし、実際に、子どもが誘拐されたり殺されたりした事件も起きました。古いタイプのSCは、たとえば大きなジャスコがあって、隣りにお酒のやまやがあって、さらにダイソーがあってというふうに店舗が並んでいて、施設全体の透過性はあまり高くなく、スーパーのなかも棚が何列も並んでいて、列が変わると互いに見えなくなってしまうという、ある意味で見通しの利かない恐い空間でした。そうした古いタイプの空間と最近のモールとでは視線のテクノロジーが異なっており、そこに来る人びとの安心・安全感覚が違うように思います。百貨店とスーパーの中間がSCだという話がありましたが、たとえばトイレについてはむしろ現代のSCのほうが旧来のデパートより進んでいるところが多く、照明はとても明るく、危険な感じを与えない仕組みができているのではないでしょうか。

中村　田中さんは、八〇年代の消費論が語られなくなったあとの消費空間について本書で論じられましたが、八〇年代の消費論とそれ以後の議論の違いについてもう少し具体的にお聞かせいただけますでしょうか。

田中　第5章で書きましたが、かなりモール化が進んでいるとはいえ都心の百貨店に行くときはある種の緊張感があります。三越の入り口にあるライオンの像は百貨店が表現する消費文化の威容を表していて、何やら人を威嚇しているようです。一方、一般的なSMの場合は、するっと入れてしまう。大きなSMにはたいていペットショップがありますが、子どもたちがかわいらしいペットたちに引きつけられて群がっています。ライオン像とペットショップという比較は冗談のような話ですが、私にとっては百貨店とSC・SMという環境の違いをうまく表しているように思います。とりわけ二〇世紀の百貨店、あるいは八〇年代のパルコはいわば「文化」を強く押し出していて、そのせいもあって出かけるときに自分の服装なども考えてしまいますが、モールでは、着崩していても入っていきやすい。このように、かつての百貨店やパルコに見られるような「文化」を強く意識した、流行・ファッションを追うような大人たちだけを相手にしたものではないところに、ポスト消費社会のSCやSMに見られる消費活動の空間があるのかなと思います。

たとえば、現代のモールには子どもがすこし騒いでもいいようなスペース、あるいはお年寄りが休憩できるスペースとして、ホールやベンチ、フードコートも意識的に多く設置してあります。現在の百貨店にもそうしたスペースは増えてきていますが、巨大なSCやSMではそうしたリラックスできるスペースがより広く確保されやすいため、「大人であること」、行儀の良い振る舞いや流行のファッションを無理に強く意識しなくてもいいのかもしれません。たとえば、ディベロッパーの方へのインタビューでとても印象的だったのですが、あるモールには朝から健康のためにウォーキングをしている高齢者の方がいるそうです。ファッションやカルチャーを消費するウィンドウショッピングと区別がつかないこともあるとは思いますが、やはりウォーキングの重点は、健康や歩くといった身体的な部分にあり、人に見られるというよりも、どちらかといえば自分だけで充足した振る舞いだと思います。こうして気負いなくつらつらと歩くことができるのは、横に広いモールならではですし、あまりにも上下の移動が多くなる縦に高い百貨店では、なかなかみることができないのではないでしょうか。

八〇年代のパルコのいう「文化」はある種の思い入れを込めた熱い「語り」を誘いだすようで、それがストーリーやイメージのような場所の付加価値を作ることに貢献していたのだと思います。このことは当時、消費社会論が活発に語られていたこととも共振しています。しかし、現在の「自然」をテーマにしたSMは、なにも語らなくてもいい居心地の良さによって包まれているのではないでしょうか。それは南後さんがおっしゃるような工学主義的な空間構成の効果でもあるわけです。先ほどのモールのなかをウォーキングしていた高齢者が、モールのなかをすごいスピードでランニングし始めたら警備員さんが飛んでくるでしょう。そうした微妙な空間の管理や監視によって設えられた「自然さ」ではあるのですが、それを問わなければ、くどくどと消費社会論を語るまでもなく、なんとなく消費社会のなかにいることを楽しめる。また、そうであるがゆえに八〇年代的な語り口自体が流行遅れにもみえてくるし、あえて語ろうとすると、格差社会論や消費主義批判になり、なんだかお説教臭くなってしまう。かといって消費社会に批判的な人が消費社会のモノを買う快楽から自由かといえば、そうでもない。前者から後者の気負いのなさをみれば「ゆるい」と感じられるでしょうし、後者から前者のおしゃべりをみると「くどい」という感じがするかもしれません。

若林　田中さんのいう百貨店の緊張感は何に由来するのでしょうか。百貨店という商業施設を支える空間の設えと人の現れ方によるのではないでしょうか。古いタイプの百貨店は通路が狭く、四角いグリッド状の空間になっていて、その角ごとに店員がいて、「何をお求めでしょうか」とやってくる。店員の視線がつねに感じられて、気軽には商品を見られない。空間と人、両方が緊張感の理由になっています。一方、今のSCは人がそういうふうに出てこないようになっています。店員は店の中にいてその境界から外には出てこないから、圧迫感がなく、人は気軽に通り抜けていくことができます。その一方で、店員と目が合うと「こんにちは」とか「いらっしゃいませ」とか、軽い挨拶はしてくれる。押しつけがましくなく、フレンドリーでファミリアな感覚を演出しているのですね。

八〇年代にポスト・デパート的な消費空間として注目を集めたパルコの空間は、現代のSCやSMと同じように透過的ではあるけれども、そこでの身体感覚・空間感覚はむしろ迷走や遊歩というのでしょうか、角を曲がったら何があるだろうという迷路的空間になっていました。そこでも店員は出てきますが、百貨店のように制服を着た人が出てくるのではない。どんな人がいて、どんな商品があるのだろうかという、客も店員も互いに「イベントを待っている」感覚があったように思います。パルコは『ビックリハウス』という雑誌を出していましたが、パルコ自体がまさにビックリハウス的な空間性を、店内においても渋谷という街においても作り出そうとしていたところがありましたね。

南後　透過性は百貨店の入り口との違いにも表れていて、百貨店は入り口からして構えていて、デパートガールがいたりと、するっとは入れない。近年はデパ地下がどこの百貨店でも充実していて、デパ地下は地下鉄の駅に直結していることが多く、するっと入れてしまいますが、どちらかというと非日常的な空間になっている。一方、ＳＣは駐車場からにしても、駅前のペデストリアンデッキからにしてもするっと入れてしまう。

百貨店とＳＣの違いは、レストランとフードコートの違いにも表れています。百貨店のレストランはたいてい上階にあって、記念日に家族で出かけるようなハレの場所として機能してきました。一方、ＳＣのフードコートは、家族連れが多い点では同じものの、ファストフードばかりで、あくまで日常的なものです。

若林　でも、玉川髙島屋ＳＣのレストランは高級ですよね。そういう点でもあそこはデパート的、〝デパートがやっているＳＣ〟という感じです。

楠田　玉川髙島屋ＳＣに関連した文献を読んでいると、近隣の人たちにとって「私たちのＳＣ」という思いが強いらしいです。友人や知人が訪ねてきたときには、自慢のＳＣを案内することもあるようです。ディベロッパー（東神開発）の側も、不特定多数の人たちをお客さんと考えるのではなく、近隣の人びとを固定客としてがっちり捉え、その生活レベルに合わせて、良い時間を過ごしてもらう、良い商品を提供するということを念頭に置いているということです。

そう考えると、精神的に、日常生活に近いのがＳＣで百貨店の場合はやや日常生活から遠く切り離されたところがあるのかなと思います。

若林　そこはもう少していねいに考える必要があるでしょう。ＳＣよりもイトーヨーカドーやダイエーのほうがもっと日常的で、それこそエプロンやジャージで今晩のおかずや、ファッションに興味のない旦那の服を買いにいける場所になっています。そこではモノが剝き出しになっている感じがある。でもＳＣの場合は少し違う。それらの間には、いってみればイトーヨーカドーの肌着売り場や紳士服売り場とユニクロぐらいの違いがあります。イトーヨーカドー的な日常性とユニクロ的な日常性の違いは、現代の消費感覚や社会感覚を考えるうえでかなり重要なのではないでしょうか。

●新しいライフスタイルをどう作るかという「シソウ」

南後　百貨店とスーパーの中間という話をパラフレーズすれば、「百貨店＝非日常」と「スーパー＝日常」の中間ということになりますね。玉川髙島屋ＳＣが面白いのは、両者が混在していてどちらにも位置づけづらいことだと思います。オープンした当初の客の服装は、下駄履きの人もいれば正装の人もいたということですし。

若林　それはそのまま当時の世田谷区のあり方を示していますよね。もともといた農家の人や中小の工場で働いているような人たちと、都心に勤めていてあのあたりに造成された家を買った人たち、そうした人たち両方が住んでいました。

楠田　そういう人たちが都心に行かなくても都心でするような買い物ができる場所を提供するとともに、日常的な買い物もできるスーパーも併設したということですね。それから当時、スーパー系のＳＣがたくさんできつつあるなかで、高級化によって差異化を図ったというところもあって、さらに幅が広くなったのだと思います。

中村　そういう意味でいうと、海外のＳＭとは成り立ちが異なるのでしょうか。単なる郊外の巨大な消費空間というだけではなく、高級感というのは日本のＳＣのエッセンスのひとつといえますか。

若林　ある時期からはそうでしょうね。ＳＣという言葉の幅はけっこう広く、歴史的に内容が変化してきています。アメリカのSCの場合は、サバーバナイゼーション（郊外化）が進んでいくなかで、ダウンタウン的な空間を人工的に作っていこうという発想でした。日本の場合は、本書の序章でも触れましたが、大規模団地が造られたことに伴う「団地のSC」がありました。それまで商業空間がなかったわけですから、団地の中心に、生活必需品を提供する区画を作った。これが日本のSCのひとつのルーツだと思いますが、これはSC業界的な意味でのSCではありません。

もうひとつ大きいのは、第1章や第5章で触れられたように、玉川髙島屋SCが成立する前にダイエーがSC化しようとしていたのですが、これはむしろ「巨大なスーパー」でした。それに対して玉川髙島屋SCは、「デパート的なものを郊外でもう少しカジュアルなかたちで」という発想であり、このポジショニングこそ、今の日本のSC業界の人たちが自分たちが占めるべき場所だと思っているところだと思います。このポジションを作り出しえたがゆえに、玉川髙島屋SCは日本のSCの起源として参照され、正統化され続けているのではないでしょうか。ダイエーだとそうはならない。ダイエーはキーテナントにはなるけれども、それ自体がSCになることはできません。

東神開発のインタビューで面白いと思ったことは、丸の内とか都心に店舗展開しているお店のオーナーさんたちが二子玉川あたりにけっこう住んでいて、そうした人たちが玉川髙島屋SCのお客さんになっているという話でした。これがじつは玉川髙島屋SCを生み出している社会地理学的な背景だと思います。世田谷区のなかのあの場所というのが重要で、それは玉川髙島屋SCがSCとして成功した理由であるだけではなく、今日にまで続くSC的なるもののあり方を方向づけてもいたのかなと思います。玉川髙島屋SCが成功したからということもありますが、より広い文脈で考えると、やはりそれは第1章で楠田さんも触れているように、阪急沿線の郊外開発や田園調布などの系譜に連なる、日本の郊外化が目指していたひとつのかたちだったということでしょう。

比較的豊かな中産階級のライフスタイルをどうやって作っていくか――それを支えるものとして阪急も東急も百貨店を展開したわけですけれども――、そうしたものの延長線上にあるわけです。したがって、日本の第二次世界大戦前に遡る郊外開発、あるいは都市で働く勤め人(サラリーマン層)のライフスタイルをどのように作っていくかという「シソウ」――この場合は歴史の層としての〝史層〟とイデオロギーとしての〝思想〟の両方ですが――、そういうもののなかに位置づけることができるのではないでしょうか。

●本書と他のSM論との違い

中村 本書は、三浦展さんがおっしゃっているような、いわゆるファスト風土化のなかで語られるSC・SMのあり方とは異なり、髙島屋があってパルコがあってというところにSC・SMを系譜づけていることが、ひとつの大きな特徴だと思います。その意味で三浦さんや、あるいは『思想地図β』などで語られているSC・SM論との切り分けについてお話しいただけますでしょうか。

若林 三浦さんの議論についていいますと、三浦さんの考察の中心にあったのはもっぱら地方都市郊外のジャスコ、ツタヤ的な国道のバイパス沿いのようなところで、それはやはり現代日本のSCのあり方の一面としてはあると思います。しかし、三浦さんの郊外論にしても、それにつながるファスト風土論のなかに出てくるジャスコ論にしても、そうした側面はたしかにあると思いますが、それで郊外やSCをすべて切ってしまうことはできないと思うのです。また、ジャスコ的なものが、三浦さんが論じているようなネガティブなものだけなのかというと、必ずしもそうではありません。三浦さんが編集長をしていた頃の『月刊アクロス』（註：パルコが出していたマーケティング誌）が取り上げていた八〇年代のパルコや、パルコ的な都市の消費文化、その郊外への展開として見出された「第四山の手」のライフスタイルなどと比べるといかに貧困な消費文化に見えたとしても、そこにはたしかにある種の〝豊かさ〟や〝楽しさ〟が発見されていて、それは、もともと地元にあった百貨店ともスーパーとも違う、第4章で角田光代さんの『空中庭園』を参照しながら考えたように、そこに行けば東京で売っているものが買えるという「小さな東京」のようなイメージなのだと思うのです。そこを見ないと、人びとが地元の商店街でも百貨店でもなく、SCに引かれる理由がわかりません。そこで何が魅力なのかと考えると──玉川髙島屋SCと郊外のジャスコをいっしょにするなよという人もいるかもしれませんが──、ある場所から見るとジャスコの中にも玉川髙島屋SCのようなものが見えてしまう、そういう構造が現代の日本社会にはあるのではないかと思うのです。

それから、『思想地図β』に登場し、『都市と消費とディズニーの夢』（角川oneテーマ21）としてまとめられた速水健朗さんのSC論もとても興味深いものですが、基本的には新自由主義論ですよね。都市計画の民営化によって資本がすみずみで収益を上げるように入り込んでいくことを、速水さんは「ショッピングモーライゼーション」という言葉で考察しています。しかし私たちがやろうとしてきたことは、速水さんがいうような資本の論理と関係はしているけれど、そこに還元することはできない、SC、SMのなかに見えてくる都市や空間の論理を考えることだったと思うのです。

南後　速水さんによる「ショッピングモーライゼーション」という言葉は、本書で扱っているモール化する社会や、SM的なるものが反転して街に出ていく現象と重なる部分が多々あると思います。ただし、速水さんの使うSMという言葉はメタファーに近く、資本や新自由主義という言葉にも置き換えることができてしまう。それらの言葉を使ってもよいのに、SMに回収してしまう点には少し違和感を感じます。それから速水さんの『都市と消費とディズニーの夢』は、アメリカのことに大半のページが割かれています。アメリカの存在はたしかに重要なのですが、私が第3章で重視したかったのは、百貨店文化のコンテクストなど、日本のローカリティでした。アメリカやディズニーの影響ももちろんあるけれども、日本のSCが主に七〇年代から台頭してきたことを鑑みて、大阪万博を大きなファクターとして位置づけていることが大きな違いです。

『思想地図β』第一号の座談会には私も参加していていろいろ刺激を受けたので切り分けることは難しいのですが、東浩紀さんに関していえば、SMそれ自体というよりはSMを通して、車社会を前提としたというか、複数の速度が共存する公共圏、グローバルな消費社会や排除の論理の先に広がる多様性などについて考えることに関心があるのだと思いました。

若林　アメリカについていうと、たとえば玉川髙島屋SCを開業する前に企画者たちはアメリカにも調べには行っていますが、直接モデルになったのはスウェーデンのSCですね。ららぽーとの話を三井不動産でうかがったときも、もちろんアメリカも見ているけど、むしろヨーロッパの都市のような場所を作りたかったといっていました。アメリカ的なもの以外にヨーロッパの都市や場所へのあこがれがあり、なおかつそのうえで日本という条件がどういうふうにはたらいているかということになると思います。

南後　スウェーデンを参考にしたもうひとつの理由は、車の利用率の違いです。玉川髙島屋SCの開発担当者が視察したスウェーデンのSCは、客の車利用率が五割で、残りの五割が電車やバスなどの公共交通機関でした。玉川髙島屋SCがオープンしたときは、車の利用率は三割で、七割が公共交通機関でした。アメリカは車の利用率がもっと高いので、公共交通機関の利用に対応したSCのあり方でいうと、アメリカを参照するよりはヨーロッパのほうがモデルとして近かったのではないかと。

若林　その一方で、世界各地の〝すぐれたＳＣ〟を取り上げた写真集の『Winning Shopping Center Designs』などを開くと、パッと見ただけではどれがどの国のＳＣかわからないですよね。その意味で、アメリカのＳＣがアイディアの源泉だったり、ヨーロッパのＳＣをモデルにしていたとしても、グローバルな資本の展開のなかで、さまざまな世界の成功事例を取り込んでいて、それによって世界のどのＳＣも無国籍化しているということはあるでしょう。そうしたグローバルな展開の中で、日本のイオンや髙島屋などは海外展開をしているわけです。そうするとインターナショナルな舞台のなかで、ＳＣ的な空間とかモードが広がっているという側面もありますよね。世界的に見て日本のＳＣが新たにつけ加えたことはなにかあるのでしょうか。

南後　田中さんが第2章で書かれていたような七〇年代のコミュニティとか八〇年代のカルチャーというのは、やはり駅を中心とする公共圏に接続したＳＣという、日本の独特な形態によるもので、アメリカのＳＭにはそういう光景はあまり見られない。それから、接客サービスのパッケージにも日本独特のものがあるのではないでしょうか。百貨店型教育の遺伝子とでもいうべき、ホスピタリティあふれる接客教育や、客の声を売り場へ忠実に反映させるきめ細やかさは、日本のＳＣがアジア展開していくにあたっての武器のひとつになっていると思います。

●　時代によるＳＣの役割の変遷

中村　今またＳＣにコミュニティ的な要素が求められている背景としては、どういったことがあるのでしょうか。

田中　大店法の改正による規制緩和でたくさんの大きなSC・SMができて、街を壊してしまうのではないかというような批判が多く出たことに応えるかたちで、二〇〇〇年代になって日本ショッピングセンターが刊行している業界誌に、日本型SCは何かとか、街づくりにおけるSCのあり方というような特集が組まれるようになりました。もともとは、七〇年代にSCはコミュニティのセンターになるはずだといっていて、それ以降も街づくりということは継続して語られてはいたのですが、規制緩和以降の批判にどう対応していくかということが、大きな文脈としてあるのだと思います。

南後　大まかな流れとしては、第2章で田中さんがまとめられたように、七〇年代がコミュニティで、八〇年代がカルチャー、九〇年代がエンターテインメント、二〇〇〇年代がエコロジーというのは、そのとおりだと思います。ただ、今回、協会誌を一九七三年の創刊号から現在まですべて通読してみました。そこで感じたことは、SC業界に限らないことだと思いますが、やはり組織というのは立ち上げの一〇年間が混沌としていて、いちばん面白い。向かう先や方向性が見定まっていないなか、あらゆることを試みようとしていた形跡がうかがえます。コミュニティ、カルチャー、エンターテインメント、エコロジーという要素は、最初の一〇年間でほぼ出揃っていて、すでに七〇年代のSCにそれらの要素は内包されていた。その後の展開のなかで、社会の変化や要請によって、そのウエイトが変わっていっただけともいえるのではないでしょうか。

田中　最初のころの面白さはおっしゃられたとおりで、業界誌の「日本のSC」というページで最初に取り上げられていたのはパルコでした。つまり七〇年代にすでに、パルコというものがSCのある種のあこがれの姿なっていたということです。私自身、コミュニティ、カルチャー、エンターテインメント、エコロジーという区分けをしたことについて第2章でも何度か断り書きを書いています。ただこのことを何度もいっていると、方法論的な選択の表明をしたつもりが、ただ言い訳しているように思えてくるのですが(苦笑)、かなり初期からそれ以降の業界誌に出てくる要素はさまざまなかたちで語られています。それに関していうと、楠田さんが第1章でお書きになっている玉川髙島屋ＳＣの面白さは、そうした原型と歴史の層が目に見えるかたちで積み重なっていることなのかなとも思います。日本のＳＣの「起源」や「原型」として参照されることの多い同店は、時代ごとにどこにＳＣらしさを求めるのかの観点が異なっているようにも見えます。地域のコミュニティに連なっている点、あるいは屋上に庭園がある点、百貨店が核になっている点、また充実したカルチャーセンターを備えている点、それぞれの時代の「ＳＣらしさ」を投影できるような場所としてあります。ある意味、ＳＣはつねに「街」たろうとしてきて、その時ごとの「街」像を立ち上げてきたといえると思います。けれどもすべてのＳＣが継続性をもってその「街」像を維持できるわけではありません。基本的には商売ですから。玉川髙島屋ＳＣは、そうしたそれぞれの時代の「街」像を組み換えながら維持してきたようにも見え、そうしたいくつもの「街」像やそれらのズレを包含する「メタ街性」ともいうべき雰囲気を全体としてもつようになったのではないでしょうか。それを「歴史」、あるいは時間の蓄積をもつ空間としてみせているからこそ、「街」にあこがれるＳＣの原型として繰り返し参照されているのかもしれません。

若林　コミュニティ、カルチャー、エンターテインメントというのは、協会誌の上での語り口の変化としてはたぶんそのとおりなのですが、カルチャーやエンターテインメント自体が、ＳＣやＳＭにおいては、そのようなものを介してでなければコミュニティが確認できないということにもなっていると思うのです。ＳＣはどこもいろいろなイベントを仕掛けていくことを重要視しています。それはなぜかというと、不特定多数の人を集めるということももちろんありますが、それによってＳＣにおけるある種のコミュニタスを生み出すことができるからでしょう。「コミュニタス」というのは人類学者のヴィクター・ターナーの概念で、儀礼や祝祭状況において社会の通常の秩序が流動化して、人びとが日常の枠を越えて交流・交歓しあえるような状況を指す言葉です。いまや多くの地域で、その地域の商業拠点であるというだけでなく、人が一番集まる場所がSCになっています。そうした場所で地元のフラダンスのサークルだとか、音楽サークルとかが公演することによって、普段、街で暮らしていると見ることのできないコミュニティが可視化し、普段は見えない人びとの表情が見えてきます。つまりコミュニタス的な状況を生み出してコミュニティを可視化するための装置として、カルチャーやエンターテインメントがうまく機能すると、SCのイベントがうまく回っていくのだと思うのです。地域のなかで受け入れられているという感覚がSCにも出てくるし、地域住民にとっても自分たちのSCなんだ、自分たちの舞台なんだということになっていく。エコロジーはそこからさらに、「SCも市民の一員としてみなさまといっしょに地域の持続的な成長を支えていきます」といった参加感覚を生み出すかたちで機能しているのではないでしょうか。

田中　九〇年代のエンターテインメントは、遊びとして参加するということなのですが、遊びの参加だけではなく、ある種の責任感覚で参加していくというような、大店法改正以降の年代にふたたび注目されていくコミュニティとある程度地続きの部分もあるのだと思います。七〇年代的な〈コミュニティ〉とは異なる部分もありますが。

また、第2章でもすこし触れたことなのですが、特定の空間において人びとの協働を計画・統御するというSC・SMの基本的な発想には、人びとの「集い方」や「関わり方」という広い意味での「コミュニティ的なもの」が基礎的問題や社会的事実としてつねに存在しています。第2章のタイトルである「〈社会〉を夢みる巨大商業施設」に込めた意味もそこにあります。ともかくもつねに「巨大な」施設だったわけですから、大量の人が集まることが期待され、実際に多くの人びとが訪れるし、周辺地域の人びとも否応なく巻き込まれる。ですから、そうしたＳＣ・ＳＭという空間における「集い方」や「関わり方」のモードが歴史的に変容しながらも、そのつど「コミュニティ的なもの」（とは何かという問い）が何度も回帰する構造があるように思います。たとえば、ＳＣ業界誌においても、街づくりや地域社会というのはつねに語られてきました。逆にいえば、いまおっしゃっていただいたように、第２章で検討した言説の変容――カルチャー、エンターテインメント、エコロジーは、そうした広い意味での「コミュニティ的なもの」（「集い方」や「関わり方」）を問わざるをえないＳＣの構造のさまざまなかたちでの変奏といえるかもしれません。その意味でも、七〇年代のＳＣ業界誌――第２章でいうコミュニティの時代――の面白さは、ＳＣ・ＳＭという「社会的な場」の原型が裸の状態で立ち現れてくるときの緊張感ではないでしょうか。

南後　ちょっと話が戻るのですが、先ほどのパルコが「日本のＳＣ」の最初に取り上げられていたという話に関連して、パルコの方へのインタビューで印象的だったのは、パルコは一九八八年に東証一部に上場していて、上場すると冒険がしにくくなり、その後おとなしくなっていったとおっしゃっていたことです。パルコの上場を八〇年代と九〇年代の境として考えると、九〇年以降は、本書で典型的に扱っているようなＳＭが台頭してきます。パルコがすでに七〇年代、八〇年代に先取りしていたことを、九〇年代以降のＳＭが後追いしていくという流れが見えてきます。

渋谷のパルコは、公園通りに立地展開することで、点を線にして、その線がネットワーク的に連なって、面的な渋谷という街を作り上げてきました。しかし、今はもう公園通りの上まで人がなかなか上がらなくなってきた。駅前の渋谷ヒカリエなどの商業施設に客がとられつつある。点→線→面という流れから、もう一度、点に回収されるという現象が、日本のあちこちで見られるようになってきています。そこでやはり感じるのは、鉄道というインフラの強さというか、鉄道という交通と商業施設という流通の親和性の高さです。

そもそも、もともと大量の人がいる駅に出店したほうが効率がいいわけですから。
最近でも、私鉄だと、東急は渋谷ヒカリエ、東急プラザ表参道原宿、二子玉川ライズ、ＪＲだと、大阪にしろ札幌にしろ、全国各地にステーションシティを作って圧倒的な集客数を誇っている。百貨店の頃からそうでしたが、やはり鉄道と商業施設の関係は歴史的にも根深いですね。

楠田 今の話を聞いて思い出したのですが、パルコのインタビューで、パルコというＳＣは増田通二さんが発明したものだと、つまり銀座や元町などに広がっていた専門店街という商業空間を、ひとつのビルのなかに詰め込んだもので、このような商業施設はそれまでになかったのだとおっしゃっていました。先ほどパルコが点を面にしたという話がありましたが、その初めには、面として街に広がっていたものを点にしたということが流れとしてはあったのかなと思います。

中村 沿線が延びたことによって新しいスポットができては、それまでのスポットが配置替えされるということをくり返しながら都市が変容していっているということもありますよね。

●SC・SMをめぐる今後の課題

田中 日本的なＳＣ・ＳＭが鉄道などの公共交通機関との兼ね合いでできあがっているということは、取り組んだ初めから抱えている問題です。この共同研究で最初に向かったつくばエクスプレス沿線のＳＣ・ＳＭは、やはり東京に隣接する郊外地域ということもあり、かなり特殊な条件といえます。つまり、新しい路線、新しい駅、そしてそれに隣接する新しいＳＣ・ＳＭ、場合によっては新築のタワーマンションがあるだけで、ほかにはなにもないか、生活するうえでほとんど存在感を失っている。そんないわば「ＳＣ・ＳＭだけで完結しうる世界」です。「ＳＣ・ＳＭという世界」という理念型を構成するうえで、このＴＸ沿線というフィールドの選択は――共同研究に取りかかった時期と私たちが居住していた地域の偶然のめぐりあわせだったとしても――結果としてかなり良かったのではないかと思います。

しかし、地方に行くと明らかに違うリアリティがあって、単純にそういってしまっていいのか。むしろ、ＴＸ沿線にみえる純粋な「ＳＣ・ＳＭという世界」のほうが特異な例ではないかとすら思えてきます。たとえば新潟亀田のインターチェンジにあるＳＣは、亀田駅からアクセスできないことはないですが、結果としてインターチェンジありきで三つの巨大モールがあり、それだけである種の商業空間が成り立っています。こうしたことを考えると、首都圏と近郊の鉄道路線網が広がっている範囲に見えるＳＣ・ＳＭと、地方で暮らしているときに見えるＳＣ・ＳＭにはやはりズレがあるのではないでしょうか。そうすると日本型ＳＣと一口にいってしまってよいのかというのは、今後の課題としてあると思います。

もう一点、それに関連して加えさせていただくと、先ほど整理された「スーパーは日常」「百貨店は非日常」「ＳＣ・ＳＭはその中間」というのは、たいへんきれいですし、いまでも通用する部分はあるとは思います。ただ、そこには既視感があって、それがずっとひっかかっていて途中から議論のフォローに遅れ出したのですが、ＳＣ・ＳＭの現在を考えるうえで二つほど留保が必要だと思えます。ひとつは、第２章でも述べたことなんですが、そのような区別とＳＣの位置づけ自体が一九八〇年代的なＳＣ業界の言説をあまりにもきれいになぞって見えるということです。だとすれば、八〇年代的な消費社会論の文脈に沿った整理によって、現在のＳＣ・ＳＭを切りとってしまうことにならないか。二つ目は、百貨店にアクセスしにくい地方の人びとにとって、都会の人にはスーパーの類にしかみえないかもしれない、かつてのジャスコやダイエーなどを中心としたＳＣ・ＳＭもやはりある種の「非日常」だと思うんですね。たしかにＴＸ沿線であれば、近隣のＳＣ・ＳＭに出かけながらも、さらにその先に東京があるという、いわば東京と「地続き」の感覚をもつことができます。ですから、近隣のＳＣ・ＳＭを東京からの引き算で考える（＝東京の百貨店ほど高尚ではないけど楽しいＳＣ・ＳＭ）ことになるでしょう。しかし、地方における東京は、同じように地続きの存在として見なすことは難しいのではないでしょうか。つまり、はなから先の区別を強く意識する必要がないＳＣ・ＳＭは、地域に存在する貴重な商業施設であり、いわば日常生活のなかの「飛び地」のように東京やグローバルなネットワークの非日常を加えてくれる足し算の施設といえると思います。このＳＣ・ＳＭの立地感覚の違い（「地続き」と「飛び地」）は、線路が固定されている鉄道と経路が選択的になる自動車という交通メディアの差異としてとらえることもできるかもしれません。

そう考えると、鉄道駅と百貨店を軸にしてＳＣ・ＳＭを考えること自体が、八〇年代の都市（論）的な発想で日本社会のさまざまな地域に広がる現代のＳＣ・ＳＭを考えることになってしまう。たとえば、これまで何度もとりあげられた玉川髙島屋ＳＣでは開業当初から、電車利用客と自動車・バス利用客の割合が拮抗しています。そして、この自動車利用客への対応が同店の大きな課題であり続けてきました。もちろん、現在の都市論にもＳＣ業界にも大きな影響を与えた八〇年代的な都市論の発想から容易に自由になれるとは思わないですし、歴史的にも鉄道駅と百貨店が日本近代の消費文化の起点のひとつになっていることは間違いない。けれど、こうした都市からのまなざしの特殊性を意識しないと歴史性と地域性という二重の意味でＳＣ・ＳＭの現在をとらえそこなってしまうことにも注意が必要だと思います。「モール化する都市と社会」という本書のテーマは、郊外化やモータリゼーション、あるいは情報ネットワーク化という要因によって曖昧になりつつあるようにみえる「都市／地方」や「非日常／日常」のすみわけのリアリティを、ＳＣ・ＳＭがどのように代補してきたかを問うてきた部分もあると思いますので。ＳＣ・ＳＭが百貨店とスーパーの中間であるという整理は卓抜なだけに、その「中間性」のリアリティを新たに分節する語彙が必要とされているのだと思います。そして、「あいだ」にみえること、あるいはその位置づけにくさや中途半端さゆえに、各地のＳＣ・ＳＭがさまざまな人びとが集まる実質的なパブリックスペースになっていくことは、規範的な意味における公共性や共同性という問いを地域社会に喚起しているように思います。

南後　そうですね。今後の課題としては、地方の問題も考えていきたいですね。最初に若林先生にお話しいただいたように、私たちは基本的には関東を中心にフィールドワークしてきました。地方では従来は駅前に人が集まっていたわけですけれども、今はＳＣ・ＳＭがまさしく人の集まるセンターとなっている。つまり、人が集まるところが公共交通機関からＳＣ・ＳＭに変わってきているというズレがどのような問題を生んでいるかについても考えていきたいと思います。

若林　今の関係でいうと、たしかにＳＣ・ＳＭは、ある種の公共性の空間、共同性の空間になってきていると思います。今まで日本の地域社会における公共性、共同性の空間は、鉄道の駅に代表される公共交通ベースでできあがっていました。東京周辺のＳＣ・ＳＭはまだその軸の上に乗っていて、大きな駐車場はあるけれども、電車やバスで来る人もそれなりにいて、これまでの街の中心からちょっと離れたところに新しい中心ができたというかたちで機能しているところがあると思います。そうしたものから分離した車ベースの広大な空間ができたとき、その中の「中心」としてあるＳＣやＳＭが地域のなかで何を引き受けることができるのかは、重要な問題でしょう。これはＳＣやＳＭを作っている資本やディベロッパーだけの問題ではなく、やはり地域に住んでいる人びとが公共や共同ということをどう受け止めていくのかということとの関係で考えていかなければならない。今回のフィールドワークでも、ＳＣ・ＳＭに市役所の出張所があったり、医療機関が集まっていたり、塾や音楽教室などの習い事の教室があったり、公民館的な施設が入っていたりするところがありましたね。選挙のときだって、候補者は駅前だけでなくＳＣ・ＳＭの近くで演説する。それはＳＣ・ＳＭが都市や地域に深く組み込まれた施設になったということであると同時に、私たちの都市や社会がＳＣ・ＳＭという巨大商業施設、しかもいまや単に商業施設という点だけからでは捉えられない巨大な空間装置を組み込んだものになったということです。そうした都市や社会の中で、住民や来訪者、ＳＣや自治体が、それぞれＳＣ・ＳＭという巨大商業施設を公共的な場として関わりあうアクターとして、同じレベルで議論をし、地域を考える仕掛けや場所が必要なのだと思います。この意味で、ＳＣ・ＳＭは単なる民間商業施設ではない、社会性や公共性をもった「都市空間」になってきているのだと思います。

（了）

関連年表

西暦	時期区分	社会の動向 歴史事項	都市環境の変化	流通業界の動向	SCの動向	主なSC開設
1877	第二次世界大戦以前	内国勧業博覧会	都心中心商業地の開発		百貨店の時代	
1904				三越呉服店「デパートメントストア宣言」		
48	占領期			日本百貨店協会設立		
52						東京駅名店街
56	高度成長期	経済白書「もはや戦後ではない」		（新）百貨店法公布、西武ストアー（西友）設立	駅ビルと駅地下街	
57				主婦の店ダイエー設立		サンロード（名古屋地下街）、数寄屋橋SC
58		岩戸景気、東京タワー完成				駅ビルかわさき
59		第一次安保闘争				横浜高島屋、姫路駅フェスタ
60		所得倍増計画と「三種の神器」の流行	中核都市の駅周辺の開発			
62		東京都人口が一千万人突破		林周二『流通革命論』、スーパーマーケット急増		天王寺ステーションデパート、蒲田駅ビル
63		日本初の高速自動車国道開通（名神高速道路）				PERIE（千葉）、梅田地下センター、博多ステーションビル

『JCSC「30年史」2003』（日本ショッピングセンター協会）所収の「関連年表」、「開発年表」、「年次別協会事業活動」、『ショッピングセンター』一九九〇年六月号所収の「1981年～1989年（年表）」、『SC Japan Today』二〇〇九年一、二月号所収の「SCクロニクル（年代記）1990～2008」などを参照して作成した

64	高度成長期	東京オリンピック、東海道新幹線開業	中核都市の駅周辺の開発	ボランタリーチェーン組織化の活発化	駅ビルと駅地下街	ダイヤモンド地下街（横浜）、新宿ステーションビル、池袋ショッピングセンター（地下街）
65		新三種の神器（3C）				八重洲地下街、さんちか（神戸）、広島ステーションビル、渋谷東急プラザ
66		日本総人口一億人突破				新静岡センター（バスターミナル）
67		日本の自動車保有台数一千万台突破、中央自動車道開通			モータリゼーションと郊外型大型商業施設の開発	大宮ルミネ、メルサ（名古屋バスターミナル）
68		大学紛争活発化、日本のGNP世界第二位に		ケヴィン・リンチ『都市のイメージ』翻訳刊行（原著は一九六〇年）		ダイエー香里店、イズミヤ百舌鳥SC
69		東名高速道路開通		ビクター・グルーエン、ラリー・スミス『ショッピングセンター計画』翻訳刊行（原著一九六〇年）		**玉川高島屋SC**、**池袋パルコ**、阪急三番街（地下街）、吉祥寺ステーションセンター
70		大阪万博	モータリゼーションの進展と郊外化	すかいらーく一号店開店、ダイエー年商一〇〇〇億突破		千里中央センター専門店街、ユニモール（名古屋・地下街）
71		ニクソンショック		マクドナルド日本一号店開店		さっぽろ地下街、阪急ファイブ
72		「日本列島改造論」発表		ダイエー小売業売上一位、雑誌『ぴあ』創刊		シャポー船橋、小岩ステーションセンターポポ、くずはモール街
73	安定成長期	オイルショック、円変動相場制に移行		**大店法公布**、日本SC協会設立	ニュータウン対応型SC開発、SCの2核化・多核化、SCの機能の複合化の開始	**渋谷パルコ**、新宿サブナード、エスカ（名古屋・地下街）、相鉄ジョイナス、平塚ステーションビルラスカ、金沢スカイビル、取手カタクラショッピングプラザ、宮交シティ
74				百貨店法廃止、セブンイレブン一号店開店、ディスカウントストアブーム		宇都宮ステーションパセオ、岡山一番街、広島センター街、住友3角街、グリナード永山（多摩ニュータウン）

西暦	社会の動向 時期区分	社会の動向 歴史事項	都市環境の変化	流通業界の動向	SCの動向	主なSC開設
1978	安定成長期	成田、新東京国際空港開港	郊外化の進展と市街地再開発		ターミナルファッションビルの開発活性化、地元主導型SC開発の本格化	エルナード（亀戸ステーションビル）、セントラルパーク（名古屋・地下街）、エス多（札幌ターミナル）、エスパル（仙台）、なんばCITY、ラフォーレ原宿
79		第二次オイルショック		改正大店法施行、J・ボードリヤール『消費社会の神話と構造』翻訳刊行（原著一九七〇年）		渋谷109
81		アメリカの対日貿易赤字史上最高額		田中康夫『なんとなく、クリスタル』刊行		**ららぽーと船橋SC**、北上パル（江釣SC）
82		上越新幹線開通		デザイナーズブランド人気		高崎ターミナルビルモントレー、弘前ステーションビルアプリーズ、たまプラーザ東急、立川ターミナルビルウィル、小田急本厚木ミロード
83		中国自動車道全通		**東京ディズニーランド開園**、SC一〇〇〇店突破、無印良品一号店開店		アミコ（徳島）、新所沢パルコ
84				アクロス編集部『パルコの宣伝戦略』刊行	跡地開発活発化、テーマパーク型商業施設の活性化	PRIMO（大森ターミナルビル）、小田急新宿ミロード、モリタウン、有楽町マリオン
85		日本電電公社、日本専売公社の民営化、男女雇用機会均等法成立、プラザ合意		小衆化・分衆化論、新人類論、DINKS流行		**つかしん**、水戸駅ビルエクセル、筑波クレオ
86		前川リポート、バブル景気始まる（〜91年）		DCブランドの流行		京王聖蹟桜ケ丘、香林坊アトリオ
87		国鉄分割民営化		セブンイレブン三〇〇〇店突破		新宿ルミネ2、仙台141、日比谷シャンテ

年	時代	出来事	時代	流通・政策	時代	商業施設
88	バブル経済期	消費税法成立、リクルート事件発覚	郊外化の進展と市街地再開発	雑誌『Hanako』創刊	跡地開発活発化、テーマパーク型商業施設の活性化	ELLE KOKURA、福島ルミネ、川崎ルフロン、ニッケルコットンプラザ（千葉）、長浜楽市、ららぽーと2
89		元号平成、消費税導入、ベルリンの壁崩壊				玉川髙島屋SCリニューアル、マイカル本牧、イムズ（福岡天神）、釧路フィッシャーマンズワーフ、東急文化村
90		日米構造協議	臨海副都心再開発	西武セゾングループ、名称を「セゾングループ」に変更	ウォーターフロント型商業施設の流行	川崎アトレ、函館シーポートプラザ、アルパーク（広島）、天保山ハーバービレッジ、横須賀ショッパーズプラザ、和泉府中サティ、カウボーイSC（札幌）
91		バブル崩壊、湾岸戦争、ソ連解体		**大店法改正**、関連四法成立、特定商業集積整備法成立、ファーストリテイリングへの名称変更		本川越ぺぺ
92				セブンイレブン売上一兆円突破		メトロポリタンプラザ、ウエルタ新宮、神戸ハーバーランド、天王洲アイル、ルミネウイング（大船）、イオン柏SC
93		EC統合、環境基本法公布・施行				札幌ファクトリー、アウトレットリズム（大井町）、下松タウンセンター（ザ・モール周南）
94		マルチメディア論の流行、関西国際空港開港		大店法規制緩和（一〇〇〇㎡未満の出店の原則自由化、テナント入替えの原則自由化、営業時間延長、休業日数削減）、大型ドラッグストアの展開、セブンイレブン経常利益日本一		上越ウイングマーケットセンター、ららぽーと守山
95		阪神・淡路大震災、サリン事件、Windows95発売				鶴見はなぽ～とブロッサム、ツインドームシティ（シーホークOPA）、イオン下田SC、マイカル桑名、ザ・モール小倉

西暦	社会の動向 時期区分	社会の動向 歴史事項	都市環境の変化	流通業界の動向	SCの動向	主なSC開設
1996	低成長期		臨海副都心再開発		ウォーターフロント型商業施設の流行	タカシマヤ・タイムズスクエア、郡山フェスタ、イオン鈴鹿SC、キャナルシティ博多
97		改正消費税施行（五％）、北海道拓殖銀行破綻、山一証券自主廃業申請				JR京都伊勢丹、クイーンズスクエア横浜、倉敷チボリ公園、ザ・モール仙台長町、ダイヤモンドシティ熊本
98				**大規模小売店立地法成立**、ユニクロのフリースブーム		バリューモール（相模大野AMI）、横浜ベイサイドマリーナ
99		改正労働者派遣法施行（対象職種、原則自由）		米コストコ、福岡の久山町に一号店開業、日本スーパーマーケット協会発足		JR立川阪急、パレットタウン（ヴィーナスフォート）、小樽ベイシティ
2000		「IT戦略」の流行、銀行業界再編開始によるメガバンク誕生		そごうが民事再生法申請、米アマゾン・ドット・コムが日本で事業開始		代官山アドレス、アミュプラザ長崎、アクアシティお台場、サザシティ浜松、ダナシティ、御殿場プレミアムアウトレット、カルフール幕張、イオンモール千葉ニュータウン、イクスピアリ
01		中央省庁再編、小泉内閣発足、米同時多発テロ	臨海副都心再開発	ユニバーサル・スタジオ・ジャパン開業、ジャスコ、社名をイオンに変更、東京ディズニーシー開園	リージョナル型の巨大化・複合型モールの増大、交通機関の商業施設化（駅ナカ、SA、道の駅）	エスキス表参道、晴海トリトン
02				西友、米ウォルマートと包括的業務提携		丸ビル、カレッタ汐留、イオン品川シーサイドSC、ラ・チッタデッラ、ビナウォーク（海老名）
03		イラク戦争		西友、産業再生法適用を申請		**六本木ヒルズ**、FKDショッピングモール宇都宮インターパーク
04		新潟県中越地震		ダイエー、産業再生機構に支援要請		セントシティ北九州、ららぽーと甲子園、LaLaテラス南千住、イオンモールりんくう泉

年						
						南、LALAガーデンつくば
05		京都議定書発効、郵政民営化法案成立、道路公団民営化、愛知万博開幕		セブン&アイホールディングス誕生		ララスクエア宇都宮、苫小牧ショッピングセンター
06	低成長期	日経平均一万七〇〇〇円台を回復、三菱東京UFJ銀行発足	都心回帰と都心再開発	**まちづくり三法**（とくに**都市計画法、中心市街地活性化法**）**の改正による規制強化**	中心市街地ビルの複合商業施設化	**表参道ヒルズ、ラゾーナ川崎、ららぽーと豊洲、ららぽーとTOKYO-BAY**、イオン盛岡南ショッピングセンター、イオン高崎ショッピングセンター、イオンモール太田、ららぽーと柏の葉、ARIOA亀有
07		郵政民営化開始、サブプライムローン問題		三越と伊勢丹の経営統合を発表、大丸と松坂屋ホールディングスの経営統合、イオンのSCを「イオンモール」に統一		ミッドランドスクエア（名古屋）、グランスタ東京駅、新丸ビル、東京ミッドタウン、ららぽーと横浜、けやきウォーク前橋、流山おおたかの森SC
08		リーマン・ブラザーズ経営破たん、北京オリンピック		イオンがダイエーの筆頭株主、H2Oリテイリングと高島屋が経営統合計画発表		**イオンレイクタウン**、イオン綾川ショッピングセンター、イーアスつくば、阪急西宮ガーデンズ
09		消費者庁発足、民主党政権発足		改正薬事法施行（大衆薬のスーパー、コンビニなどでの二四時間販売が可能）		丸の内ブリックスクエア、尼崎COCOE、イオンモール土浦、ららぽーと磐田、ららぽーと新三郷
10		子ども手当、円高進行		ジャスコ、イオンに統一方針を決定		
11		東日本大震災		震災不況		JR博多シティ、二子玉川ライズ、テラスモール湘南、アリオ上田
12		東京スカイツリー開業		震災復興		渋谷ヒカリエ
13		アベノミクス				KITTE、グランフロント大阪

あとがき

本書がこうして本としてできあがるまでの経緯は終章の座談会で語っているので、「あとがき」として改めてここに書くことはあまりない。ただ、これも終章でも述べているのだが、各地のＳＣ・ＳＭや商店街、日本ショッピングセンター協会大会などを共に訪ね、歩き、語り、考え、それをさらに研究室に持ち帰って議論する経験は、研究メンバーそれぞれのそれなりに忙しい研究や教育活動の合間を縫ってではあったけれど、とても実り多く、楽しい経験だった。私たちのそんな経験と、そこで感じた驚きや戸惑いが、それに端を発する考察で私たちが見いだしたものと共に、本書を手にとってくださった読者の皆さんに伝われば、私たちにとってこれほど嬉しいことはない。

本書は私（若林）が編者ということになってはいるが、実質的には四人の共著である。私だけが他のメンバーよりもちょっと（かなり？）年上なので、研究の計画と実施から執筆、出版にいたるまで、提案役やまとめ役をしてきたのは事実である。だが、そうしたすべての過程を通じていつも、田中さん、南後さん、楠田さんと共に議論をし、ショッピングセンターや商店街を歩き、日本ショッピングセンター協会の全国大会を見学し、インタビューをし、執筆途中の原稿を検討してきた。だから誰が書いたどの文章にも、それ以外のメンバーとの経験と議論が反映されているはずだ。さらに終章の座談会では、都市空間とファッションについて研究してきた中村さんにも加わってもらい、コラムも一本書いてもらうことになった。

研究にご協力いただいた方々のお名前を挙げさせていただきたい（なお、ご所属はいずれもご協力いただいた当時のものである）。

以下の方々には、インタビュー調査に快く応じてくださり、消費者サイドからは見えないＳＣ・ＳＭのあり方や社会との関係などについてたいへん貴重なお話をお聞かせいただいた。三井不動産商業施設本部の安達覚さん。三菱地所商業施設事業部の藤江雅彦さん・浅見あゆみさん・白石沙弥さん。東神開発玉川事業部の新倉利彦さんと玉川髙島屋Ｓ・Ｃ玉川事業部宣伝グループの斉藤民子さん。株式会社ＰＡＲＯ広報室の越路明広さんとストアプランニング部の松井和哉さん。皆さんへのインタビューのすべてがこの本で活かせたわけではないし、研究者である私たちと実務家である皆さんとでは視点や考え方が異なるのはもちろんだが、皆さんにお話をお聞かせいただかなければ、私たちがこのようなかたちで本書をまとめることはできなかっただろう。本書には現在のＳＣ・ＳＭのあり方に批判的な部分もあるが、単純にＳＣ・ＳＭを〝悪者〟にして既存商店街や地域社会と対置するようなものではないことは、お読みいただければご理解いただけると思う。本当にありがとうございました。

社団法人日本交通計画協会企画部の和泉貴大さんからは、地方の商店街やＳＣ・ＳＭについて、現地調査にもとづくお話を聞かせていただいた。また、ニッセイ基礎研究所の土堤内昭雄さんからは、幕張ベイタウンでの暮らしや、郊外ニュータウンにおけるコミュニティのあり方と可能性について、実際に街を歩きながらお話をし、意見交換させていただいた。それらもまた多くは間接的なかたちでだが、本書の中に活かされている。

早稲田大学大学院教育学研究科の大学院生だった平沢桂さんには、資料の整理やフィールドワークへの同行・意見交換などでお手伝いいただいた。ここに改めてお礼を申し上げたい。

フィールドワークに同行してくれたり、授業やゼミでＳＣ・ＳＭに関する意見や経験をきかせたりしてくれた、早稲田大学・東京藝術大学の学生・院生の諸君にも、ありがとう。

本書は日本学術振興会科学研究費補助金基盤研究Ｃ「消費空間を中心とする消費化・情報化時代の「都市の論理」の社会学的研究」（平成二一年〜二三年、研究代表・若林幹夫、課題番号四〇二三〇九一六）と、同「現代都市社会における時間・空間の生産・流通・消費と編成の社会学的研究」（平成二四年〜平成二六年、研究代表・若林幹夫、課題番号二四五三〇六七〇）の研究成果の一部である。ＳＣ・ＳＭを切り口として始めた私たちの研究はこれで終わりではないし、これまでの調査研究で見出したこと、考えたことのすべてがこの本に盛り込めたわけでもない。今後も、本書の執筆者それぞれの研究テーマとも交差させつつ、その成果を書物その他のかたちで送り出せたらと考えている。

二〇一三年六月

著者を代表して　若林　幹夫

【著者紹介】

田中大介（たなか・だいすけ）

一九七八年生まれ。日本女子大学専任講師。専門は社会学、都市論、モビリティ論。

慶應義塾大学文学部卒。筑波大学大学院人文社会科学研究科修了。博士（社会学）。

共著に、『フラット・カルチャー』（せりか書房、二〇一〇年）、『希望の社会学』（三和書籍、二〇一三年）、『無印都市の社会学』（法律文化社、二〇一三年）など。

★これまで交通やメディアを通じた都市空間の編成について研究してきましたが、現在は、モビリティとモダニティの歴史的・理論的な構図を描くことに関心をもっています。

南後由和（なんご・よしかず）

一九七九年生まれ。明治大学専任講師。専門は社会学、都市・建築論。

東京大学大学院学際情報学府博士課程単位取得退学。

共著に、『都市空間の地理学』（ミネルヴァ書房、二〇〇六年）、『建築はどこにあるの？』（東京国立近代美術館、二〇一〇年）、『アーキテクチャとクラウド』（millegraph、二〇一〇年）、『メタボリズムの未来都市』（新建築社、二〇一一年）、『路上と観察をめぐる表現史』（フィルムアート社、二〇一三年）など。

★「新しい公共」の空間的現われ、若者・中高年を含む「おひとりさま」の都市空間などに関心をもっています。

楠田恵美（くすだ・えみ）

一九八四年生まれ。筑波大学大学院人文社会科学研究科在学。専門は社会学、消費空間論。

論文に、「フルーツパーラーの考現学」（『社会学ジャーナル』34号、筑波大学社会学研究室、二〇〇九年）、「形のなかの街――表象の日本橋の時空表現」（同35号、二〇一〇年）、「モダン都市東京の噴水」（同36号、二〇一一年）、「アメリカにおけるデパートメント・ストアとスーパーマーケット――ショッピング・センター小史のために」（同37号、二〇一二年）、「東京日本橋における消費空間の生成と変容――三越呉服店から日本橋三越まで」（『年報社会学論集』25号、関東社会学会、二〇一二年）。

★次の論文では、消費空間や消費社会のなかで作り上げられる生の特性や人と人との関係、文化のようなものについて考えてみたいです。

中村由佳（なかむら・ゆか）

一九七九年生まれ。筑波大学大学院人文社会科学研究科博士課程単位取得退学。専門は社会学、都市論、文化論。

現在は、インターネット事業会社でマーケティング職に従事。

共著に、『東京スタディーズ』（紀伊國屋書店、二〇〇五年）、『どこか〈問題化〉される若者たち』（恒星社厚生閣、二〇〇八年）、『フラット・カルチャー』（せりか書房、二〇一〇年）など。論文に「ポスト80年代におけるファッションと都市空間――上演論的アプローチの再検討」（『年報社会学論集』19号、関東社会学会、二〇〇六年）など。

【編著者紹介】

若林幹夫（わかばやし・みきお）

一九六二年生まれ。早稲田大学教授。専門は社会学、都市論、メディア論、時間・空間論。東京大学教養学部卒。同大学院社会学研究科博士課程中退。博士（社会学）。

著書に、『東京スタディーズ』（吉見俊哉と共編著、紀伊國屋書店、二〇〇五年）、『郊外の社会学』（ちくま新書、二〇〇七年）、『社会学入門一歩前』（NTT出版、二〇〇七年）、『〈時と場〉の変容』（同、二〇一〇年）、『社会（学）を読む』（弘文堂、二〇一二年）、『熱い都市 冷たい都市 増補版』（青弓社、二〇一三年）など、多数。

★〈時と場〉の編成という点から社会を具体的かつ理論的に読み解き、考えてきました。今後は、より時間論寄りの仕事にも取り組んでいこうと思っています。

モール化する都市と社会
巨大商業施設論

二〇一三年一〇月一七日　初版第一刷発行

編著者　若林幹夫
発行者　軸屋真司
発行所　NTT出版株式会社
〒一四一-八六五四
東京都品川区上大崎三-一-一　JR東急目黒ビル
営業本部　TEL〇三-五四三四-一〇一〇
　　　　　FAX〇三-五四三四-一〇〇八
出版本部　TEL〇三-五四三四-一〇〇一
http://www.nttpub.co.jp/

編集協力　高田明
デザイン　米谷豪
印刷・製本　シナノ印刷株式会社

Printed in Japan
ISBN 978-4-7571-4318-0 C0036